Forum Innere Führung

herausgegeben von der
Karl-Theodor-Molinari-Stiftung (KTMS)
Bildungswerk des Deutschen BundeswehrVerbandes

Band 30

Dieter Weingärtner (Hrsg.)

Streitkräfte und Menschenrechte

Mit Beiträgen von:

Andreas von Arnauld
Gert Both
Dieter Fleck
Ulf Häußler
José Martinez-Soria
Heiko Meiertöns
Gerhard Robbers
Norbert B. Wagner
Dieter Walz
Dieter Weingärtner
Ulrich Widmaier

Nomos

Die Deutsche Nationalbibliothek verzeichnet diese Publikation in der Deutschen Nationalbibliografie; detaillierte bibliografische Daten sind im Internet über http://www.d-nb.de abrufbar.

ISBN 978-3-8329-3643-3

1. Auflage 2008

Vorwort

Der Aufbau einer funktionierenden militärischen Organisation unter Beachtung der im Grundgesetz verankerten Werteordnung war vor dem Hintergrund der historischen Erfahrungen eine der großen Herausforderungen bei der Wiederbewaffnung Deutschlands. Die Debatten um die Beziehung zwischen Streitkräften und Menschenrechten sind seither nie ganz verstummt.

Während sich jedoch die Diskussionen früher ausschließlich um die Verletzung von Grundrechten durch Soldaten bzw. die Einschränkung der Grundrechte für Soldaten drehte, hat der geänderte Auftrag der Bundeswehr sowie der Wandel der gesellschaftlichen Wahrnehmung der Streitkräfte neue Aspekte der Beziehung zwischen Streitkräften und Menschenrechten aufgeworfen.

Nicht nur die Entscheidungen des Bundesverfassungsgerichtes zum Luftsicherheitsgesetz und dem Einsatz der „AWACS-Flugzeuge" haben gezeigt, dass, gerade vor diesem Hintergrund, noch sehr viele Fragen offen sind.

So besteht bis heute nicht einmal Einigkeit über die Frage, ob das Grundgesetz und insbesondere die Grundrechte außerhalb des Territoriums der Bundesrepublik Deutschland Geltung haben. Dabei handelt es sich allerdings bei weitem nicht um theoretische Diskussionen zu konstruierten Problemstellungen. Grundrechtseinschränkungen für Soldaten, Auslandseinsätze und Mitwirkung bei der Bekämpfung des Terrorismus gehören vielmehr aktuell zum Alltag der Soldatinnen und Soldaten der Bundeswehr.

Die Deutsche Gesellschaft für Wehrrecht und Humanitäres Völkerrecht hat die komplexen Problemstellungen der Thematik Streitkräfte und Menschenrechte in einer eigenen Tagung umfassend aufgegriffen. Der Vorsitzende der Gesellschaft, Dr. Dieter Weingärtner, betonte dabei, dass der juristische Dialog geführt werden müsse, um Rechtssicherheit gerade für die Soldatinnen und Soldaten zu schaffen. Dies sei unabdingbar, um den Angehörigen der Bundeswehr im In- und Ausland Handlungssicherheit, sowohl in der Einsatzvorbereitung, als auch im Einsatz zu geben.

Diesem Ziel widmet sich auch die Karl-Theodor-Molinari-Stiftung (KTMS), das Bildungswerk des Deutschen BundeswehrVerbandes (DBwV) in ihrer Arbeit.

Um als Staatsbürger in Uniform handeln zu können, muss für den Soldaten die Rechtmäßigkeit des jeweiligen Auftrags der Streitkräfte und der hierzu ausgesprochenen Befehle unstreitig sein. Die Vermittlung des und das Verständnis für den politisch formulierten Auftrag muss dabei die Grundlage bilden.

Wie diese Rechtssicherheit hergestellt werden kann, welche Maßnahmen im internationalen Bereich in dieser Frage bereits in der Vergangenheit ergriffen wurden und nicht zuletzt wo aktuell noch Handlungsbedarf besteht, damit beschäftigt sich dieser vorliegende Band unserer Buchreihe „Forum Innere Führung“. Damit möchte das Bildungswerk des DBwV zum einen einen Beitrag zur noch andauernden Diskussion liefern und zum anderen aber auch den derzeitigen Erkenntnisstand dokumentieren.

Bonn, im Juli 2008

Bernhard Gertz

Inhaltsverzeichnis

Streitkräfte und Menschenrechte – Einführung und Überblick

Dieter Weingärtner

1 Streitkräfte und Menschenrechte – ein Widerspruch?

Eigentlich war sie als Streitgespräch geplant, die Diskussion zwischen dem Vorsitzenden des Deutschen Bundeswehrverbandes und der Berliner Direktorin von Human Rights Watch im Rahmen der Berliner Tagung 2007 der Deutschen Gesellschaft für Wehrrecht und Humanitäres Völkerrecht. „Streitkräfte und Menschenrechte – ein Widerspruch?" lautete der Titel. Auf den ersten Blick liegt eine bejahende Antwort auf diese Frage auch nicht so fern. Streitkräfte haben zur Erfüllung ihres Auftrages erforderlichenfalls militärische Gewalt auszuüben, ihre innere Ordnung basiert auf dem Prinzip von Befehl und Gehorsam. Konflikte mit Grund- und Menschenrechten erscheinen damit vorprogrammiert. Und es ist noch gar nicht so lange her, dass die Bundeswehr jedenfalls von einem Teil der bundesdeutschen Gesellschaft nicht gerade als typische demokratische Institution, sondern eher als Grundfreiheiten bedrohende Einrichtung betrachtet wurde, der man mit ausgeprägter Skepsis gegenübertrat. Dies, obwohl die Bundeswehr seit ihrer Gründung durch das Grundgesetz an Recht und Gesetz gebunden ist und ihr internes Leitprinzip von Anfang an das der Inneren Führung ist.

Wenn nun Vertreter von Soldaten und Repräsentanten von Menschenrechtsorganisationen übereinstimmend zu dem Ergebnis kommen, dass ein Gegensatz zwischen Bundeswehr und Menschenrechten nicht besteht, so steht dies in Einklang mit dem veränderten Bild der deutschen Streitkräfte in der Öffentlichkeit. Man mag heute – wie der Bundespräsident – ein freundliches Desinteresse an der Tätigkeit der Bundeswehr beklagen. Mit dem Ende des Kalten Krieges und dem Wandel des Aufgabenspektrums der Streitkräfte sind jedenfalls die gegenüber der Bundeswehr kritischen Stimmen viel seltener geworden. Die Streitkräfte sind als unverzichtbarer Teil der staatlichen Strukturen allgemein anerkannt und respektiert. Die Armee wird nicht mehr – wie zu Zeiten der Wiederbewaffnung – als potentieller Machtfaktor im Innern angesehen, dessen Einsatz durch die Verfassung enge Grenzen gesetzt werden müssen. Die Bundeswehr ist ein Kernelement der Sicherheitsarchitektur der Bundesrepublik Deutschland und damit Garant der Grundfreiheiten ihrer Einwohner.

Doch ist dieser Schutzauftrag nur einer der Berührungspunkte der Bundeswehr mit den Grundrechten des Grundgesetzes und den Menschenrechten, wie sie in der Allgemeinen Erklärung der Menschenrechte vom 10. Dezember 1948, dem Internationalen Pakt über bürgerliche und politische Rechte und der Europäischen Menschenrechtskonvention verankert sind. Wie andere staatliche Institutionen hat auch die Bundeswehr die Befugnis, im Rahmen ihres Auftrags unter bestimmten Voraussetzungen Eingriffe in Grundrechte vorzunehmen. Ein Gegensatz kann daraus aber nicht gefolgert werden. Vielmehr nehmen Verfassung und einfache Gesetze dort, wo sie die Bundeswehr zu Grundrechtseingriffen ermächtigen, einen Ausgleich verschiedener Interessen und Zielsetzungen vor. Gleiches gilt auch für den internen Bereich der Bundeswehr. Hier sind die Grundrechte der Soldatinnen und Soldaten mit den Erfordernissen des Dienstes, der zur Erfüllung der verfassungsmäßigen Aufgaben der Streitkräfte geleistet werden muss, abzuwägen.

2 Schutz von Grund- und Menschenrechten als Auftrag der Bundeswehr

Hauptauftrag der Bundeswehr nach dem Grundgesetz ist nach wie vor die Verteidigung Deutschlands, seiner Bevölkerung und deren Rechte. „Die Verteidigung Deutschlands gegen äußere Bedrohung bleibt die politische und verfassungsrechtliche Grundlage der Bundeswehr“ heißt es im Weißbuch 2006.[1] Damit ist die klassische Landesverteidigung weiterhin eine zentrale Aufgabe der Bundeswehr, auch wenn entsprechende Bedrohungen auf absehbare Zeit unwahrscheinlich erscheinen. Die Bundeswehr leistet ihren Beitrag dazu, Recht und Freiheit, Demokratie und Sicherheit der Bürgerinnen und Bürger vor Angriffen von außen zu schützen. Allerdings schwinden die Konturen der „äußeren Sicherheit“ und ihre Abgrenzung zur „inneren Sicherheit“ angesichts sich wandelnder Realitäten immer mehr. Gefahren für die Rechtsgüter der Bevölkerung gehen heutzutage nicht von ausländischen Staaten aus, sondern als asymmetrische Bedrohungen vor allem von terroristischen Organisationen.

Die Abwehr derartiger Angriffe innerhalb Deutschlands ist in erster Linie Aufgabe der für die innere Sicherheit zuständigen Bundes- und Landesbehörden. In Art. 35 Abs. 2 und 3 lässt das Grundgesetz allerdings zur Hilfe bei einer Naturkatastrophe oder einem besonders schweren Unglücksfall – auch ein Terroranschlag kann einen derartigen Unglücksfall darstellen – einen Einsatz der Bundeswehr im Innern zu, soweit dieser zur wirksamen Bekämpfung der Gefahr erforderlich ist. Damit kommt der Bundeswehr subsidiär auch eine Schutzfunktion für die innere Sicherheit zu. Ob die Aufgaben der Bundeswehr auf diesem Feld durch Verfassungsänderung erweitert werden sollen, ist seit längerem Gegenstand politischer Diskussionen.

In einem Teilbereich hat der Gesetzgeber versucht, den militärischen Schutz der Bevölkerung vor terroristischen Angriffen gesetzlich zu normieren. Die Mitwirkung der Streitkräfte bei der Abwehr von Gefahren aus dem Luftraum regelt das Luftsicherheitsgesetz.[2] Auch wenn dessen § 14 Abs. 3 mit der Ermächtigung der Streitkräfte zur unmittelbaren Einwirkung auf Luftfahrzeuge mit Waffengewalt vom Bundesverfassungsgericht für verfassungswidrig erklärt wurde,[3] bleibt der auf Art. 35 Abs. 2 und 3 GG gestützte gesetzliche Schutzauftrag für die Streitkräfte – in Form der Unterstützung der Gefahrenabwehrbehörden - bestehen. Für den Einsatz spezifisch militärischer Waffen bedarf es allerdings – so das Verfassungsgericht – einer Verfassungsänderung.

Der Auftrag der Bundeswehr, inländische Rechtsgüter zu schützen, kann auch über die Staatsgrenzen hinaus wirken. So wurden bewaffnete deutsche Streitkräfte im März 1997 zur Evakuierung deutscher Staatsbürger aus Albanien eingesetzt, als diesen dort in einer Bürgerkriegssituation Gefahren für Leib und Leben drohten und sich die lokalen

1 Bundesministerium der Verteidigung, Weißbuch 2006 zur Sicherheitspolitik Deutschlands und zur Zukunft der Bundeswehr, S. 70.

2 Art. 1 des Gesetzes zur Neuregelung von Luftsicherheitsaufgaben vom 11. Januar 2005, BGBl. I S. 78.

3 Urteil vom 15. Februar 2006 – 1 BvR 357/05.

Sicherheitskräfte in Auflösung befanden.[4] Die verfassungsmäßige Grundlage für derartige Einsätze ist allerdings ebenso umstritten wie die völkerrechtliche Rechtfertigung der Verletzung der Souveränität des Einsatzstaates.

Der Schutz von Menschenrechten ist ein wichtiges Motiv für Auslandseinsätze der Bundeswehr. Deutsche Sicherheitspolitik wird nicht zuletzt von dem Ziel geleitet, zur Achtung der Menschenrechte und zur Stärkung der internationalen Ordnung auf der Grundlage des Völkerrechts beizutragen[5]. Daher sind internationale Konfliktverhütung und Krisenbewältigung Aufgaben der Bundeswehr. Die Frage, in welchen Fällen ein über humanitäre Hilfsleistungen hinausgehendes militärisches Einschreiten mit Waffen ein wirksames Mittel zur Durchsetzung von Demokratie, Rechtsstaatlichkeit und Menschenrechten darstellen kann, muss politisch beantwortet werden. Stützen sich derartige Einsätze auf ein Mandat des Sicherheitsrates der Vereinten Nationen, haben sie jedenfalls eine gesicherte völkerrechtliche Grundlage.

Streitkräfteeinsätze nach Kapitel VI und VII der Charta der Vereinten Nationen dienen der Friedenssicherung und damit auch dem Schutz der betroffenen Zivilbevölkerung. Bei verschiedenen VN-Missionen, an denen die Bundeswehr beteiligt war und ist, steht die Unterbindung schwerer Menschenrechtsverletzungen auch mandatsmäßig ausdrücklich im Vordergrund, so beim Einsatz im Sudan[6].

Schwieriger zu beurteilen ist die Völkerrechtmäßigkeit von Streitkräfteeinsätzen im Ausland zum Schutz der Menschenrechte in Fällen, in denen ein Mandat des VN-Sicherheitsrates nicht vorliegt. Dem Schutz der Menschenrechte als legitimem Motiv auf der einen Seite stehen hier das Gewaltverbot der VN-Charta und – als praxisbezogenes Argument - die Gefahr des Missbrauchs auf der anderen Seite gegenüber. Die traditionelle Völkerrechtsauffassung hält jede Anwendung von Gewalt außerhalb der Selbstverteidigung und der Maßnahmen nach Kapitel VII der VN-Charta für völkerrechtswidrig. In Fällen von Völkermord und anderen schwersten Menschenrechtsverletzungen wird Untätigkeit aber kaum zu verantworten sein. So bleibt abzuwarten, ob sich in der Staatenpraxis künftig Kriterien für die Rechtmäßigkeit der Anwendung von Gewalt in derartigen Fällen herausbilden werden.

Die Bundeswehr hat bisher in einem Fall ohne Ermächtigung durch ein VN-Mandats an einem bewaffneten Einsatz zur Abwendung einer humanitären Katastrophe teilgenommen, und zwar im Jahr 1998 an von der NATO durchgeführten Luftoperationen gegen die damalige Bundesrepublik Jugoslawien[7]. Angesichts der damals bestehenden humanitären Notlage im Kosovo sah die NATO die Drohung mit und den Einsatz von Gewalt zur Unterbindung schwerer und systematischer Menschenrechtsverletzungen als gerechtfertigt an. Diese Auffassung teilten Bundesregierung und Bundestag.

---

4 Vgl. BTDrs. 13/7233.

5 Weißbuch, a.a.O. (FN 1), S. 28.

6 Vgl. das Mandat zur Unterstützung der AMIS-Mission im Sudan, das als Einsatzgrund das Andauern schwerster Menschenrechtsverletzungen nennt, BTDrs. 15/4227.

7 Vgl. BTDrs. 13/11469.

3 Einschränkung von Grundrechten innerhalb der Streitkräfte

Schutz von Grund- und Menschenrechten durch Streitkräfte ist der eine für das Thema „Streitkräfte und Menschenrechte" relevante Aspekt. Auf der anderen Seite steht die Befugnis der Streitkräfte, in Grund- und Menschenrechte einzugreifen. Dies gilt zunächst innerhalb des Militärs selbst. Soldatinnen und Soldaten müssen im Rahmen ihres Dienstes Einschränkungen ihrer Freiheitsrechte in Kauf nehmen, um die Funktionsfähigkeit der Streitkräfte sicherzustellen. Armeen sind hierarchisch organisiert mit klaren Über- und Unterordnungsverhältnissen. Wo die Wehrpflicht noch existiert, stellt sie einen gravierenden Eingriff in die Freiheiten junger Männer dar.

Bereits das Grundgesetz selbst geht auf die Grundrechte der Soldatinnen und Soldaten näher ein. Art. 17a GG ermöglicht für Angehörige der Streitkräfte während der Zeit ihres Wehrdienstes besondere gesetzliche Beschränkungen der Meinungsäußerungsfreiheit, der Versammlungsfreiheit und des Petitionsrechtes, die neben die für andere Grundrechte geltenden Vorbehalte treten. Doch ergibt sich im Rückschluss, dass Soldatinnen und Soldaten ansonsten den gleichen Grundrechtsschutz genießen wie andere Bürgerinnen und Bürger. Leitprinzip der Bundeswehr ist die „Innere Führung". Der Soldat der Bundeswehr ist „Staatsbürger in Uniform". Er hat die gleichen staatsbürgerlichen Rechte wie jeder andere Staatsbürger. Seine Rechte werden im Rahmen der Erfordernisse des militärischen Dienstes – so besagt es § 6 des Soldatengesetzes (SG) – durch gesetzlich begründete soldatische Pflichten beschränkt. So schränkt beispielsweise die Pflicht des § 18 SG zum Wohnen in einer Gemeinschaftsunterkunft das Recht auf Freizügigkeit nach Art. 11 Abs. 1 GG ein und die Pflicht zur Duldung von Maßnahmen zur Gesunderhaltung nach § 17 Abs. 4 SG das Recht auf körperliche Unversehrheit gemäß Art. 2 Abs. 2 Satz 1 GG. In Art. 45b sieht das Grundgesetz eine spezielle Instanz zum Schutz der Grundrechte der Soldatinnen und Soldaten vor, den Wehrbeauftragten des Deutschen Bundestages, der mit weitreichenden Kontrollbefugnissen ausgestattet ist.[8]

Über die Reichweite der Grundrechte der Soldatinnen und Soldaten haben im Einzelfall die Truppendienstgerichte und die Wehrdienstsenate des Bundesverwaltungsgerichts in Beschwerde- und Disziplinarverfahren zu entscheiden. Häufiger Gegenstand derartiger Rechtsstreitigkeiten sind die Reichweite der Meinungsäußerungsfreiheit und des Rechts auf freie Entfaltung der Persönlichkeit. Letzteres muss gegen die Erfordernisse des Dienstes beispielsweise dann abgewogen werden, wenn es um das Tragen von Schmuck oder um die Haar- und Barttracht geht. Dabei liegt auf der Hand, dass angesichts der steigenden Zahl von Frauen in den Streitkräften das Recht auf Gleichbehandlung von Männern und Frauen nach Art. 3 Abs. 2 GG eine zunehmende Rolle spielen wird. Besonderes Aufsehen hat vor einiger Zeit eine Entscheidung des Zweiten Wehrdienstsenats des Bundesverwaltungsgerichts hervorgerufen, die auf die Voraussetzungen einging, unter denen ein Soldat unter Berufung auf den Schutz der Gewissensfreiheit nach Art. 4 Abs. 1 GG – unabhängig von seinem Recht, den Kriegsdienst mit der

---

8 § 3 des Gesetzes über den Wehrbeauftragten des Deutschen Bundestages in der Fassung der Bekanntmachung vom 16. Juni 1982, BGBl. I S. 677.

Waffe insgesamt zu verweigern – einen ihm erteilten Befehl wegen Unzumutbarkeit nicht zu befolgen braucht.[9]

Angesichts der gesellschaftlichen Veränderungen ist es durchaus vorstellbar, dass in Zukunft auch andere Grundrechte im Truppenalltag eine größere Rolle spielen werden, wie die freie Religionsausübung oder die Freiheit, sich aus allgemein zugänglichen Quellen wie dem Internet ungehindert zu informieren. Der Schutz von Ehe und Familie im Sinn von Art. 6 GG hat in Anbetracht immer häufigerer Versetzungen und Auslandseinsätze von Soldatinnen und Soldaten sowieso ein besonderes Anliegen des Dienstherrn zu sein.

4 Grundrechtseingriffe durch Streitkräfte im Inland

Eine Armee stellt einen potentiellen Machtfaktor im Innern dar. In der deutschen Geschichte gibt es hinreichend Beispiele, in denen Streitkräfte Freiheitsrechte von Bürgerinnen und Bürgern verletzt haben. Aus diesen Erfahrungen heraus gestaltet das Grundgesetz die Möglichkeiten zum Einsatz der Bundeswehr im Innern sehr restriktiv aus. Art. 87a Abs. 2 GG verlangt für den Einsatz der Bundeswehr außerhalb der Verteidigung eine ausdrückliche verfassungsmäßige Grundlage. Zwar kann auch ein Agieren der Bundeswehr im Normalbetrieb, also unterhalb der Schwelle des Einsatzes, Beeinträchtigungen grundrechtlich geschützter Güter mit sich bringen, etwa in Form von Schießlärm oder Manöverschäden. Diesbezüglich existieren immissionsschutzrechtliche[10] und haftungsrechtliche Regelungen, die einen angemessenen Ausgleich zwischen den Belangen der Streitkräfte und denen der Bürgerinnen und Bürger sicherstellen. In Ausübung ihrer Wach- und (Eigen-)Sicherungsaufgaben dürfen Soldaten der Bundeswehr auch Personen anhalten, durchsuchen, vorläufig festnehmen und sogar unmittelbaren Zwang anwenden,[11] um den Schutz der Einsatzbereitschaft und der Sicherheit der Truppe vor Störungen zu gewährleisten.

Es gibt aber nur wenige Fallgestaltungen, in denen die Streitkräfte im Inland die Befugnis haben, durch einen „Einsatz" in Rechte von Bürgerinnen und Bürgern einzugreifen. Die Verfassung lässt einen Inneneinsatz der Streitkräfte im Verteidigungsfall, im Spannungsfall und im Fall des inneren Notstandes zu, also in Situationen, in denen die Grundfreiheiten bereits erheblichen Gefährdungen ausgesetzt sind. Daneben kann die Bundeswehr bei Naturkatastrophen und besonders schweren Unglücksfällen gemäß Art. 35 Abs. 2 und 3 GG eingesetzt werden. Wie zwiespältig das Verhältnis zwischen Bundeswehr und Grundrechten ist, zeigt das Beispiel des terroristischen Angriffs mittels eines entführten Luftfahrzeugs. Auf der einen Seite soll die Luftwaffe die gefährdeten Menschen am Boden vor einem Terroranschlag schützen, auf der anderen Seite müsste sie dafür in das Recht auf Leben der im Flugzeug befindlichen Personen eingreifen und im Fall von unschuldigen Passagieren nach der Rechtsprechung des Bundesverfassungsgerichts deren Menschenwürde verletzen.

---

9 BVerwG 2. Wehrdienstsenat vom 21. Juni 2005 – 2 WD 12/04.

10 Vgl. § 60 Bundes-Immissionsschutzgesetz.

11 Vgl. Gesetz über die Anwendung unmittelbaren Zwanges und die Ausübung besonderer Befugnisse durch Soldaten der Bundeswehr und verbündeter Streitkräfte sowie zivile Wachpersonen (UzwGBw) vom 12. August 1965, BGBl. I S. 796.

Abzugrenzen ist ein Einsatz der Streitkräfte als Mittel der vollziehenden Gewalt von der schlichten Amtshilfe gemäß Art. 35 Abs. 1 GG, die die Bundeswehr anderen Behörden leistet. Diese greift gerade nicht in Grundrechte ein. Demnächst wird das Bundesverfassungsgericht über die Verwendung der Bundeswehr im Rahmen des G 8-Gipfels in Heiligendamm im Juni 2007 zu entscheiden haben. Es wird dann unter anderem darum gehen, ob eine Beobachtung der Teilnehmer einer Demonstration aus Spähwagen der Bundeswehr durch Soldaten, deren Erkenntnisse zur Erstellung des polizeilichen Lagebildes verwendet werden, das Grundrecht der Versammlungsfreiheit verletzt und ob dies der Fall ist, wenn Jagdflugzeuge der Luftwaffe im Tiefflug über ein von Demonstranten errichtetes Zeltdorf hinwegfliegen und möglicherweise einschüchternde Wirkungen entfalten.

5 Bindung an die Menschenrechte im Auslandseinsatz

Für Einsätze der Bundeswehr im Ausland bedarf es sowohl einer völkerrechtlichen als auch einer verfassungsrechtlichen Grundlage. Die völkerrechtliche Grundlage bildet im Regelfall ein Beschluss des Sicherheitsrates der Vereinten Nationen, die verfassungsrechtliche ein Beschluss der Bundesregierung, dem der Bundestag zugestimmt hat. Üblicherweise räumen beide Mandate den Streitkräften die Befugnis ein, den ihnen erteilten Auftrag mit allen dazu erforderlichen Mitteln, auch mit militärischer Gewalt, durchzusetzen. Dies umfasst naturgemäß das Recht, in Freiheitsrechte Außenstehender einzugreifen, etwa im Wege der Festnahme und notfalls auch der Bekämpfung von Personen, die die Truppe an der Erfüllung ihres Auftrages hindern. Zu Schranken der Eingriffsbefugnisse äußern sich die Mandate meist nicht.

Damit stellt sich die Frage, welche Bedeutung den Menschenrechten im Rahmen von Streitkräfteeinsätzen im Ausland zukommt. Welches Rechtsregime bei Auslandseinsätzen anzuwenden ist, ist zunächst einmal davon abhängig, ob der Streitkräfteeinsatz im Rahmen eines bewaffneten Konfliktes stattfindet. Im internationalen bewaffneten Konflikt gelten die Vorschriften der Genfer Abkommen von 1949 und des Ersten Zusatzprotokolls von 1977 über den Schutz der Opfer bewaffneter Konflikte. In nicht internationalen bewaffneten Konflikten hat die Bundeswehr das Zweite Zusatzprotokoll zu den Genfer Abkommen zu beachten. Darüber hinaus findet der gemeinsame Artikel 3 der Genfer Abkommen mit seinen Mindestschutzvorschriften Anwendung.

Die Friedensmissionen, an denen sich die Bundeswehr beteiligt, finden regelmäßig aber außerhalb bewaffneter Konflikte statt. Für solche Einsätze existiert ein geschlossenes völkerrechtliches Regelwerk bislang nicht. Schutzvorschriften wie der gemeinsame Artikel 3 der Genfer Abkommen, das Gebot der Unterscheidung zwischen Kämpfern und Zivilpersonen und der Verhältnismäßigkeitsgrundsatz werden gewohnheitsrechtlich auch auf derartige Situationen angewandt. Umstritten ist aber, ob und inwieweit Menschenrechtsverträge wie der der Internationale Pakt über bürgerliche und politische Rechte und die Europäische Menschenrechtskonvention gelten. Umstritten sind der räumliche und personale Anwendungsbereich der Verträge, die Frage der Ausübung von Herrschaftsgewalt durch die eingsetzten Truppen oder das Verhältnis der Pakte zur Charta der Vereinten Nationen. Entscheidungen europäischer und internationaler Gerichte, die die offenen Fragen eindeutig beantworten würden, liegen noch nicht vor.

Ähnliches gilt für die Frage, ob und in welchem Ausmaß im Rahmen von Auslandseinsätzen der Bundeswehr die Grundrechte des Grundgesetzes gelten. Zur Reichweite der Bindungswirkung an die Grundrechte nach Art. 1 Abs. 3 GG für Streitkräfte im Auslandseinsatz hat sich das Bundesverfassungsgericht noch nicht geäußert. Für die Bundeswehr im Auslandseinsatz ist die Reichweite der Grund- und Menschenrechte aber von höchster praktischer Bedeutung, wenn es beispielsweise um die Anwendung militärischer Gewalt zur Durchsetzung des Auftrags oder um den Umgang mit in Gewahrsam genommenen Personen geht.

6 Rechtssicherheit als Anliegen

Die vielfältigen Aspekte der Beziehungen zwischen Streitkräften und Grundrechten waren Gegenstand der Berliner Tagung der Deutschen Gesellschaft für Wehrrecht und Humanitäres Völkerrecht vom Oktober 2007, die der vorliegende Band dokumentiert. Wissenschaftler und Praktiker aus verschiedenen Bereichen, Experten des Völkerrechts, des Verfassungsrechts und des Wehrrechts diskutierten über neuere Entwicklungen bei bekannten Rechtsfragen wie der Reichweite der Grundrechte von Soldaten und grundrechtliche Problemstellungen, die – etwa durch die verstärkten Auslandseinsätze der Bundeswehr oder durch die Mitwirkung bei der Bekämpfung des Terrorismus – erst in jüngerer Zeit in das Blickfeld des juristischen Interesses gerückt sind. Erfahrungsberichte von Rechtsberatern im Einsatz stehen neben Rechtsprechungsübersichten und vertieften völker- und verfassungsrechtlichen Studien. In der Natur der Sache liegt es, dass unterschiedliche Blickwinkel unterschiedliche Rechtspositionen zur Folge haben können.

Umso wichtiger ist daher der juristische Dialog, um den es der Deutschen Gesellschaft für Wehrrecht und Humanitäres Völkerrecht geht. Grundrechts- und Menschenrechtsfragen berührten bereits die Tagungen der Gesellschaft in den Jahren 2004 und 2005, die sich mit der Terrorismusbekämpfung durch Streitkräfte[12] und mit Auslandseinsätzen der Bundeswehr[13] beschäftigten. Doch erschien es angesichts der Breite der Themenpalette angebracht, die unterschiedlichen Aspekte im Verhältnis zwischen Streitkräften und Menschenrechten zum Gegenstand einer eigenen wissenschaftlichen Tagung zu machen, um streitige Rechtsfragen zu diskutieren und einer Klärung näher zu bringen. Vorrangiges Ziel ist es dabei, mehr Rechtssicherheit für die Soldatinnen und Soldaten der Bundeswehr zu schaffen. Rechtssicherheit ist eine entscheidende Voraussetzung für das Handeln von Soldatinnen und Soldaten, sei es im Inland oder im Ausland.

12 Dieter Fleck (Hrsg.), Rechtsfragen der Terrorismusbekämpfung durch Streitkräfte, Baden-Baden 2004.

13 Dieter Weingärtner (Hrsg.), Einsatz der Bundeswehr im Ausland – Rechtsgrundlagen und Rechtspraxis, Baden-Baden 2007.

Menschenwürde im Krieg

Gerhard Robbers

Themen dieser Art geben Anlass, eine Selbstverständlichkeit zu betonen: Krieg soll nicht sein. Kriege gefährden die Menschenwürde. Krieg schafft Situationen, in denen die Menschenwürde geradezu zwangsläufig verletzt wird. Damit die Menschenwürde geschützt wird, muss Krieg vermieden werden.

Gleichwohl – wenn doch Krieg ist, was dann?

Ausgangspunkt der Überlegungen ist ein Satz des Bundesverfassungsgerichts in der Entscheidung zum Luftsicherheitsgesetz. Das Bundesverfassungsgericht hatte den unmittelbaren Waffeneinsatz gemäß § 14 Abs. 3 LuftSiG gegen Luftfahrzeuge für unrechtmäßig erklärt, die gegen das Leben von Menschen eingesetzt werden sollen, wenn sich unbeteiligte, unschuldige Menschen in diesem Luftfahrzeug befinden. Solche Maßnahmen sind verfassungswidrig.[1]

Der Satz des Bundesverfassungsgerichts lautet:
„Sie sind als Streitkräfteeinsätze nichtkriegerischer Art mit dem Recht auf Leben und der Verpflichtung des Staates zur Achtung und zum Schutz der menschlichen Würde nicht zu vereinbaren“.[2]

Damit stellt das Bundesverfassungsgericht zwei verfassungsrechtliche Herausforderungen in den Raum – verfassungsrechtliche Herausforderungen mit eminent praktischer Bedeutung. Der Einsatz nichtkriegerischer Art setzt den Einsatz kriegerischer Art begrifflich heraus – Was ist ein Krieg? Und vor allem: Wenn der Einsatz nichtkriegerischer Art gegen die Menschenwürde verstößt, könnte er als Einsatz kriegerischer Art mit der Menschenwürde vereinbar sein – Gibt es zwei Arten Menschenwürde?

I

Zunächst: Was ist ein Einsatz kriegerischer Art? Das Grundgesetz selbst nennt den Begriff nicht. Das Grundgesetz spricht weder vom „Streitkräfteeinsatz nichtkriegerischer Art“ noch vom „Streitkräfteeinsatz kriegerischer Art“. Immerhin kommt der Begriff Krieg in verschiedenen Verbindungen im Grundgesetz recht häufig vor. Das Grundgesetz verbietet ausdrücklich schon die Vorbereitung der „Führung eines Angriffskrieges“, und es nennt zur „Kriegführung bestimmte Waffen“ (Art. 26 Abs. 1, 2 GG). Es kennt „Kriegsfolgen“ und „Kriegsfolgelasten“ (Art. 120 Abs. 1 GG). Art. 96 Abs. 2 Satz 2 GG spricht von „Kriegsschiffen“ und Art. 96 Abs. 5 Nr. 3 GG von „Kriegsverbrechen“. Das Grundgesetz kennt auch den „kriegsbedingten Notstand“ von vor dem 1. August 1945 (Art. 135 a Abs. 1 Nr. 3), und – natürlich – niemand darf gegen sein Gewissen zum „Kriegsdienst mit der Waffe“ gezwungen werden (Art. 4 Abs. 3, 12 a Abs. 2 GG).

1 Entscheidung des Bundesverfassungsgerichts vom 15.02.2006, BGBl. I S. 466.
2 BVerfGE 115, 118 (153, 157).

Endlich spricht das Grundgesetz in seinen Kompetenznormen von „Kriegsbeschädigten", „Kriegshinterbliebenen", „Kriegsgefangenen" (Art. 73 Abs. 1 Nr. 13 GG), und es kennt „Kriegsschäden", „Kriegsgräber" und „Opfer des Krieges" (Art. 74 Abs. 1 Nr. 9, 10 GG). Im Übrigen gibt es den Verteidigungsfall (Art. 115 a ff.; 87 a Abs. 3; 12 a GG), es gibt die allgemeine Verteidigung als Aufgabe der Streitkräfte (Art. 87 a Abs. 1, 2; 73 Abs. 1 Nr. 1 GG) und das Grundgesetz spricht von „der Bekämpfung organisierter und militärisch bewaffneter Aufständischer" (Art. 87a Abs. 4 Satz 1 GG).

Krieg ist ein verfassungsrechtlicher Begriff. Mit dem Verteidigungsfall ist er nicht identisch. Aber wenn Verteidigungsfall ist, ist auch Krieg. Offenkundig gibt es mehrere Bedeutungen von Krieg schon im Grundgesetz. Art. 120 GG bezieht sich auf einen konkreten Krieg, auf den Zweiten Weltkrieg. Im Sinne des Art. 120 Abs. 1 GG sind Kriegsfolgelasten ausschließlich solche Lasten, „deren entscheidende – und in diesem Sinne alleinige – Ursache der zweite Weltkrieg ist".[3]

Zum Begriff des Krieges im Sinne der Kriegsdienstverweigerung hat sich das Bundesverfassungsgericht in einer frühen Entscheidung geäußert.[4] Die Kriegsdienstverweigerung – sagt das Bundesverfassungsgericht – bezieht sich auf „ein Tun, das unmittelbar darauf gerichtet ist, mit ... Waffen Menschen im Krieg zu töten". Die Entscheidung kennt auch den „Krieg", den „Kriegsfall" und verschiedene Arten von Kriegen, es spricht von „Kriegen bestimmter Art".[5] Das Bundesverfassungsgericht geht dabei wie selbstverständlich von Kriegen zwischen Staaten aus – im Blick auf den Wortlaut des § 25 WehrpflG vom 20.12.1960.[6] Heute dürfte dieser Ausgangspunkt deutlich überholt sein. Das Kriegsdienstverweigerungsgesetz hat diese Beschreibung nicht mehr.

Ganz selbstverständlich und in der Kommentarliteratur regelmäßig ohne weitere Begründung werden auch UNO-Einsätze der Bundeswehr unter den Begriff des Krieges gefasst, jedenfalls im Zusammenhang der Gesetzgebungskompetenz für die Kriegsopferversorgung.[7] Kriegsopferversorgung umfasst auch Opfer im Zuge von UNO-Einsätzen.

Die Teilnehmer an Auslandseinsätzen der Bundeswehr fallen unter Art. 73 Abs. 1 Nr. 13 GG, unabhängig davon, ob es sich um friedensschaffende oder friedenserhaltende Einsätze handelt.[8] Auch Nachkriegsereignisse wie etwa Vertreibungen können Kriegsschäden begründen.[9]

Krieg im Sinne des Art. 26 Abs. 1 Satz 1 GG – so eine neuere Aussage im Schrifttum – sei im Lichte der Aggressionsdefinition der Vereinten Nationen[10] auszulegen. Danach sei Krieg eine bewaffnete (nicht bloß politische oder wirtschaftliche) Auseinandersetzung zwischen Staaten.[11] Auch diese noch neuerdings wiederholte Aussage, die den

3 BVerfGE 9, 305 (323 f.).
4 BVerfGE 12, 45 (54 f.).
5 BVerfGE 92, 4 (4, LS 3).
6 BVerfGE 12, 54 (60 f.).
7 Vgl. Stettner, in: Dreier, Grundgesetz-Kommentar, Band 2, 2. Aufl., Art. 74 Rdnr. 50; Oeter, in: v. Mangoldt/Klein/Starck, Kommentar zum Grundgesetz, Band II, 5. Aufl., Art. 74 Rdnr. 74 f.
8 Degenhart, in: Sachs, Grundgesetz, 4. Aufl., Art. 73 Rdnr. 56 f.
9 Degenhart, in: Sachs, Grundgesetz, 4. Aufl., Art. 74 Rdnr. 42.
10 UN Doc. A/Res. 3314 (XXIX) v. 14.12.1974; Streinz, in: Sachs, Grundgesetz, 4. Aufl., Art. 26 Rdnr. 18 f.
11 Streinz, in: Sachs, Grundgesetz, 4. Aufl., Art. 26 Rdnr. 19.

Kriegsbegriff auf Auseinandersetzungen zwischen Staaten verengt, dürfte aber überholt sein angesichts der Entwicklungen des Aggressionsbegriffes im Zuge der neuen Bedrohungen durch den internationalen Terrorismus. Kriegswaffen im Sinne des Art. 26 Abs. 2 GG jedenfalls betreffen unstreitig auch Bürgerkriege und Befreiungskämpfe.[12]

Kriegsverbrechen im Sinne des Art. 96 Abs. 5 Nr. 3 GG müssen auch solche Verbrechen sein, die im Bürgerkrieg oder in ausländischen Kriegseinsätzen begangen werden. Das Völkerstrafgesetzbuch ordnet Kriegsverbrechen in den Zusammenhang internationaler und nichtinternationaler bewaffneter Konflikte ein (§§ 8-12 VStGB).

Der Begriff des Krieges im Grundgesetz ist vielfältig. Er ist konkret normbezogen. Schillernd dagegen ist der Begriff „nichtkriegerischer Art" und entsprechend dann der Begriff „kriegerischer Art". Diese beiden Begriffe haben keine konkrete grundgesetzliche Bestimmung als Bezugspunkt. Schon die Semantik der Formulierung ist offen. „Kriegerisch" ist nicht statusgebunden wie Verteidigungsfall, Verteidigung oder eben auch „Krieg". Und zumal die Wendung kriegerischer „Art" lässt sprachlich vielfältigen Raum für Entsprechungen, Vergleiche und Analogien.

Möglicherweise ist es gerade diese Normungebundenheit und diese Entsprechungsoffenheit, die das Bundesverfassungsgericht zur Wahl des Begriffes bewogen hat. Hier könnte das Bundesverfassungsgericht ein verfassungsrechtliches Mittel für die verfassungsrechtliche Analyse und Bewältigung asymmetrischer Kriegführung gegeben haben. Wenn neue Bedrohungslagen die herkömmliche Unterscheidung von innerer und äußerer Sicherheit, von innerer und äußerer Gefahrenabwehr in Frage stellen, dann mag in dieser offenen Begrifflichkeit ein Schlüssel liegen für die verfassungsrechtliche Entwicklung von neuen Abwehrstrategien.

Politische Schlagworte allerdings reichen nicht aus: Der „Krieg gegen den Terror" etwa ist kein verfassungsrechtlicher Begriff im Rahmen des deutschen Grundgesetzes. Offen ist immerhin, ob der Angriff gegen das World Trade Center am 11. September 2001 ein „kriegerischer" Akt in diesem Sinne war. Die NATO hat ihn so gewertet. Sie hat den Bündnisfall unter Mitwirkung der Bundesrepublik Deutschland erklärt.[13]

In seiner Entscheidung zum Luftsicherheitsgesetz hat das Bundesverfassungsgericht all dies offen gelassen. Es hat aber durchaus nahe gelegt, dass die Anwendung von Waffengewalt gegen Luftfahrzeuge als Einsatz kriegerischer Art zulässig ist, wenn es nur auf diese Weise möglich ist, das rechtlich verfasste Gemeinwesen vor Angriffen zu bewahren, die auf dessen Zusammenbruch und Zerstörung abzielen,[14] wenn es um die Abwehr von Angriffen geht, die auf die Beseitigung des Gemeinwesens und die Vernichtung der staatlichen Rechts- und Friedensordnung gerichtet sind, wenn Vorgänge darauf zielen, den Staat selbst und seinen Fortbestand in Frage zu stellen.[15] Es käme dann nicht darauf an, ob es sich um einen Verteidigungsfall oder ob es sich um

12 Streinz, in: Sachs, Grundgesetz, 4. Art. 26 Rdnr. 37; BVerfGE 12, 45 (57).

13 NATO Presseerklärung (2201) 124 vom 12.9.2001 – Statement by the North Atlantic Council – http://www.nato.int/docu/pr/2001/p01-124e.htm, Abruf vom 08.11.2007.

14 BVerfGE 115, 118 (159); Enders, in: Berliner Kommentar zum Grundgesetz, Bd. 1, Art. 1 Rdnr. 93, Stand: Juli 2005.

15 BVerfGE 115, 118 (159).

Verteidigung im verfassungsrechtlichen Sinn handelt oder etwa um die Bewältigung eines Aufstandes im Rahmen des Art. 87 a Abs. 4 GG.

Bemerkenswert ist, dass das Bundesverfassungsgericht einen Angriff wie den vom 11. September 2001 ersichtlich nicht zum Bereich des Luftsicherheitsgesetzes gezogen hat. „Denn“ – sagt das Bundesverfassungsgericht – „im Anwendungsbereich des § 14 Abs. 3 LuftSiG geht es nicht um die Abwehr von Angriffen, die auf die Beseitigung des Gemeinwesens und die Vernichtung der staatlichen Rechts- und Freiheitsordnung gerichtet sind“.[16] Nun war am 11. September 2001 eine solche subjektive Ausrichtung gegen die amerikanische Rechts- und Freiheitsordnung allerdings offenkundig; entsprechende Angriffe in Deutschland wären auf die Beseitigung des Gemeinwesens und die Vernichtung der staatlichen Rechts- und Freiheitsordnung gerichtet. Aber das Bundesverfassungsgericht verweist zur Begründung seiner Aussage auf die Zuordnung auch solcher Fälle zu Art. 35 Abs. 2 und 3 GG durch das Luftsicherheitsgesetz selbst. Das Bundesverfassungsgericht spricht ausdrücklich von dem *„in § 14 Abs. 3 LuftSiG vorausgesetzten* nichtkriegerischen Luftzwischenfall“.[17] Das Gesetz selbst ordne damit auch solche politisch motivierten Angriffe Vorgängen zu, die nicht darauf zielen, den Staat selbst und seinen Fortbestand in Frage zu stellen. Das aber lässt die Möglichkeit offen, durch gesetzliche Neuregelung einen solchen Angriff von Akten rein krimineller oder psychopathologischer Art deutlich abzugrenzen und einen solchen Angriff als kriegerischen Akt einzustufen, seine Abwehr durch die Bundeswehr entsprechend dann als „Streitkräfteeinsatz kriegerischer Art“.

II

Wenn Krieg ist – was verlangt die Menschenwürde?

1. Zunächst gelten einige völkerrechtliche Erwägungen:[18]

   Die grundsätzliche Fortgeltung menschenrechtlicher Verbürgungen im bewaffneten Konflikt sollte unterstellt werden.[19] Art. 15 Abs. 2 EMRK sieht ausdrücklich vor, dass von dem in Art. 2 EMRK gewährleisteten Schutz des Rechts auf Leben bei Todesfällen infolge völkerrechtlich rechtmäßiger Kriegshandlungen abgewichen werden darf.[20] Damit geben die Vertragsstaaten der EMRK jedenfalls implizit ihrer Rechtsauffassung Ausdruck, dass sie den Einsatz solcher Kampfmittel, die als Nebenfolge zum Tod von Zivilisten führen, nicht als eine nach Art. 3 EMRK verbotene unmenschliche oder erniedrigende Behandlung gewertet sehen wollen. Denn es wäre widersprüchlich, wenn die Europäische Menschenrechts-

16 BVerfGE 115, 118 (159).

17 BVerfGE 115, 118 (153, 159) – Hervorhebung vom Verfasser.

18 Vgl. dazu insbesondere Zimmermann/Geiß, Tötung unbeteiligter Zivilisten, Der Staat 2007, 377-393.

19 IGH Gutachten, Legal Consequences of the construction of a wall in the occupied Palestinian Territory, 9. Juli 2004, Rn. 107-113. Das Gutachten ist abrufbar unter http://www.icj-cij.org/icjwww/idocket/imwp/imwpframe.htm, Abruf vom 08.11.2007.

20 J. Abr. Frowein/W. Peukert (Hrsg.), Europäische Menschenrechtskonvention, EMRK-Kommentar, 2. Aufl. 1996, S. 484, Rn. 12.

konvention auf der einen Seite den Eingriff in das Schutzgut Leben ausdrücklich, wie durch Art. 15 Abs. 2 EMRK geschehen, zulässt, auf der anderen Seite dieselbe Handlung dann aber als Verstoß gegen Art. 3 EMRK werten wollte.

Entsprechendes folgt aus Art. 6 Abs. 1 des Internationalen Paktes über bürgerliche und politische Rechte, sowie aus dem jeweiligen Art. 4 Abs. 1 der Amerikanischen Konvention der Menschenrechte und der Afrikanischen Charta der Rechte der Menschen und Völker, nach denen niemand willkürlich seines Lebens beraubt werden darf. Im bewaffneten Konflikt wertet der Internationale Gerichtshof das humanitäre Völkerrecht als *lex specialis* gegenüber dem in Art. 6 des Internationalen Paktes über bürgerliche und politische Rechte verbürgten Menschenrecht auf Leben. Er hat festgestellt, dass das Vorliegen von Willkür im bewaffneten Konflikt nach Maßgabe des humanitären Völkerrechts zu bestimmen ist und im Falle humanitärvölkerrechtlich rechtmäßiger Handlungen Willkür gerade nicht gegeben sei.[21]

Es versteht sich von selbst, dass Kriege möglichst vermieden werden müssen. Die Tötung und Verletzung Unbeteiligter kann aber auch im Rahmen dann letztlich rechtmäßiger Kriegshandlungen nicht immer gänzlich vermieden werden. Die Regelungen des humanitären Völkerrechts sind Ausdruck der hierüber bestehenden Einigkeit der internationalen Staatengemeinschaft. Wenn deshalb das Grundgesetz von der grundsätzlichen verfassungsrechtlichen Zulässigkeit der Führung eines Verteidigungskrieges und auch von bewaffneten Auslandseinsätzen der Bundeswehr jedenfalls im Rahmen der UNO ausgeht, setzt es zugleich implizit auch die Befugnis voraus, Kriegshandlungen – und das heißt auch Tötungshandlungen – vorzunehmen, die in Übereinstimmung mit geltendem Kriegsvölkerrecht stehen.

Im Blick auf die Zulässigkeit der Tötung von Zivilisten im Rahmen eines bewaffneten Konflikts durch die Bundeswehr und damit durch einen Akt der deutschen öffentlichen Gewalt im Sinne von Art. 1 Abs. 3 GG, ist auch von Bedeutung, dass die Wehrverfassung erst nachträglich durch Verfassungsänderung in das Grundgesetz gekommen ist. Dies weist darauf hin, dass der an die Grenzen des Art. 79 Abs. 3 GG gebundene verfassungsändernde Gesetzgeber der Jahre 1956 beziehungsweise 1968 offenbar davon ausging, dass der von ihm im Rahmen des humanitären Völkerrechts ermächtigte Einsatz der Bundeswehr (und die damit fast zwingend einhergehende und jedenfalls nicht auszuschließende Tötung unbeteiligter Zivilisten) keinen Verstoß gegen Art. 1 Abs. 1 i.V.m. Art. 79 Abs. 3 GG darstellt. Allerdings muss die Erörterung heute von der Entscheidung des Bundesverfassungsgerichts zum Luftsicherheitsgesetz ausgehen. In seinen tragenden Gründen bindet es alle öffentliche Gewalt.

---

21 IGH-Gutachten vom 08.07.1996 (Legality of the Threat or Use of Nuclears Weapons), ICJ Reports 1996, Rn. 25, s. auch M. Nowack, CCPR-Kommentar, 2005, Art. 6 Rn. 9.

2. Aus der Entscheidung des Bundesverfassungsgerichts zum Luftsicherheitsgesetz sind angesichts der Verankerung des Abschussverbotes in der Würdegarantie des Grundgesetzes weitgehende Folgerungen gezogen worden. Erwogen wird die Konsequenz, der Staat dürfe nun selbst in Fällen echter Landesverteidigung niemals Handlungen vornehmen, durch die er die Tötung Unschuldiger billigend in Kauf nehme.[22] Auch der Abschuss eines Flugzeuges im Rahmen eines Verteidigungseinsatzes, mithin im Falle eines militärischen oder militärähnlichen Angriffs, wäre unzulässig, sofern dadurch der Tod unschuldiger Flugzeuginsassen in Kauf genommen würde.[23] Dass unter Verteidigungsbedingungen die Unantastbarkeit der Menschenwürde zur Disposition der Staatsgewalt stehen sollte, ließe sich dem Grundsatz nicht entnehmen. Dies würde den absoluten Geltungsanspruch der Fundamentalnorm des Art. 1 Abs. 1 GG geradewegs zur Farce werden lassen; die Verfassungsordnung würde ihren Kern selbst preisgeben.[24]

Es kommt dabei aber darauf an, was genau das Bundesverfassungsgericht für unzulässig erklärt hat. Es scheint dieser Satz des Urteils der Grundsatz zu sein: „Für die verfassungsrechtliche Beurteilung ist allein entscheidend, dass der Gesetzgeber nicht durch Schaffung einer gesetzlichen Eingriffsbefugnis zu Maßnahmen der in § 14 Abs. 3 LuftSiG geregelten Art gegenüber unbeteiligten, unschuldigen Menschen ermächtigen, solche Maßnahmen nicht auf diese Weise als rechtmäßig qualifizieren und damit erlauben darf. Sie sind als Streitkräfteeinsätze nichtkriegerischer Art mit dem Recht auf Leben und der Verpflichtung des Staates zur Achtung und zum Schutz der menschlichen Würde nicht vereinbar“.[25]

„Sie“, das sind – zunächst – die „Maßnahmen der in § 14 Abs. 3 LuftSiG geregelten Art“. Gemeinhin sieht man in „solchen Maßnahmen“ ganz allgemein den Abschuss von Luftfahrzeugen mit unschuldigen Personen an Bord.[26] Diese Annahme liegt zunächst nahe, erweist sich aber als zu pauschal.

---

22 Vgl. Sittard/Ulbrich, Neuer Anlauf zu einem Luftsicherheitsgesetz – Ein Schuss in die Luft?, NZWehrr 2007, 60 (68).

23 Baldus, Gefahrenabwehr in Ausnahmelagen. Das Luftsicherheitsgesetz auf dem Prüfstand, NVwZ 2006, 532 (533); vgl. auch Kutscha, Terrorbekämpfung jenseits der Grundrechte?, RuP 2006, 202 (205).

24 Kutscha, Terrorbekämpfung jenseits der Grundrechte?, RuP 2006, 202 (206).

25 BVerfGE 115, 118 (157).

26 Vgl. etwa Bernhard Schlink, Die Scheinwelt eines Verteidigungsministers, in: Spiegel Online vom 19.09.2007, [http://www.spiegel.de/politik/deutschland/0,1518,506562,00.html], Abruf vom 08.01.2008, der aber das Bundesverfassungsgericht verkürzt und daher falsch zitiert. Schlink zitiert: „Ein Luftfahrzeug abzuschießen, das gegen das Leben von Menschen eingesetzt werden soll, ist mit dem Recht auf Leben nach Artikel 2, Absatz 2, Satz 1, Grundgesetz in Verbindung mit der Menschenwürdegarantie des Artikel 1, Absatz 1, Grundgesetz nicht vereinbar, soweit davon tatunbeteiligte Menschen an Bord des Luftfahrzeugs betroffen werden." Vollständig und korrekt lautet das Zitat aber: „Die Ermächtigung der Streitkräfte, gemäß § 14 Abs. 3 des Luftsicherheitsgesetzes durch unmittelbare Einwirkung mit Waffengewalt ein Luftfahrzeug abzuschießen, das gegen das Leben von Menschen eingesetzt werden soll, ist mit dem Recht auf Leben nach Art. 2, Abs. 2, Satz 1, GG in Verbindung mit der Menschenwürdegarantie des Art. 1, Abs. 1, GG nicht vereinbar, soweit davon tatunbeteiligte Menschen an Bord des Luftfahrzeugs betroffen werden.“; vgl. BVerfGE 115, 118 (LS 3).

Das Bundesverfassungsgericht erklärt für „allein entscheidend",[27] „dass der Gesetzgeber nicht durch Schaffung *einer gesetzlichen Eingriffsbefugnis* zu solchen Maßnahmen „*ermächtigen*" darf, sie nicht „*auf diese Weise*", nicht „*als rechtmäßig*" qualifizieren und damit „*erlauben*"[28] darf.

„Sie", die Maßnahmen nach § 14 Abs. 3 LuftSiG, wären danach nicht bereits die unmittelbare Einwirkung mit Waffengewalt, sondern erst die unmittelbare Einwirkung mit Waffengewalt *aufgrund einer gesetzlichen Eingriffsbefugnis*, als *rechtmäßig erklärt* und *erlaubt*, und dieses alles *auf diese Weise* – wie in § 14 Abs. 3 LuftSiG geschehen. Solche – und nur solche – als rechtmäßig und erlaubt erklärten, auf gesetzlicher Ermächtigungsgrundlage erfolgenden Maßnahmen wären unzulässig. Und für „unvorstellbar" wird wenig zuvor – lediglich – erklärt, „*auf der Grundlage einer gesetzlichen Ermächtigung*"[29] unschuldige Menschen vorsätzlich zu töten.

Diese Passagen lassen sich eben auch so interpretieren: Unzulässig ist es – lediglich –, solche Maßnahmen als Rechtfertigungsgrund, als gerechtfertigt, als von Rechts wegen erlaubt zu qualifizieren und zu ergreifen. Dafür spricht auch, dass das Gericht ausdrücklich offen gelassen hat, wie die strafrechtliche Beurteilung eines Abschusses auszusehen hätte.[30]

Vielleicht ließe sich schon im „Nicht-Krieg" eine Lösung finden, die einen entsprechenden Einsatz möglich macht, ohne ihn durch einen Rechtfertigungsgrund rechtlich zu erlauben, eine Lösung also, die keine gesetzliche Ermächtigungsgrundlage umfasste, die aber einen entsprechenden Einsatz im Rahmen der Rechtsordnung möglich machte und auch den erforderlichen militärischen Verantwortungs- und Befehlszusammenhang nicht durchbrechen würde. Hinweise, nicht die Lösung selbst, hierfür liegen in den Entscheidungen des Bundesverfassungsgerichts zur Frage der Schwangerschaftsunterbrechung.[31]

3. Aber im Krieg – Menschenwürde im Krieg:
Die Menschenwürde verbietet jede Behandlung des Menschen durch die öffentliche Gewalt, die diese Subjektqualität, seinen Status als Rechtssubjekt, grundsätzlich in Frage stellt,[32] indem sie die Achtung des Wertes vermissen lässt, der jedem Menschen um seiner selbst willen, kraft seines Personseins, zukommt.[33] Wann eine solche Bedeutung vorliegt, ist im Einzelfall mit Blick auf die spezifische Situation zu konkretisieren, in der es zum Konfliktfall kommen kann[34].

Abstrakte allgemeine Bestimmungen mit dem Anspruch der Überzeitlichkeit und Überörtlichkeit taugen nicht, sobald Konkretisierungen grundsätzlicher Erwägungen in Rede stehen. Konkrete Erfordernisse der Menschenwürde können

27 BVerfGE 115, 118 (157).
28 BVerfGE 115, 198 (157) – Hervorhebung vom Verf.
29 BVerfGE 115, 118 (157) – Hervorhebung vom Verf.
30 BVerfGE 115, 118 (157).
31 Vgl. etwa BVerfGE 88, 198 (203 ff.).
32 BVerfGE 30, 1 (26); 87, 209 (228); 96, 375 (399); BVerfGE 115, 118 (153).
33 BVerfGE 30, 1 (26); 109, 279 (312 f.); 115, 118 (153).
34 BVerfGE 30, 1 (25); 109, 279 (311); 115, 118 (153).

von den konkreten Umständen nicht abstrahieren. Das zeigt sich schon im Kleinen: Der militärische Befehl, Regenwürmer zu essen, mag sich in der allgemeinen Grundausbildung als menschenwürdeverletzende Schikane darstellen, in einem anderen – bei der Einzelkämpferausbildung oder im Ernstfall – als wohlgemeinte Hilfe zum Überleben. Entsprechend kann nach der Rechtsprechung des BVerfG die Bestimmung dessen, was die Achtung der Menschenwürde im Einzelnen erfordert, von den jeweiligen gesellschaftlichen Verhältnissen und von der historischen Situation nicht völlig gelöst werden.[35] Letztlich bleibt bei der konkreten Anwendung des Satzes von der Menschenwürde eine durchaus zeitabhängige und situationsbestimmte moralische Entscheidung erforderlich.[36]

Es gibt nicht zwei Menschenwürden oder mehrere, nicht eine im Frieden und eine im Krieg und weitere sonst. Es gibt immer nur die eine Würde des Menschen. Sie ist aber bestimmt in der jeweiligen konkreten Situation des jeweils konkreten Menschen. Deshalb können die Anforderungen im Einzelnen variieren, die Achtung und Schutz der Menschenwürde an die Verantwortlichen in den Streitkräften stellen.

Im Krieg bestehen andere Umstände als in Friedenszeiten. So würden im Krieg – wie immer er verfassungsrechtlich genauer zu definieren wäre – die Passagiere, die Besatzungen eines Luftfahrzeuges doch die Gefahr regelmäßig kennen, ja in Kauf nehmen müssen, in der sie sich bewegen. Ein vom Krieg ganz unberührter friedlicher Luftverkehr wäre realitätsfremd. Darin läge noch keine Einwilligung der Betroffenen in einen Abschuss, wie im Schrifttum ganz vereinzelt erwogen worden war und vom Bundesverfassungsgericht zu Recht als lebensfremde Fiktion erklärt worden ist. Aber es wäre eine auf eigenem Beschluss beruhende, regelmäßig bewusste Selbstgefährdung, die vom Bundesverfassungsgericht geradezu als Ausdruck der Menschenwürde qualifiziert worden ist.

Zudem und vor allem: Es dürfte in Verhältnissen kriegerischer Art die Gemeinschaftsgebundenheit und Gemeinschaftsbezogenheit des Einzelnen besonders zum Tragen kommen, die das Bundesverfassungsgericht in ständiger Rechtsprechung zum Menschenbild des Grundgesetzes zählt und mithin zu dem, was Menschenwürde ausmacht.

Als Einsatz kriegerischer Art, mithin im Krieg, kann auch der Abschuss eines mit Unbeteiligten besetzten Luftfahrzeuges rechtmäßig sein. Menschenwürde im Krieg kann nicht vom Krieg abstrahieren. Um die Menschenwürde zu schützen, muss man den Krieg verhindern.

---

35 BVerfGE 30, 1 (25); 45, 187 (229); 96, 375 (399 f.); Robbers, in: Umbach/Clemens, Grundgesetz, Art. 1 Rdnr. 19; vgl. auch E. Benda, „Die Würde des Menschen ist unantastbar“, in: E.-J. Lampe (Hrsg.), Beiträge zur Rechtsanthropologie, ARSP, Beiheft 22, S. 26 f.

36 Vgl. Hoerster, Zur Bedeutung des Prinzips der Menschenwürde, JuS 1983, 93 (96).

Die Geltung der Grundrechte für den Soldaten – ein Beitrag zur aktuellen Bedeutung des § 6 des Soldatengesetzes

Dieter Walz

I Vorbemerkung

In mehreren Entscheidungen insbesondere zum Grundrecht aus Art. 5 Abs. 1 GG hat der 2. Wehrdienstsenat (WDS) des Bundesverwaltungsgerichts zuletzt in den 90-er Jahren des letzten Jahrhunderts eine Art Standardformel zum Verhältnis der Grundrechte des Grundgesetzes zu Art. 17a GG und § 6 Soldatengesetz (SG) geprägt. So heißt es beispielsweise in einem Urteil vom 17. Dezember 1992[1] (Aufruf des „Darmstädter Signals“ zum sog. Mörderurteil des LG Frankfurt a. M.): „...im Rahmen der Erfordernisse des militärischen Dienstes (vgl. § 6 Satz 2 SG) und mit dem Ziel, die Funktionsfähigkeit der Bundeswehr zu erhalten, darf gemäß Art. 17a Abs. 1 GG für Soldaten neben anderen auch das Grundrecht der freien Meinungsäußerung durch gesetzlich begründete Pflichten eingeschränkt werden... . Solche Pflichten ergeben sich aus § 7, § 10 Abs. 6, §§ 12, 17 Abs. 1 und 2 SG. Diese Bestimmungen des Soldatengesetzes stellen insoweit allgemeine Gesetze im Sinne von Art. 5 Abs. 2 GG dar, die nicht eine bestimmte Meinung wegen ihres Inhalts verbieten, sondern in Ausfüllung des Art. 17a Abs. 1 GG die Freiheit der Meinungsäußerung verbieten ... Für allgemeine Gesetze im Sinne des Art. 5 Abs. 2 GG gilt das Zitiergebot des Art. 19 Abs. 1 Satz 2 GG nicht ...“

Bedient man sich der überkommenen juristischen Interpretationskunst, hat der 2. WDS zumindest in der damaligen Zeit die Bestimmung des § 6 Satz 2 als (bloße) Auslegungshilfe bei der Anwendung des Grundsatzes der Verhältnismäßigkeit eines gesetzlich normierten Grundrechtseingriffes herangezogen („vgl. § 6 Satz 2 SG“).[2]

Gewollt oder ungewollt hat diese Rechtsprechung in jüngerer Zeit einen Wandel erfahren mit dem möglichen Ziel, § 6 SG aus seinem Dornröschenschlaf zu wecken und ihm eine weit höhere – eine rechtlich unzulässige? - Bedeutung beizumessen. So findet sich einem Urteil vom 18. Juni 2003[3] die Aussage: „Soldaten haben gemäß Art. 1 Abs. 3 GG i.V.m. (?) § 6 Satz 1 SG – vorbehaltlich von Einschränkungen nach Art. 17a GG (?) und (?) § 6 Satz 2 SG – die gleichen staatsbürgerlichen Rechte wie jeder andere Staatsbürger“. Sollte der Senat etwa meinen, § 6 Satz 2 enthalte eine verfassungsgleiche Ermächtigung zur Einschränkung von Grundrechten für Soldaten?

Gegen den „hohen Stellenwert“ der Grundrechte der Soldaten, „wie er in § 6 SG zum Ausdruck kommt“, den der Senat z.B. in einem Beschluss vom 19. Januar 2006[4] herausgestrichen hat, wird niemand Einwendungen erheben, ebenso wenig gegen das

---

1 NZWehrr 1993, 206 (207).
2 Walz, in Walz/Eichen/Sohm, SG, 2006, § 6 Rn 12 m.w.N. in Fn 15.
3 ZBR 2004, 359 (360).
4 NZWehrr 2006, 209 (211).

Junktim zwischen § 6 und der Konzeption des Staatsbürgers in Uniform.[5] Frei von Bedenken ist auch die Bemerkung in einem Urteil vom 1. März 2007[6], Eingriffe in die körperliche Integrität und die persönliche Würde eines Untergebenen und Kameraden könnten und dürften „schon im Hinblick auf § 6 SG“ sowie die entsprechenden Grundrechte keinesfalls geduldet werden.

In einem Urteil vom 9. Januar 2007[7] führt der Senat nahezu wortgleich wie in der Entscheidung vom 18. Juni 2003 aus, gegen die Verfassungsmäßigkeit der Vorschrift des § 10 Abs. 6 SG bestünden „angesichts der Einschränkbarkeit des Grundrechts der Meinungsäußerungsfreiheit (Art. 5 Abs. 1 GG) der Soldaten nach Art. 17a GG und (?) § 6 Satz 2 SG keine durchgreifenden Bedenken“. Irritierend, wenn auch im Ergebnis zutreffend, ist schließlich die Feststellung des Senats in seinen beiden Urteilen vom 4. April 2007[8] zur sog. Generalsaffäre, eine Berufung auf das Grundrecht aus Art. 17 GG scheide aus, wonach jedermann – gemäß § 6 Satz 1 SG auch ein Soldat – das Recht habe, sich mit Bitten usw. an die zuständigen Stellen usw. zu wenden. In dem zitierten Kontext wäre wohl eher eine Bezugnahme auf Art. 17a Abs. 1 GG, denn auf § 6 Satz 1 SG angebracht gewesen.

II Verfassungsrechtlicher Rahmen

Zunächst ist festzuhalten, dass der Soldat wie jeder andere Mensch, der sich auf die Grundrechte des Grundgesetzes berufen kann, Grundrechtsträger ist. Dies folgt bereits aus Art. 1 Abs. 3 GG und der Grundrechtsbindung der vollziehenden Gewalt und damit der Streitkräfte. Die Rechtsfigur des besonderen Gewaltverhältnisses, derzufolge Grundrechte auch ohne Gesetzesvorbehalt einschränkbar sein sollten, ist spätestens seit dem Strafgefangenenbeschluss des Bundesverfassungsgerichts[9] nur noch von historischer Relevanz[10]; ihr Teilersatz durch die Lehre vom Sonderstatusverhältnis[11] ist verfassungsrechtlich nicht nachweisbar fundiert.

Für Soldaten sind infolgedessen diejenigen Grundrechte einschränkbar, die für jedermann einschränkbar sind; das hierbei zu beachtende Verfahren gibt Art. 19 Abs. 1 und 2 GG vor. Ob daneben auch die an sich schrankenlosen Grundrechte für Soldaten ihre Grenze in der immanenten Schranke der Funktionsfähigkeit der Streitkräfte finden[12], kann hier offen bleiben.

---

5 Vgl. Deiseroth, jurisPR-BVerwG 4/2006 Anm. 1.

6 2 WD 4.06.

7 DokBer B 2007, 141 = DVBl. 2007, 782 (LS) mit Anm. Deiseroth, jurisPR-BVerwG 13/2007 Anm. 4.

8 2 WDB 6.06, 7/06.

9 BVerfGE 33, 1.

10 So im Ergebnis bereits BVerwG NZWehrr 1972, 221.

11 Wenn das BVerfG (NZWehrr 2007, 157, 159) das Wehr- und das Zivildienstverhältnis als von Art. 17a Abs. 1 GG „erfasstes Sonderstatusverhältnis“ bezeichnet, ändert dies an dieser Bewertung nichts.

12 So BVerfGE 28, 243; BVerwGE NZWehrr 1979, 230 mit krit. Anm. Walz, NZWehrr 1980, 26.

Auf Grund allgemein geltender Gesetzesvorbehalte hat der einfache Gesetzgeber für Soldaten folgende Grundrechte begrenzt:[13]

- Art. 2 Abs. 1 GG: Die allgemeine Handlungsfreiheit steht unter dem Vorbehalt der „verfassungsmäßigen Ordnung". Hierunter sind alle formell und materiell verfassungsmäßigen Gesetze zu subsumieren,[14] mithin auch das SG und die darin konkretisierten Dienstpflichten des Soldaten. Insbesondere die Vorschriften des § 7[15], des § 17 Abs. 4 Satz 1[16], des § 18 Satz 1 (soweit der Soldat zur Teilnahme an der Gemeinschaftsverpflegung verpflichtet ist)[17] und des § 77 Abs. 4 Nr. 7 SG (Sicherheitsüberprüfung von Dienstleistungspflichtigen) sind in diesem Kontext zu nennen.
- Art. 2 Abs. 2 Satz 1 GG: Das Recht auf Leben und körperliche Unversehrtheit ist, auf der Basis des Gesetzesvorbehalts des Art. 2 Abs. 2 Satz 3 GG, eingeschränkt durch § 7[18] und § 12 Satz 2[19] (soweit der Soldat verpflichtet ist, Gefahren für Leib und Leben auf sich zu nehmen), § 17 Abs. 4 Satz 3 (mit ausdrücklicher Zitierung des Art. 2 Abs. 2 Satz 1 GG) und § 77 Abs. 4 Nr. 6 SG (gleichfalls mit Zitat des Art. 2 Abs. 2 Satz 1 GG).
- Art. 5 Abs. 1 Satz 1 Halbs. 1 GG: Zahlreiche Vorschriften des SG schränken vor allem das Recht auf freie Meinungsäußerung ein.[20] Dies ist grundsätzlich zulässig, weil das SG unstreitig als „allgemeines Gesetz" im Sinne von Art. 5 Abs. 2 GG zu begreifen ist.[21] Beispielhaft sind hier zu nennen § 7,[22] § 8,[23] § 10 Abs. 6,[24] § 11,[25]

---

13 Vorschriften des SG, welche einzelne Grundrechte lediglich „berühren", ohne diese konkret und messbar einzuschränken, bleiben hier außer Betracht.

14 St. Rspr., vgl. BVerfGE 96, 10 (21).

15 Vgl. Scherer/Alff, SG, 7. Aufl. 2003, § 6 Rn 12 ff. m.w.N.

16 Vgl. Walz, in: Walz/Eichen/Sohm, a.a.O., § 17 Rn 31 m.w.N.

17 Vgl. Walz, in: Walz/Eichen/Sohm, a.a.O., § 18 Rn 11.

18 Vgl. Walz, in: Walz/Eichen/Sohm, a.a.O., § 7 Rn 12 m.w.N.

19 Scherer/Alff, a.a.O., § 6 Rn 18.

20 Vgl. die monographische Darstellung von Vogelgesang, in: GKÖD I Yk, 2001, § 6 Rn 10.

21 Vgl. zuletzt BVerfG NZWehrr 2007, 157. Es ist daher nicht nachvollziehbar, weshalb sich die Begrenzung des Rechts auf freie Meinungsäußerung (zusätzlich?) aus Art. 17a Abs. 1 GG ergeben soll. So jedoch wohl Vogelgesang, a.a.O.; Scherer/Alff, a.a.O., § 6 Rn 31. Unklar auch BVerwG NZWehrr 1993, 206 (207): „Diese Bestimmungen des Soldatengesetzes stellen insoweit allgemeine Gesetze im Sinne von Art. 5 Abs. 2 GG dar, die... in Ausfüllung (?) des Art. 17a Abs. 1 GG die Freiheit der Meinungsäußerung beschränken...".

22 Vgl. Scherer/Alff, a.a.O., § 7 Rn 32 m.w.N.; Walz, in: Walz/Eichen/Sohm, a.a.O., § 7 Rn 12.

23 Vgl. Walz, in: Walz/Eichen/Sohm, a.a.O., § 8 Rn 10 m.w.N.

24 Vgl. Walz, in: Walz/Eichen/Sohm, a.a.O., § 10 Rn 102 m.w.N.

25 Vgl. Walz, in: Walz/Eichen/Sohm, a.a.O., § 11 Rn 24 m.w.N.

§ 12,[26] § 13,[27] § 14,[28] § 15 Abs. 1, 2 und 4,[29] § 17 Abs. 1 und Abs. 2 Satz 1,[30] § 20,[31] § 33[32] und § 50 SG.[33]

- Art. 12 GG: Soweit die Vorschrift über die Rückzahlung von Ausbildungskosten (§ 49 Abs. 4 SG) das Grundrecht auf Berufsfreiheit (Art. 12 Abs. 1 Satz 1 GG) tangiert, ist dies verfassungsrechtlich irrelevant.[34] Wer allerdings in § 49 Abs. 4 SG eine Beschränkung des Art. 12 Abs. 1 Satz 1 GG erkennt,[35] findet die hierfür erforderliche Ermächtigung weder in Art. 12 Abs. 1 Satz 2 noch in Art. 17a GG.
- Art. 13 GG: § 18 Satz 1 SG und § 20 Abs. 1 WDO schränken dann in bestimmten Anwendungsfällen das Grundrecht auf Unverletzlichkeit der Wohnung ein, wenn die Gemeinschaftsunterkunft als „Wohnung" i.S.v. Art. 13 Abs. 1 GG verstanden wird.[36] Die verfassungsrechtlich gebotene Ermächtigung für diesen Grundrechtseingriff ist nicht aus Art. 13 Abs. 7 GG zu entnehmen.
- Art. 103, 104 GG: Beschränkungen/Berührungen dieser beiden grundrechtsgleichen Rechte z.B. durch die WDO sind im vorliegenden Kontext ohne Bedeutung.

Über die allgemein geltenden Grundrechtsbeschränkungen sieht Art. 17a Abs. 1 GG vor, dass Gesetze über Wehrdienst und Ersatzdienst bestimmen können, dass für die Angehörigen der Streitkräfte und des Ersatzdienstes die Grundrechte aus Art. 5 Abs. 1 Satz 1 Halbs. 1, Art. 8 und Art. 17 GG (soweit es sich um die Sammelpetition handelt) eingeschränkt werden können. Nach Art. 17a Abs. 2 GG können Gesetze, die der Verteidigung einschließlich des Schutzes der Zivilbevölkerung dienen, bestimmen, dass die Grundrechte aus Art. 11 und 13 GG eingeschränkt werden.[37]

Von diesen seit 1956 unverändert gebliebenen Ermächtigungen hat der einfache Gesetzgeber wie folgt Gebrauch gemacht:

- Auf der Grundlage von Art. 17a Abs. 2 GG wurde Art. 13 GG durch § 79 Abs. 3 Satz 3 SG beschränkt.

---

26 gl. Scherer/Alff, a.a.O., § 6 Rn 32 m.w.N.
27 Vgl. Walz, in: Walz/Eichen/Sohm, a.a.O., § 13 Rn 13.
28 Vgl. Walz, in: Walz/Eichen/Sohm, a.a.O., § 14 Rn 12 m.w.N.
29 Vgl. Walz, in: Walz/Eichen/Sohm, a.a.O., § 15 Rn 13 ff. m.w.N.
30 Vgl. Walz, in: Walz/Eichen/Sohm, a.a.O., § 17 Rn 28 f. m.w.N.
31 Vgl. Eichen, in: Walz/Eichen/Sohm, a.a.O., § 20 Rn 1.
32 Vgl. Walz, in: Walz/Eichen/Sohm, a.a.O., § 33 Rn 11 m.w.N.
33 Vgl. Eichen, in: Walz/Eichen/Sohm, a.a.O., § 50 Rn 30.
34 Walz, in: Walz/Eichen/Sohm, a.a.O., § 49 Rn 19 f.
35 Scherer/Alff, a.a.O., § 6 Rn 45 m.w.N.
36 Vgl. zum Streitstand Walz, in: Walz/Eichen/Sohm, a.a.O., § 18 Rn 11 ff.
37 Rückschauend bemerkenswert ist, dass Art. 17a erst durch den Verteidigungsausschuss des Bundestages in den Entwurf der Verfassungsnovelle von 1956 eingefügt wurde. Der Regierungsentwurf sah noch folgende, aus Art. 133 Abs. 2 Satz 2 WRV und der Idee des besonderen Gewaltverhältnisses entlehnte generalklauselartige Einschränkungsmöglichkeit vor: „Soweit es zur Erfüllung des Verteidigungsauftrages zwingend geboten ist, kann durch Bundesgesetz ferner bestimmt werden, dass für Angehörige der Streitkräfte einzelne Grundrechte einzuschränken sind". Vgl. BTDrs. II/124, 1 und Höfling, in: Berliner Komm., a.a.O., Art. 17a Rn 4.

- Das Gleiche gilt für § 44 Abs. 4 des Wehrpflichtgesetzes (WPflG) und § 23a des Zivildienstgesetzes (ZDG).[38]
- Auf der Grundlage von Art. 17a Abs. 1 GG untersagen § 1 Abs. 4 WBO die Sammelbeschwerde (unter Zitierung des eingeschränkten Grundrechts aus Art. 17 GG) und § 7 Satz 1 des Wehrbeauftragtengesetzes die Sammeleingabe an den Wehrbeauftragten (unter Negierung des Zitiergebotes).
- Nach einer in der Lit. zum Teil vertretenen Auffassung[39] schränkt die sich aus § 18 Satz 1 SG ergebende Verpflichtung des Soldaten zum Wohnen in einer Gemeinschaftsunterkunft das Grundrecht auf Freizügigkeit nach Art. 11 GG ein. Folgt man dieser These, ist die verfassungsrechtliche Ermächtigung hierzu in Art. 17a Abs. 2 GG enthalten.

Die rechtstheoretische Funktion und die heutige praktische Bedeutung des Art. 17a GG sind umstritten; unbestritten ist – immerhin –, dass Art. 17a GG das Leitbild des Soldaten als Staatsbürger in Uniform versinnbildlicht, indem im Umkehrschluss aus ihm zu folgern ist, dass dem Soldaten grundsätzlich alle Grundrechte in vollem Umfang zustehen.[40] Diese – von *Dürig*[41] formulierte – verfassungspolitische Zielsetzung wird von ihm jedoch selbst dadurch relativiert, dass er darauf verweist, dass „die Grundrechte auch im Bereich der Bundeswehr gelten, ergibt sich bereits aus Art. 1 III…“[42]

Auch aktuelle GG-Kommentare lassen eine klare rechtsdogmatische Positionierung des Art. 17a GG vermissen:

Überwiegend wird einerseits wie von *Dürig* auf Art. 1 Abs. 3 GG verwiesen sowie auf die „bare Selbstverständlichkeit“,[43] dass auch in Sonderstatusverhältnissen die Grundrechte erhalten bleiben. Andererseits soll Art. 17a Abs. 1 GG (nicht auch Abs. 2?) konstitutiven Charakter für die dort genannten Grundrechtsschranken besitzen[44], d.h. wohl Vorrang vor den allgemein geltenden Schranken der Art. 5 Abs. 2 und Art. 8 Abs. 2 GG genießen. Nahezu einhellig wird hingegen der aktuelle Bedeutungsgehalt des Art. 17a GG als „weitgehend erschöpft“ bezeichnet; die Norm führe ein „verfassungsrechtliches Schattendasein“.[45]

Nach der hier[46] vertretenen Auffassung hat Art. 17a GG bloß deklaratorische Bedeutung, soweit er die Grundrechte nennt, die ohnehin, d. h. allgemein, mit einem Gesetzesvorbehalt versehen sind. Hierbei handelt es sich um Art. 5 Abs. 1 Satz 1

38 Mit dem Wehrrechtsänderungsgesetz 2007 (BRDrs. 226/07) ist vorgesehen, diese Bestimmungen verfassungsfester zu novellieren und zugleich dem Zitiergebot des Art. 19 Abs. 1 Satz 2 GG Folge zu leisten.

39 Scherer/Alff, a.a.O., § 6 Rn 44.

40 Vgl. etwa Höfling, in: Berliner Komm. zum GG, 2007, Art. 17a Rn 10.

41 In: Maunz-Dürig, GG, Mai 1961, Art. 17a Rn 5 ff.

42 A.a.O., Art. 17a Rn 6.

43 Brenner in: v.Mangoldt/Klein/Starck, GG, 5. Aufl. 2005, Art. 17a Rn 3.

44 So Brenner, a.a.O., Art. 17a Rn 10 und 13; Heun, in: Dreier, GG, 2. Aufl. 2004, Art. 17a Rn 4; Höfling, a.a.O., Art. 17a Rn 10. Wie hier: Jarass, in: Jarass/Pieroth, GG, 9. Aufl. 2007, Art. 17a Rn 1, allerdings mit dem etwas irritierenden Zusatz, Art. 17a „dürfte etwas intensivere Eingriffe (als die allgemeinen Beschränkungsmöglichkeiten) zulassen“.

45 Brenner, a.a.O., Art. 17a Rn 7. Ebenso: Heun, a.a.O., Art. 17a Rn 5.

46 Ebenso Kokott, in: Sachs, GG, 4. Aufl. 2007, Art. 17a Rn 4 f.

Halbs. 1, Art. 8 (unter den Voraussetzungen des Abs. 2), Art. 11 (unter den Voraussetzungen des Abs. 2) und Art. 13 GG (unter den Voraussetzungen des Abs. 7). Konstitutive Funktion hat Art. 17a GG ausschließlich im Hinblick auf Art. 17 GG sowie auf Art. 11 und 13 GG, soweit die dortigen allgemeinen Gesetzesvorbehalte für Soldaten und Zivildienstleistende bzw. für Zwecke der Verteidigung und des Zivilschutzes nicht ausreichen. Von diesen konstitutiven Ermächtigungen hat der Gesetzgeber bisher lediglich in Gestalt der oben aufgeführten und für die Praxis nahezu bedeutungslosen Einschränkungen der Art. 11, 13 und 17 GG Gebrauch gemacht.

III Zitiergebot

Die Frage, ob die Einschränkung eines Grundrechts für Soldaten sich aus einem allgemein geltenden Gesetzesvorbehalt oder aus Art. 17a GG ableitet, ist insbesondere von Bedeutung im Hinblick auf die Anwendung des Zitiergebotes. Art. 19 Abs. 1 Satz 2 GG bestimmt – scheinbar zweifelsfrei und ohne jedwede Begrenzung –, dass ein Gesetz, welches ein Grundrecht einschränkt, dieses Grundrecht unter Angabe des Artikels nennen muss. Das BVerfG hat bereits früh entschieden, das Zitiergebot sei restriktiv auszulegen, um die Formvorschrift des Art. 19 Abs. 1 Satz 2 GG nicht zu einer leeren Förmlichkeit erstarren zu lassen und den Gesetzgeber nicht „unnötig" zu behindern.[47] Vor diesem Hintergrund vertreten die Rechtsprechung und ein Teil der Lehre die Auffassung, das Zitiergebot gelte im Rahmen des Art. 17a GG nur dann, wenn es auch außerhalb des soldatischen Bereichs im Falle kollidierender Verfassungsrechtsgüter zu beachten sei oder wenn es sich um vorkonstitutionelle Grundrechtseinschränkungen handele. So wird überwiegend die Anwendbarkeit des Zitiergebots im Zusammenhang mit Art. 5 Abs. 1 Satz 1 Halbs. 1 GG verneint[48]; bei einer Einschränkung der Art. 8, 11, 13 und 17 GG soll es jedoch gelten.[49]

Der einfache Gesetzgeber des Wehrrechts hat von Anfang an (und bis heute) keine klare und logische Linie verfolgt:

Mit der Zitierung des Art. 2 Abs. 2 Satz 1 GG in § 17 Abs. 4 Satz 3 Halbs. 2 und in § 77 Abs. 4 Nr. 6 Halbs. 2 SG hat der Gesetzgeber das im Kontext mit Art. 2 Abs. 2 GG zwingend geltende Zitiergebot[50] beachtet. Dasselbe gilt für die Zitierung des Art. 13 GG in § 79 Abs. 3 Satz 3 SG und des Art. 17 in § 1 Abs. 4 WBO. Unbeachtet geblieben ist das Zitiergebot bei den anderen oben skizzierten Eingriffen des Gesetzgebers des Soldatengesetzes in Art. 2 Abs. 1 und 2, Art. 11 und Art. 18 GG sowie des Gesetzgebers des Wehrbeauftragtengesetzes in Art. 17 GG.

Diese, zum Teil nur aus der Entstehungsgeschichte der jeweiligen Gesetzeswerke erklärbare, Normsetzung ist auch außerhalb des soldatischen Dienstrechts zu finden.

---

47 BVerfGE 28, 36 (46). Seither st. Rspr. Krit. z.B. Sachs, in: Sachs, a.a.O., Art. 19 Rn 27 ff.

48 Vgl. zum Streitstand Walz, in: Walz/Eichen/Sohm, a.a.O., § 6 Rn 17 f.

49 Jarass, in: Jarass/Pieroth, a.a.O., Art. 17a Rn 6. Vgl. Kokott, in: Sachs, a.a.O., Art. 17a Rn 12 f. m.w.N.

50 Jarass, in: Jarass/Pieroth, a.a.O., Art. 2 Rn 95.

IV Rechtsvergleichende Hinweise

In der geltenden Fassung des Wehrpflichtgesetzes ist eine konkrete Zitierung eingeschränkter Grundrechte in Einzelvorschriften des Gesetzes unterblieben. Stattdessen lässt § 51 WPflG Einschränkungen der Art. 2 Abs. 2, Art. 11 und Art. 13 GG pauschal „nach Maßgabe dieses Gesetzes" zu. Nahezu wortgleich, lediglich ergänzt um Art. 17 GG, findet sich die gleiche Vorschrift in § 80 Zivildienstgesetz.

Überwiegend wird eine solche zusammenfassende Klausel[51] als verfassungsrechtlich ausreichend erachtet.[52] Mit der Informationsfunktion des Art. 19 Abs. 1 Satz 2 GG ist diese Vorgehensweise indes schwerlich in Einklang zu bringen.[53]

Vollständig negiert wird das Zitiergebot im überkommenen und künftigen Beamtenrecht. Weder das noch geltende Beamtenrechtsrahmengesetz (BRRG) und das Bundesbeamtengesetz noch das künftige Beamtenstatusgesetz (BeamtStG) und die Dienstrechtsreformgesetzentwürfe des Bundes werden, trotz zum Teil gravierender Grundrechtseinschränkungen[54], dem Zitiergebot gerecht. So ist es evident, dass insbesondere mit den §§ 133b bis f BRRG (künftig: §§ 57 bis 62 BeamtStG) massiv in Grundrechte der Beamten eingegriffen wird, z. B. mit der Pflicht des Beamten, besondere Gefahren und Erschwernisse auf sich zu nehmen (§ 133b Abs. 3 BRRG, § 58 Abs. 3 BeamtStG-E), mit der dem Dienstherrn erteilten Erlaubnis, die Antrags-Entlassung und den Eintritt in den Ruhestand hinauszuschieben (§ 133c BRRG, § 59 BeamtStG-E), mit der Verpflichtung zur Gemeinschaftsunterkunft und Mehrarbeit (§ 133e BRRG, § 61 BeamtStG-E) und der Pflicht zum Wohnen in einer Gemeinschaftsunterkunft (§ 133f BRRG, § 62 BeamStG-E). Soweit diese Sonderregelungen vom Spannungs- und Verteidigungsfall[55] abhängig gemacht werden, ist darauf hinzuweisen, dass Art. 80a GG überhaupt nicht und Art. 115c Abs. 2 GG nur bezogen auf Art. 14 und Art. 104 GG Einschränkungen von Grundrechten zulassen.[56] Soweit diese Sonderregelungen von einer Verwendung des Beamten im Ausland abhängig gemacht werden, ist nicht erkennbar, wo im GG eine Einschränkbarkeit von Grundrechten in solchen Fällen verankert sein soll.

---

51 Vgl. auch § 196 des Strafvollzugsgesetzes: „Durch dieses Gesetz werden die Grundrechte aus Artikel 2 Abs. 2 Satz 1 und 2 (körperliche Unversehrtheit und Freiheit der Person) und Artikel 10 Abs. 1 (Brief-, Post- und Fernemeldegeheimnis) des Grundgesetzes eingeschränkt".

52 Vgl. Sachs, in: Sachs, a.a.O., Art. 19 Rn 31.

53 So auch Sachs (oben Fn 51).

54 Vgl. z.B. §§ 34-43 BeamtStG (E).

55 Die ausschließliche Zitierung des Art. 80a GG in § 133a Satz 1 BRRG (§ 57 Satz 1 BeamtStG-E) ist zumindest irritierend, da Art. 80a GG nur den Spannungsfall regelt, während der Verteidigungsfall in Art. 115a GG platziert ist. Die Verweisung auf den Verteidigungsfall in Art. 80a Abs. 1 Satz 1 GG ist im vorliegenden Zusammenhang nicht ausreichend.

56 Jarass, in: Jarass/Pieroth, a.a.O., Art. 115c Rn 3.

V Entstehung des § 6; rechtsvergleichender Hinweis

Der Regierungsentwurf des Soldatengesetzes[57] enthielt keine mit dem späteren § 6 vergleichbare Bestimmung. Ebenso wie bei Art. 17a GG war es der Verteidigungsausschuss des Bundestages, der als der eigentliche Gesetzgeber des § 6 auftrat. Gegen verfassungsrechtliche Bedenken der Bundesregierung brachte der Abgeordnete *Dr. Kliesing* (CDU/CSU) den entsprechenden Änderungsvorschlag ein, dem der Ausschuss und danach das Plenum mit Mehrheit zustimmten.[58] Der Verteidigungsausschuss begründete sein Votum damit, „dass durch die Aufnahme des § 5a (des heutigen § 6) in das Gesetz der Standort des Soldaten in einem demokratischen Staat noch besonders verdeutlicht werden" sollte.

Mit § 6 im Ergebnis inhaltsgleich ist § 25c ZDG.[59] Diese Vorschrift ist für die forensische Praxis und die einschlägige Kommentarliteratur völlig bedeutungslos geblieben. Niemand hat ihr bisher etwa eine Rechtsfigur des „Staatsbürgers im Zivildienst" entnommen oder aus ihr gar „Grundsätze der Inneren Führung für den Zivildienst" abgeleitet.

Sollte der Gesetzgeber die – nicht nachweisbare – Absicht gehabt haben, allen männlichen Staatsbürgern, die ihrer Wehrpflicht nachkommen, grundsätzlich die gleiche Rechtsstellung wie anderen Staatsbürgern zu belassen, hätte er gravierende Lücken offen gelassen. Andere Surrogatdienste als der Zivildienst, z. B. der Dienst im THW, im Bundesgrenzschutz (jetzt: Bundespolizei), bei den Feuerwehren usw., deren statusrechtliche Stellung gesetzlich geregelt ist, wurden vom jeweiligen Bundes- oder Landesgesetzgeber insoweit vernachlässigt.[60] Es ist daher durchaus vertretbar, § 6 als lex specialis für Soldaten, unabhängig von deren Status, zu bezeichnen.

VI Textexegese

Der Wortlaut des § 6 Satz 1 könnte zu dem Trugschluss verleiten, dem Soldaten stünden lediglich die Rechte des Staatsbürgers nach dem Grundgesetz zu. Unstreitig[61] verfügt der Soldat über alle Rechte nach dem Grundgesetz, insbesondere die Grundrechte und die grundrechtsgleichen Rechte.

Andererseits verleiht Satz 1 dem Soldaten keine zusätzlichen Rechte, die anderen Staatsbürgern nach dem Grundgesetz nicht zustehen. Das Petitionsrecht des Soldaten

57 BTDrs. II/1700.

58 Vgl. Walz, in: Walz/Eichen/Sohm, a.a.O., § 6 Rn 1 ff. m.w.N.

59 „Der Dienstleistende hat die gleichen staatsbürgerlichen Rechte wie jeder andere Staatsbürger. Seine Rechte werden im Rahmen der Erfordernisse des Zivildienstes durch seine gesetzlich begründeten Pflichten beschränkt".

60 Allenfalls vergleichbar mit der Rechtsstellung des Soldaten war die des Grenzschutzdienstpflichtigen. Gem. § 59 Abs. 1 Satz 1 des Bundesgrenzschutzgesetzes vom 18.8.1972 (BGBl. I S. 1834) galten für die persönliche Rechtsstellung der Dienstleistenden die Vorschriften über die persönliche Rechtsstellung der Soldaten, die auf Grund der Wehrpflicht Wehrdienst leisten, sinngemäß. Diese Bestimmung ist zurzeit nicht anwendbar. Ihre Anwendung setzt einen vorherigen Beschluss des Bundestages voraus (Art. 3 Abs. 2 des BGS-Neuregelungsgesetzes vom 19.10.1994, BGBl. I S. 2978).

61 Vgl. Walz, in: Walz/Eichen/Sohm, a.a.O., § 6 Rn 23 m.w.N.

leitet sich aus Art. 17 GG ab, sein Ehrenschutz aus Art. 1 Abs. 1 GG, und nicht aus § 6 Satz 1 SG.[62]

§ 6 Satz 1 hat vor dem Hintergrund der obigen Ausführungen (verfassungs-)rechtlich lediglich deklaratorischen Charakter; eine rechtlich eigenständige Bedeutung ist der Vorschrift nicht zu entnehmen.

Nach Satz 2 werden die Rechte des Soldaten, das heißt seine Rechte nach dem Grundgesetz, im Rahmen der Erfordernisse des militärischen Dienstes durch seine gesetzlich begründeten Pflichten beschränkt. Die nicht näher definierten „Erfordernisse des militärischen Dienstes“ sind in der forensischen Praxis[63] seit langem durch die „Sicherung der Funktionsfähigkeit der Bundeswehr“ ersetzt worden. Damit sollen wohl die „verfassungsrechtliche Grundentscheidung für die militärische Landesverteidigung“[64] und die mit Verfassungsrang ausgestattete Funktionsfähigkeit der Bundeswehr[65] neben die Verfassungsrechtsgüter der Staatsbürger- und Menschenrechte gestellt werden, um in Fällen einer Verfassungskollision abwägen zu können. Ob sich § 6 Satz 2 als Beleg für eine solche Güterabwägung eignet, ist zweifelhaft; Wortlaut und Entstehungsgeschichte geben hierfür jedenfalls nichts her.

Auch Satz 2 hat demzufolge rechtlich deklaratorische Bedeutung.[66] Dennoch ist die Formel von den „Erfordernissen des militärischen Dienstes“ nicht völlig inhaltsleer. Sie kann als Interpretationshilfe bei der Anwendung des Grundsatzes der Verhältnismäßigkeit eines gesetzlichen Eingriffes in die Grundrechte des Soldaten herangezogen werden.[67]

VII Rechtspolitische und forensische Bedeutung des § 6

Die Vorschrift ist primär vor dem Hintergrund der politischen Debatten um die Wiederbewaffnung Deutschlands und der Konzeption der Inneren Führung zu verstehen. § 6 unterstreicht die staatspolitische Wertentscheidung für das seinerzeit neue soldatische Leitbild.[68] Nach dem heutigen Verständnis fordert dieses Leitbild vom Soldaten, „eine freie Persönlichkeit zu sein, als verantwortungsbewusster Staatsbürger zu handeln, sich für den Auftrag einsatzbereit zu halten“.[69] Seine Einordnung in unser Rechtswesen und damit die Funktion des § 6 sind zunehmend in den Hintergrund getreten.

In zahlreichen Schriften zur Inneren Führung aus den 50-er und 60-er Jahren des letzten Jahrhunderts ist § 6 als gesetzliche Verankerung der Konzeption der Inneren Führung zitiert worden; in der geltenden Fassung der ZDv 10/1 „Innere Führung“ wird § 6 nicht mehr erwähnt.

---

62 Missverständlich daher BVerwG NZWehrr 2004, 259 (260); NZWehrr 2005, 168 (171).
63 Ständige Rechtsprechung seit BVerwG NZWehrr 1972, 221. Vgl. Walz, in: Walz/Eichen/Sohm, a.a.O., § 6 Rn 12 und 28 jew. m.w.N.
64 BVerfGE 28, 243 (261).
65 Vgl. Kokott, in: Sachs, a.a.O., Art. 4 Rn 131 ff.
66 Vgl. Scherer/Alff, a.a.O., § 6 Rn 3.
67 Vgl. Walz, in: Walz/Eichen/Sohm, a.a.O., § 6 Rn 12 und 26 jew. m.w.N.
68 Walz, in: Walz/Eichen/Sohm, a.a.O., § 6 Rn 19 m.w.N.
69 ZDv 10/1 Nr. 203.

Der Wertgehalt des § 6 ist damit heute weitgehend auf den einer rechtshistorischen und wehrpolitischen Quelle reduziert.

Dies gilt auch für die Judikative, zumindest bis Anfang dieses Jahrhunderts Auffallend oft wird in der Kopfleiste der amtlichen Veröffentlichung (z. B. in IURIS) u.a. auch § 6 zitiert; in den Gründen findet sich dann hierfür keine Belegstelle mehr.[70]

VIII Zusammenfassung

Dem Soldaten der Bundeswehr stehen grundsätzlich alle Staatsbürger- und Menschenrechte des GG zu. Dies ist heute eine solche Selbstverständlichkeit, so dass es – rechtlich betrachtet – der Vorschrift des § 6 Satz 1 nicht mehr bedarf.

Soweit ein Grundrecht für Soldaten durch Gesetz beschränkt ist, muss die hierfür erforderliche Ermächtigung entweder allgemein in dem jeweiligen Grundrecht selbst oder – ergänzend – in Art. 17a GG verankert sein. § 6 Satz 2 lässt weiterreichende Beschränkungen der Grundrechte nicht zu. Die „Erfordernisse des militärischen Dienstes“ können als Auslegungshilfe bei der Prüfung der Verhältnismäßigkeit eines Eingriffes in ein Grundrecht in Frage kommen. Zwingend erforderlich ist indes auch § 6 Satz 2 nicht.

Von einer Aufhebung des § 6 ist dennoch abzuraten. Ein solcher Schritt des Gesetzgebers könnte als falsches Signal verstanden werden.

70 Vgl. Walz, in: Walz/Eichen/Sohm, a.a.O., § 6 Rn 22 m.w.N.

Grundrechte des Soldaten – Entwicklungen in der Rechtsprechung

Ulrich Widmaier

I Anspruch des Soldaten auf ein faires rechtsstaatliches Verfahren (Art. 2 Abs. 1, Art. 20 Abs. 3 GG)

Der erste Themenbereich, den ich behandeln möchte, befasst sich mit dem Anspruch des Soldaten auf ein faires rechtsstaatliches Verfahren (Art. 2 Abs. 1, Art. 20 Abs. 3 GG). Die erste Entscheidung präzisiert die Voraussetzungen und Grenzen der Befehlsbefugnis von militärischen Vorgesetzten sowie der Gehorsamspflicht von Untergebenen. Es geht konkret um die Frage, ob ein militärischer Disziplinarvorgesetzter einen als Beschuldigten von ihm vernommenen Soldaten damit konfrontieren darf, er – der Disziplinarvorgesetzte – werde ihn ab sofort nunmehr als Zeugen vernehmen, und ob er den Soldaten vorläufig festnehmen darf, wenn dieser sich weigert, als Zeuge auszusagen.[1]

Mit der Anschuldigungsschrift wurde dem Disziplinarvorgesetzten vorgeworfen, durch die vorläufige Festnahme habe er den vernommenen Soldaten seiner Freiheit beraubt und damit seine Dienstpflichten (u. a. zur Fürsorge und zur Kameradschaft) verletzt.

Der 2. Wehrdienstsenat hat entschieden, dass der zunächst als Beschuldigter und dann als Zeuge vernommene Soldat, ein Rekrut, die Ausführung des ihm erteilten Befehls verweigern durfte, als Zeuge auszusagen und Namen von anderen Tatbeteiligten zu nennen.

In der Aussageverweigerung lag insbesondere kein Verstoß gegen die Gehorsamspflicht, weil der dem Rekruten erteilte Befehl für ihn unwirksam war. Die Befolgung eines Befehls, der unter Nichtbeachtung des Grundsatzes der Verhältnismäßigkeit besonders tief in die Persönlichkeitssphäre eines Untergebenen eingreift, ist jedenfalls dann unzumutbar, wenn das Rechtsstaatsgebot (Art. 20 Abs. 1 und 3 GG) dergestalt betroffen ist, dass elementare rechtsstaatliche Verfahrensrechte des Soldaten missachtet werden. Dazu gehört u. a. das Recht, sich nicht als Beschuldigter selbst belasten zu müssen. Darum geht es im vorliegenden Fall.

Ein Verdächtiger erhält im Straf- oder Disziplinarverfahren bereits dann die Stellung eines Beschuldigten, wenn die zuständige Verfolgungsbehörde Maßnahmen gegen ihn ergreift, die erkennbar darauf abzielen, gegen ihn wegen des Verdachts einer Straftat oder eines Dienstvergehens vorzugehen. Ob jemandem die Rolle als Beschuldigter zukommt – was die eines Zeugen im selben Verfahren ausschließt – richtet sich danach, gegen wen das Verfahren mit dem Vorwurf strafrechtlicher oder disziplinarrechtlicher Verfehlungen betrieben wird. Die Beschuldigteneigenschaft besteht so lange, wie das betreffende Verfahren, in dem die Vorwürfe gegen den Beschuldigten erhoben werden, nicht beendet ist. Es steht nicht im Belieben eines im Verfahren nach der Wehrdisziplinarordnung ermittelnden Disziplinarvorgesetzten, der Einleitungsbehörde oder der

1 BVerwG, Urteil v. 21.12.2006, 2 WD 19.05.

Wehrdisziplinaranwaltschaft, vor Abschluss des betreffenden Verfahrens einem Beschuldigten daneben oder stattdessen die Stellung eines Zeugen zu demselben Verdachtskomplex zuzuweisen.

War somit der erteilte Befehl unzumutbar und damit für den Soldaten unverbindlich, lag in seiner Gehorsamsverweigerung auch kein Dienstvergehen, das § 21 Abs. 1 WDO als eine der Voraussetzungen für eine vorläufige Festnahme verlangt. Mit der vorläufigen Festnahme und dem Verbringenlassen in eine Arrestzelle hat der Disziplinarvorgesetzte ungerechtfertigt in das Grundrecht des Soldaten auf persönliche Freiheit (Art. 2 Abs. 2 Satz 2 GG) eingegriffen.

In einer weiteren Entscheidung des Senats[2] ging es ebenfalls um den Anspruch eines Soldaten auf ein faires rechtsstaatliches Verfahren nach Art. 2 Abs. 1, Art. 20 Abs. 3 GG, und zwar im Zusammenhang mit einem „Deal".

Der Senat hatte Zweifel an der Richtigkeit der tatsächlichen Feststellungen des Strafurteils eines Amtsgerichts und hatte deshalb einen Lösungsbeschluss nach § 84 Abs. 1 Satz 2 WDO gefasst. Es ging um die offenkundige Verletzung wesentlicher Verfahrensvorschriften im Strafverfahren. Der Soldat hatte vor dem Senat die Richtigkeit der gegen ihn erhobenen Vorwürfe ungeachtet der rechtskräftigen strafgerichtlichen Feststellungen dezidiert bestritten und geltend gemacht, dem strafgerichtlichen Urteil liege ein „Deal" (Urteilsabsprache) zwischen Gericht, Staatsanwaltschaft und seinem damaligen Verteidiger zugrunde, der den rechtsstaatlichen Anforderungen an eine Verfahrensabsprache nicht genüge. Für den Senat ergaben sich mehrere Anhaltspunkte dafür, dass der vor dem Amtsgericht zustande gekommene „Deal" den Anforderungen, die der Bundesgerichtshof an eine Verfahrensabsprache stellt, nicht entsprach. So war dem Hauptverhandlungsprotokoll z. B. nicht zu entnehmen, dass der Soldat - damals Angeklagter - zur Sache vernommen wurde; es gab lediglich pauschale (Formal-) „Geständnisse" sämtlicher Angeklagter durch ihre Verteidiger und übereinstimmende Anträge der Staatsanwaltschaft. Der „Deal" (Verfahrensabsprache) zwischen Gericht, Staatsanwaltschaft und Verteidigung war nicht einmal in das Protokoll der Hauptverhandlung vor dem Amtsgericht aufgenommen worden.

II Grenzen der Meinungsäußerungsfreiheit von Soldaten (Art. 5 Abs. 1 GG) im Hinblick auf den Schutz der Ehre von anderen Soldaten / Einschränkbarkeit des Grundrechts der Meinungsäußerungsfreiheit durch § 10 Abs. 6 SG

Mein zweiter Themenbereich betrifft die „Grenzen der Meinungsäußerungsfreiheit von Soldaten (Art. 5 Abs. 1 Satz 1 1. Halbs. GG) im Hinblick auf den Schutz der Ehre von anderen Soldaten", also einen konkreten Teilaspekt des Bereichs der Meinungsäußerungsfreiheit sowie anschließend kurz noch den Komplex „Meinungsäußerungsfreiheit und § 10 Abs. 6 SG".

Allgemein ist festzustellen: Es bestehen zwei verfassungsrechtliche Ebenen der Einschränkung des Grundrechts auf freie Meinungsäußerung. Zum einen kann auf Grund der Spezialermächtigung des Art. 17 a Abs. 1 GG das Grundrecht der Meinungsfreiheit

2 Urteil vom 14. März 2007 - BVerwG 2 WD 3.06 .

von Soldaten - während der Zeit des Wehrdienstes - eingeschränkt werden, zum anderen ist auf die Beschränkung durch „allgemeine Gesetze" im Sinne des Art. 5 Abs. 2 GG zu verweisen. Das BVerwG vertritt seit langem die Auffassung, dass Art. 17 a Abs. 1 GG als „verdrängende lex specialis" ausschließlich Grundlage für alle Regelungen ist, die im militärischen Bereich das Recht auf freie Meinungsäußerung berühren[3].

1 „Ehrenschutz"

a) Inhalt und Grenzen des Ehrenschutzes – Präzisierung durch die Rechtsprechung des Bundesverwaltungsgerichts

Der Senat hatte jüngst wiederholt Gelegenheit, sich mit Inhalt und Grenzen des „Ehrenschutzes" auseinanderzusetzen und hat hierbei seine Rechtsprechung präzisiert.[4]

Nach § 6 Satz 1 SG hat ein Soldat die gleichen staatsbürgerlichen Rechte wie jeder andere Staatsbürger. Zu den Rechten, deren Schutz ein Soldat gemäß § 6 Satz 1 SG in Anspruch nehmen kann, gehört die Achtung seiner persönlichen Ehre. Der Ehrenschutz, der dem Schutz des allgemeinen Persönlichkeitsrechts zuzuordnen ist und seine Grundlage in der verfassungsrechtlich verbürgten Achtung der Menschenwürde und der freien Persönlichkeitsentfaltung findet (Art. 1 Abs. 1, Art. 2 Abs. 1 GG), ist notwendig auch auf die Wahrung des Ansehens in der Öffentlichkeit gerichtet sowie darauf, nicht einer ehrverletzenden Kritik oder Äußerung ausgesetzt zu werden.[5] Namentlich dürfen Äußerungen nicht die Grenzen überschreiten, die das Strafrecht zum Schutz der persönlichen Ehre festlegt. Danach liegt ein Angriff auf die persönliche Ehre im Sinne einer Beleidigung, vor der § 185 StGB schützen soll, vor, wenn dem Betroffenen oder gegenüber Dritten in Bezug auf ihn die eigene Missachtung oder Nichtachtung zum Ausdruck gebracht wird. Deshalb ist eine negative Äußerung über die Persönlichkeit nur dann eine Beleidigung, wenn der andere damit gerade in seiner Ehre, das heißt seinem sittlichen (moralischen), personalen oder sozialen Geltungswert getroffen wird.[6]

Zunächst muss also der objektive Bedeutungsgehalt der Äußerung ermittelt werden. Der sittliche (moralische) Geltungswert wird einer Person abgesprochen, wenn ihr ein unsittliches oder rechtswidriges Verhalten vorgeworfen oder angesonnen wird oder wenn ihr sonst die moralische Integrität generell oder in einer bestimmten Richtung abgesprochen wird (z. B. „Dieb", „Verbrecher", „Charakterschwein"). Der personale Geltungswert einer Person wird in Zweifel gezogen oder negiert, wenn das Opfer mit dem Vorwurf elementarer menschlicher Unzulänglichkeiten oder Schwächen (z. B. „Schwachsinniger", „Krüppel") konfrontiert wird, um es als menschliches Wesen abzuwerten und damit zu missachten. Eine den sozialen Geltungswert des Opfers betreffende Beleidigung stellt es dar, wenn diesem ganz oder teilweise die Fähigkeit aberkannt wird, seinen Beruf oder sonstige von ihm übernommene soziale Aufgaben oder

---

3 Siehe Urteil vom 11. Februar 1970 - BVerwG I WDB 10.69 - = BVerwGE 43, 48.

4 Vgl. u.a. Urteile vom 4. Mai 2006 – BVerwG 2 WD 9.05 -; vom 29. Juni 2006 – BVerwG 2 WD 26.05 – und vom 9. Januar 2007 – BVerwG 2 WD 20.05 .

5 Vgl. Beschlüsse vom 23. April 1980 – BVerwG 1 WB 265.77 – BVerwGE 73, 4 (6) m.w.N. und vom 22. Dezember 2004 – BVerwG 1 WB 30.04 .

6 Vgl. Urteil vom 4. Mai 2006 – BVerwG 2 WD 9.05 -; OLG Oldenburg, Urteil vom 18. Januar 1963 – 1 Ss 323/62 – NJW 1963, 920; BayObLG, Beschluss vom 25. April 1980 – RReg 3 St 140/78 – NJW 1980, 1969; Lenckner, in: Schönke/Schröder, StGB, 27. Aufl. 2006, § 185 Rn. 2 m.w.N.

Rollen wahrzunehmen (z. B. Bezeichnung eines Arztes als „Pfuscher“), nicht dagegen, wenn ihm lediglich besondere Verdienste und Leistungen abgesprochen werden.[7]

Nicht ausreichend für eine Erfüllung des Tatbestandes des § 185 StGB sind bloße Unhöflichkeiten und Taktlosigkeiten, sofern sie nicht wegen ihrer besonders groben Form als Ausdruck der Missachtung des sittlichen, personalen oder sozialen Geltungsanspruchs erscheinen. Belästigungen, unpassende Scherze, Foppereien u. ä. stellen eine Beleidigung nur beim Hinzukommen besonderer Umstände dar, welche die Ansicht von der (sittlichen, personalen oder sozialen) Minderwertigkeit des Betroffenen ausdrücken.

b) Ehrkränkende Äußerung und zugleich Angriff auf die Menschenwürde eines Soldaten

Häufig liegt in einer ehrkränkenden Äußerung zugleich auch ein Angriff auf die Menschenwürde des betroffenen Soldaten. Die Äußerung geht dann über eine „bloße“ Ehrverletzung hinaus. Dies wiegt besonders schwer. Die Menschenwürde, die nach Art. 1 Abs.1 GG „unantastbar“ (Satz 1) und von „aller staatlicher Gewalt“ zu achten und zu schützen ist (Satz 2), wird verletzt, wenn die in Rede stehende Äußerung gegenüber dem Betroffenen eine Verachtung oder Geringschätzung des diesem kraft seines Person-Seins zukommenden Wertes zum Ausdruck bringt.

Hierzu zwei Beispiele aus der jüngsten Rechtsprechung für eine ehrverletzende und zugleich entwürdigende Äußerung:

- Ein Hauptfeldwebel in der Funktion eines Zugführers äußerte in Bezug auf einen Untergebenen: „Der F. geht rauf und wenn er fünfmal verreckt, auch wenn es Nacht wird oder wir umkehren! Der hat in seiner Wehrdienstzeit sowieso noch nichts geleistet.“[8]
- Ein Leutnant bezeichnet Untergebene als „kleine Maden“, „kleine Stricher“, „genetischer Abfall“, „menschlichen Müll“.[9]

c) Erfordernis des eindeutigen Feststehens der Ehrenrührigkeit einer Feststellung

Einen weiteren Aspekt möchte ich anhand eines vom Senat vor kurzem entschiedenen Falles veranschaulichen.[10] Die Kernaussage der Entscheidung lautet: Die Ehrenrührigkeit einer Äußerung (ehrkränkender Inhalt) muss eindeutig feststehen.

Zum Sachverhalt:
Im Verlaufe einer verbalen Auseinandersetzung gebrauchte eine Sanitätsoffizierin, die sich von ihren Untergebenen gemobbt fühlte, aus Verärgerung über eine aus ihrer Sicht missachtete und hintertriebene dienstliche Anweisung jeweils das Wort „Ratte“, wobei jedoch die näheren Umstände und der genaue Bedeutungsgehalt dieses situativen Sprachverhaltens nicht mehr aufgeklärt werden konnten.

Für die Bejahung einer durch den Gebrauch des Wortes „Ratte“ erfolgten Ehrverletzung hätte es nach Ansicht des Senats der Feststellung des zugrunde liegenden

7 Vgl. dazu u.a. Lenckner, a.a.O., Rn. 2 m.w.N.
8 Urteil vom 4. Mai 2006 – BVerwG 2 WD 9.05 .
9 Urteil vom 9. Januar 2007 - BVerwG 2 WD 20.05 .
10 Urteil vom 29. Juni 2006 – BVerwG 2 WD 26.05.

Bedeutungszusammenhangs bedurft. Der Inhalt einer Meinungsäußerung ist nämlich unter Heranziehung des gesamten Kontextes der Erklärung, in dem sie erfolgt, zu ermitteln.[11] Ist das nicht möglich, dürfen daraus keine Nachteile für die angeschuldigte Soldatin erwachsen. Denn die Ehrenrührigkeit einer Äußerung muss eindeutig feststehen. Dies ist dann nicht der Fall, wenn ein aus dem Gesamtzusammenhang herausgenommenes Wort isoliert betrachtet wird, da es je nach Kontext verschiedene Bedeutungsvarianten desselben Wortes geben kann.

Es konnte nicht mit der erforderlichen Gewissheit ausgeschlossen werden, dass dieser Ausdruck in seiner Einbindung in den Gesamtzusammenhang auch mit einem anderen Erklärungsinhalt als einem beleidigenden oder in einer nicht angeschuldigten (vgl. § 107 Abs. 1 WDO) Form, beispielsweise im Rahmen eines Zitats oder Vergleichs (z. B.: „Sie verhalten sich ja wie eine Ratte."), verwendet wurde.

1. Einschränkbarkeit der Meinungsäußerungsfreiheit durch § 10 Abs. 6 SG – Änderung der Rechtsprechung des Bundesverwaltungsgerichts

Ich komme nunmehr zur Frage der Einschränkbarkeit des Grundrechts der Meinungsäußerungsfreiheit durch § 10 Abs. 6 SG – Änderung der bisherigen Rechtsprechung des 2. WD-Senats.

Der Senat ist bisher in ständiger Rechtsprechung davon ausgegangen, die Vorschrift des § 10 Abs. 6 SG finde nur in Fällen Anwendung, in denen es um einen Meinungsstreit, einen „Kampf der Meinungen", um „eine geistige Auseinandersetzung" gehe, „die immer ein Argumentieren, einen Austausch von Gedanken" voraussetze.[12] Der Senat hält an seiner bisherigen Auslegung nicht mehr fest.[13] Die Vorschrift des § 10 Abs. 6 SG erfasst nach ihrem eindeutigen Wortlaut – uneingeschränkt – alle „Äußerungen" der näher bezeichneten Art innerhalb und außerhalb des Dienstes, wobei allerdings die Schutzwirkungen des Art. 5 Abs. 1 GG zu beachten sind. Auch ehrverletzende und diffamierende Äußerungen sind jedenfalls „Äußerungen", die gegen die Pflicht zur Zurückhaltung verstoßen[14]. Dafür spricht insbesondere der Normzweck der Vorschrift. Sie soll verhindern helfen, dass Vorgesetzte ihre dienstliche Autorität selbst untergraben,[15] sie verlangt die Zurückhaltung bei allen Äußerungen, „um das Vertrauen als Vorgesetzter zu erhalten". Dieser Zweck besteht unabhängig davon, ob die in Rede stehende Äußerung im Rahmen eines inhaltlichen Meinungsstreits oder durch völlig unsachliche, ehrverletzende oder gar die Würde des Untergebenen missachtende Äußerungen ohne Bezug auf einen inhaltlichen Meinungsstreit erfolgt.

---

11 Urteil vom 17. März 2004 – BVerwG 2 WD 17.03 – NZWehrr 2005, 38 = ZBR 2005, 133.

12 Vgl. u.a. Urteil vom 20. Mai 1981 – BVerwG 2 WD 9.80 – BVerwGE 73, 187 (191 f.); ebenso Scherer/Alff, SG, 7. Aufl. 2003 § 10 Rn. 63.

13 Urteile vom 9. Januar 2007 – BVerwG 2 WD 20.05 - und vom 24. April 2007 - BVerwG 2 WD 9.06 .

14 Vgl. dazu auch Peterson, NZWehrr 1991, 12.

15 Vgl. dazu BVerfG, Beschluss vom 18. Februar 1970 – 2 BvR 746/68 – BVerfGE 28, 55 <62 f.> = NZWehrr 1970, 177.

III Gewissensentscheidung; Grundrecht der Gewissensfreiheit (Art. 4 Abs. 3 GG)

Ich komme zu einem weiteren Themenkomplex, der Gewissensentscheidung,[16] dem Grundrecht der Gewissensfreiheit (Art. 4 Abs. 1 GG). Aus meiner Sicht zur Gewissensentscheidung einige Bemerkungen, auf die ich mich aber auch im Hinblick auf die Zeit beschränken möchte.

1 Keine Verdrängung von Art. 4 Abs. 1 durch Art. 4 Abs. 3 GG

Einen Gesichtspunkt möchte ich zunächst herausstellen, der bisher nicht so deutlich war, jetzt aber in der Diskussion des Urteils erstaunlicherweise als rechtlich unproblematisch angesehen wird, nämlich die Berufung eines Berufssoldaten auf Art. 4 Abs. 1 GG.

Art. 17 a GG sieht soldatenbezogene Einschränkungen der grundrechtlichen Gewährleistungen nur für die dort explizit aufgeführten Grundrechte vor, zu denen Art. 4 Abs. 1 GG nicht gehört. Der 2. WD-Senat stellt ausdrücklich klar, dass das Grundrecht der Gewissensfreiheit (Art. 4 Abs. 1 GG) nicht durch das Recht auf Anerkennung als Kriegsdienstverweigerer (Art. 4 Abs. 3 GG) verdrängt wird. Art. 4 Abs. 1 GG gilt auch für den Bereich der Streitkräfte, was im Schrifttum Zustimmung findet.[17] Dass Art. 4 Abs. 1 GG nicht durch Art. 4 Abs. 3 GG verdrängt wird, ergibt sich insbesondere aus der Entstehungsgeschichte und dem Regelungszusammenhang der beiden Grundrechtsnormen.[18] Auch ein Berufssoldat, der keinen Antrag auf Anerkennung als Kriegsdienstverweigerer gestellt hat und weiter Soldat mit allen Rechten und Pflichten bleiben will, kann sich deshalb auf seine grundrechtlich geschützte Gewissensfreiheit berufen. Im Übrigen hat das Bundesverfassungsgericht den Art. 4 Abs. 3 GG nur auf den Bereich der Wehrpflicht angewandt.

Mit dem vorliegenden Urteil hat der 2. WD-Senat – in Anknüpfung an frühere Senats-Entscheidungen – entschieden, dass ein militärischer Befehl jedenfalls dann als unzumutbar nicht befolgt zu werden braucht, wenn der betroffene Untergebene sich insoweit auf den Schutz des Grundrechts der Freiheit des Gewissens (Art. 4 Abs. 1 GG) berufen kann[19]. Ich nenne etwa die früheren Urteile des 2. WD-Senats vom 17. Dezember 1992,[20] vom 7. September 1993[21] und vom 9. September 1993,[22] in welchen der Senat u. a. ausgeführt hat, dass dem Grundrecht der Freiheit des Gewissens nach Art. 4 Abs. 1 GG gegenüber einem Befehl das größere Gewicht zukommen kann

---

16 Urteil vom 21. Juni 2005 – BVerwG 2 WD 12.04 .

17 Siehe etwa Kokott, Art. 4 Rn. 90 Grundgesetzkommentar von Sachs; Kotzur, JZ 2006, 30; Battis, DVBl. 2005, 1463; Dau, Anmerkung zu BVerwG 2 WD 12.04, NZWehrr 2005, 255 ff. (256), der u.a. darauf hinweist, dass der Soldat als Staatsbürger in Uniform das jedermann garantierte individuelle Grundrecht auf Freiheit des Gewissens habe; a.A. wohl Summer, ZBR 2006, 308, der - vom Ergebnis her argumentierend - auf Art. 4 Abs. 1 GG gar nicht näher eingeht.

18 Siehe Urteil, S. 58 ff.

19 Siehe Urteil, S. 29.

20 BVerwG - 2 WD 11.92 - BVerwGE 93, 323 (329) = NZWehrr 1993, 206 = NVwZ-RR 1993, 638 = RiA 1994, 181), vom 27. Januar 1993 (BVerwG – 2 WD 23.92).

21 BVerwG – 2 WD 15.93, 24.93 .

22 BVerwG – 2 WD 11.93 .

mit der Folge, dass der Befehl unverbindlich ist.[23] Große Beachtung hatten jene Entscheidungen nicht gefunden, weder in der Öffentlichkeit noch im juristischen Fachschrifttum.

Soweit in der Kritik an der Gewissensentscheidung des Senats auf das Urteil des 2. WD-Senats vom 31. Juli 1996 [24] Bezug genommen wird [25] möchte ich – da ich an dem Urteil mitgewirkt habe – zwei Feststellungen treffen: Zum einen hat der Senat in diesem Urteil nicht die Frage der Geltung der Gewissensfreiheit gegenüber einem militärischen Befehl bzw. nicht die Auswirkungen einer Gewissensentscheidung nach Art. 4 Abs. 1 GG auf die Frage der Verbindlichkeit/Unverbindlichkeit eines militärischen Befehls in den Blick genommen. Im Mittelpunkt stand die Frage und die Prüfung, ob der Soldat mit seiner Ankündigung, von seiner Bereitschaft zur Dienstleistung Verwendungen im Rahmen so genannter „out-of-area" Einsätze auszunehmen, gegen seine Pflicht zum treuen Dienen (§ 7 SG), nicht jedoch gegen seine Gehorsamspflicht (§ 11 SG) verstoßen hat. Auf das Verhältnis zwischen „Gewissensentscheidung und Verbindlichkeit/Unverbindlichkeit eines militärischen Befehls" einzugehen, bestand aus der Sicht des Senats keine Veranlassung. Zum anderen ging es in dem Urteil vom 31. Juli 1996 nicht um die Frage des konkreten Verhältnisses von Art. 4 Abs. 3 GG zu Art. 4 Abs. 1 GG.

2 Kriterien zur Beurteilung einer Gewissensentscheidung

Die mitunter geäußerte Befürchtung, ein Soldat brauche nunmehr nur noch eine einem erteilten Befehl entgegenstehende Gewissensentscheidung zu reklamieren, um aus seiner gesetzlichen Gehorsamspflicht entlassen zu werden, ist unbegründet. Das wird auch im Schrifttum so gesehen.[26] Aus dem Urteil des BVerwG ergeben sich erhebliche Anforderungen, um eine nachvollziehbare Darlegung der Ernsthaftigkeit, Tiefe und Unabdingbarkeit der Gewissensentscheidung positiv feststellen zu können, so hinsichtlich Glaubhaftigkeit der Äußerungen, Kontext der geltend gemachten Gewissensnot, Glaubwürdigkeit der Persönlichkeit und des gezeigten Verhaltens, Bereitschaft zur Konsequenz.[27] Ohnehin ist zu berücksichtigen, dass die Geltendmachung eines Gewissenskonflikts und die Berufung auf Art. 4 Abs. 1 GG für den einzelnen Soldaten in aller Regel mit erheblichen Risiken verbunden ist. So droht ihm z. B. in einem wegen unberechtigter Nichtbefolgung eines Befehls eingeleiteten Strafverfahren, zu einer Kriminalstrafe verurteilt und daneben noch in einem gerichtlichen Disziplinarverfahren mit einer empfindlichen Disziplinarmaßnahme belegt zu werden.

Für eine positive Feststellung einer Gewissensentscheidung reicht das bloße Berufen auf das Grundrecht nicht aus. Erforderlich ist eine nachvollziehbare und glaubhafte Darlegung der Gewissensentscheidung, nicht die Darlegung, ob die geltend gemachte

---

23 Urteil, S. 42 ff.

24 BVerwG 2 WD 21.96, „out-of-area"-Entscheidung.

25 Etwa Bachmann, in: Recht und Militär - 50 Jahre Rechtspflege in der Bundeswehr Bd. 26 der Reihe Forum Innere Führung, S. 167, Nomos Verlagsgesellschaft Baden-Baden 2006, S. 156-168, herausgegeben von Zetsche, Holger/Weber, Stephan.

26 Vgl. etwa die Erläuterungen von Juliane Kokott zu Art. 4 GG, Rn. 90, im Grundgesetzkommentar von Sachs oder auf die Urteilsanmerkung von Markus Kotzur in JZ 2006, 30.

27 Siehe Urteil, S. 71 (101).

Gewissensentscheidung als „richtig“ oder „falsch“ zu werten ist, sondern die Darlegung der hinreichenden Wahrscheinlichkeit des Vorhandenseins des Gewissensgebotes und seiner Verhaltensursächlichkeit, also das **„Ob“** einer Gewissensentscheidung muss – gegebenenfalls im Wege der Beweisaufnahme – festgestellt werden.[28] Es muss sich um eine ernste sittliche, also an den Kriterien von „Gut“ und „Böse“ orientierte Entscheidung handeln.[29]

Der Konflikt mag bei dem angeschuldigten Soldaten im Ausgangspunkt ein rechtlicher gewesen sein. Rechtliche Bedenken können aber auch in einen Gewissenskonflikt münden. Die Plausibilisierung, die Glaubhaftmachung von Gewissenskonflikten kann erleichtert werden. Der Soldat hat nicht nur rechtliche Bedenken erhoben, sondern davon ausgehend ist er für sich zur Erkenntnis gekommen, dass das Völkerrecht zugleich ein ethisches Minimum fixiere. Diese sozialethische Bedeutung des Rechts kann sehr wohl Grundlage für einen Gewissenskonflikt sein.[30]

Kritiker des Urteils haben sich mitunter daran gestoßen, dass der Senat maßgeblich auch auf den Kontext der geltend gemachten Gewissensentscheidung abgestellt hat. Damit wird ein zentraler Punkt verkannt. Das Vorliegen einer von Art. 4 Abs. 1 GG geschützten Gewissensentscheidung als interner geistig-seelischer Vorgang der betroffenen Persönlichkeit ist in der äußeren Umwelt nicht unmittelbar wahrnehmbar, sondern kann nur mittelbar aus entsprechenden Indizien und Signalen, die auf eine ernsthafte Gewissensentscheidung und schwere Gewissensnot hinweisen, erschlossen werden. Dabei kommt dem Medium der Sprache eine besondere Bedeutung zu. Äußerungen eines Soldaten zum Vorliegen einer Gewissensentscheidung können - wie alle sprachlichen Äußerungen - in ihrem Sinngehalt letztlich nur in ihrem konkreten Kontext verstanden werden. Bei der Prüfung dieses Kontextes hat der Senat deshalb die faktischen und rechtlichen Rahmenbedingungen der vom Soldaten in Anspruch genommenen Gewissensnot maßgeblich einbeziehen müssen. Es handelte sich dabei keineswegs um „obiter dicta“ oder überflüssige Prüfungsgegenstände, sondern um einen vor allem für die Ermittlung des Sinngehaltes und der Ernsthaftigkeit der Äußerungen unverzichtbares Vorgehen.

3 Keine Verdrängung durch konkurrierende Grundgesetz-Normen

Die vom Bundesverfassungsgericht unter anderem aus Art. 65 a GG, 73 Nr. 1 GG – einer Kompetenznorm (Gesetzgebungskompetenz des Bundes über die Verteidigung) – und 87 a GG - Kompetenznorm - abgeleitete „Funktionsfähigkeit der Streitkräfte“ kollidiert nicht mit Art. 4 Abs. 1 GG. Hierzu gibt es kritische Stimmen im Schrifttum.[31] Der Begriff der „Funktionsfähigkeit“ der Bundeswehr darf nach Auffassung des Senats nur unter Beachtung der Grundrechte, also „grundrechtskonform“ ausgelegt werden. Der normative Gehalt des ohne Gesetzesvorbehalt gewährleisteten Grundrechts des Art. 4 Abs. 1 GG darf nicht im Wege einer „Abwägung im Einzelfall“ mit einer lediglich militärisch oder politisch definierten „Funktionsfähigkeit der Streitkräfte“ eingeschränkt

28 Urteil, S. 57 ff.

29 Urteil, S. 71 unten.

30 Ausführlich Urteil unter 4.1.4.2.1, Seite 100 ff.

31 Z.B. Kokott, a.a.O.; Walz, NZWehrr 2007, 175.

oder gar aufgelöst werden. In methodischer Hinsicht ist es verfassungsrechtlich unzulässig, zunächst Bedarfs-, Effektivitäts- oder Funktionsanforderungen zu ermitteln und heranzuziehen sowie diese dann dem vorbehaltlos gewährleisteten Grundrecht der Gewissensfreiheit gegenüber zu stellen.

Die verfassungsrechtliche Entscheidung über die Aufstellung von „Streitkräften zur Verteidigung" (Art. 87 a Abs. 1 GG) bringt nicht zum Ausdruck, dass ein vorbehaltlos gewährtes Grundrecht immer dann zurücktreten muss, wenn sich die Berufung auf das Grundrecht in den Augen der jeweiligen Vorgesetzten als für die Bundeswehr „störend" oder für den Dienstbetrieb „belastend" darstellt[32]. Diese Aussage wird von Schafranek[33] kritisiert mit dem Argument, wenn durch eine Befehlsverweigerung und Inanspruchnahme des Grundrechts der Gewissensfreiheit eine Beeinträchtigung der Funktionsfähigkeit der Bundeswehr von <<substantiellem Ausmaß>> eintrete, so könne sich bei einer Abwägung ergeben, dass der Funktionsfähigkeit der Bundeswehr der Vorrang einzuräumen sei. Dieses Argument stellt aber letztlich nichts anderes als ein dogmatisch nicht untermauertes Schwerekriterium dar[34].

Zur Gewährleistung der „Funktionsfähigkeit" einer wirksamen Landesverteidigung bzw. der Bundeswehr gehört stets sicherzustellen, dass der vom Grundgesetz zwingend vorgegebene Schutz der Grundrechte nicht beeinträchtigt wird. Die Befehlsbefugnis muss wegen der Bindung der Exekutive an die Grundrechte (Art. 1 Abs. 3 GG) grundrechtskonform ausgelegt werden. Die Streitkräfte als Teil der vollziehenden Gewalt sind an „Recht und Gesetz" (Art. 20 Abs. 3 GG) und an die Grundrechte (Art. 1 Abs. 3 GG) gebunden. Das Grundgesetz normiert eine Bindung der Streitkräfte an die Grundrechte, nicht jedoch eine Bindung der Grundrechte an die Bedarfslagen der Streitkräfte.

Wirft man abschließend einen Blick auf die Rechtsprechung des Bundesverfassungsgerichts, so ergibt sich, dass dieses in mehreren Entscheidungen der „Funktionsfähigkeit der Bundeswehr" verfassungsrechtlichen Rang zuerkannt hat.[35] In anderen Entscheidungen[36] hat das Bundesverfassungsgericht in einzelnen Vorschriften des Soldatengesetzes den Sinn und Zweck erblickt, dem Schutzgut der Funktionsfähigkeit der Bundeswehr zu dienen, ohne allerdings diesem Schutzgut selbst verfassungsrechtlichen Rang beizumessen.[37] Eine weitere Entscheidung des Bundesverfassungsgerichts,[38] in der die Funktionsfähigkeit als Begrenzung des grundrechtlichen Schutzbereichs verstanden wird, wird im Schrifttum als vorsichtige Distanzierung seitens des Bundesverfassungsgerichts von der Aussage des Verfassungsrangs der Funktionsfähigkeit der Bundeswehr interpretiert.[39]

Im Schrifttum wird ferner darauf hingewiesen, dass der Begriff in der Rechtsprechung des Bundesverfassungsgerichts nie hinreichend begründet wurde, sondern

---

32 Urteil, S. 112.
33 NZWehrr 2005, 234 (243).
34 Vgl. auch Hebeler, Kritische Justiz 2006, 209 ff. (217).
35 Siehe BVerfGE 28, 243 (261) = NJW 1970, 1729; BVerfGE 32, 40 (46); BVerfGE 48, 127 (159 f.); BVerfGE 69, 1 (21) = NJW 1985, 1519.
36 BVerfGE 28, 282 (292); BVerfGE 57, 29 (36).
37 Vgl. Hebeler, a.a.O., S. 216.
38 BVerfGE 77, 170 [221] = NJW 1988, 1371.
39 So Droege/Fischer-Lescano, NVwZ 2006, 171 ff. (173).

schlicht auf die Grundgesetznormen der Art. 12 a, 65 a, 73 Nr. 1, 87 a Abs. 1, 115 a ff. verwiesen und daraus wie selbstverständlich dieses Rechtsgut abgeleitet wurde.[40]

Der 2. WD-Senat hat festgestellt, dass sich weder aus dem Wortlaut der Art. 12 a, 65 a, 73 Nr. 1, 87 a Abs. 1, 115 a ff. GG noch aus dem Regelungszusammenhang, der Entstehungsgeschichte oder dem daraus ableitbaren Zweck dieser Vorschriften eine konkrete Beschränkung der grundrechtlichen Gewährleistung der in Art. 4 Abs. 1 GG ohne Gesetzesvorbehalt - verankerten Grundrechte und damit auch nicht der Gewissensfreiheit ergibt. Die nach der Rechtsprechung des Bundesverfassungsgerichts im Grundgesetz erfolgte Gewährleistung der „Funktionsfähigkeit" der Streitkräfte, die der 2. WD-Senat - schon mangels Entscheidungserheblichkeit - nicht in Frage gestellt hat, darf deshalb grundgesetzkonform nur unter strikter Beachtung insbesondere der in Art. 1 Abs. 3 GG normierten Bindung der Streitkräfte an die Grundrechte interpretiert werden. Mit anderen Worten: Dem Terminus der „Funktionsfähigkeit" ist die strikte Bindung der Streitkräfte an die im Grundgesetz normierten Grundrechte immanent. Dementsprechend kann es von Verfassungs wegen keine im Sinne des Grundgesetzes „funktionsfähigen" Streitkräfte jenseits dieser strikten Bindung an die Grundrechte geben. Der Terminus der „Funktionsfähigkeit" der Streitkräfte ist keine Ersatz-Rechtsquelle, mit deren Hilfe die in Art. 1 Abs. 3 GG ausdrücklich normierte Bindung der Streitkräfte an die im Grundgesetz normierten Grundrechte gelockert oder gar von Fall zu Fall überwunden werden darf.

4 Lösung tatsächlicher Probleme durch „praktische Konkordanz"/Umgang im Konfliktfall

Ist die Gewissensentscheidung nachvollziehbar und glaubhaft, muss ein für beide Seiten schonender Ausgleich (praktische Konkordanz) angestrebt werden. Bis zur Klärung der einschlägigen Rechtsfragen durch das zuständige Gericht sind die Vorgesetzten des Soldaten schon aus Gründen der Fürsorge (§ 10 Abs. 3 SG) gehalten zu prüfen, ob im konkreten Einzelfall von einer Durchsetzung des Befehls einstweilen Abstand genommen und dem Soldaten eine gewissenschonende Handlungsalternative angeboten werden kann (z.B. anderweitige Verwendung, Wegkommandierung, Versetzung o. ä.).

Zum Umgang im Konfliktfall:[41] Erforderlich ist ein konstruktives Mit- und Zusammenwirken beider Seiten. Vom betroffenen Soldaten muss z. B. erwartet werden, dass er seine Gewissensnöte (Gewissensgründe) umgehend und nicht „zur Unzeit"[42] darlegt und alles unterlässt, was die Bundeswehr in ihrem Aufgabenbereich schwächen könnte (§ 7 SG). Auf der anderen Seite sind die militärischen Vorgesetzten gehalten, sich der vom Soldaten geltend gemachten Gewissensentscheidung zu stellen. Die Vorgesetzten dürfen z. B. die Gewissensentscheidung nicht negieren.

---

40 Hebeler, a.a.O., S. 216; vgl. auch abweichende Meinung der Richter Mahrenholz und Böckenförde zum Urteil BVerfG vom 24. April 1985, S. 57 ff [59]: „Wir halten es aber für verfassungsrechtlich unzulässig, solche möglichen Begrenzungen und Schranken der Grundrechte, wie es hier geschieht, aus bundesstaatlichen Kompetenzvorschriften (Art. 73 Nr. 1, 87 a GG), bloßen Ermächtigungsnormen (Art. 12 a GG) oder Organisationsregelungen (Art. 115 b GG) herzuleiten.".

41 Urteil, S. 116.

42 Urteil, S. 116 f., vgl. auch Kokott, a.a.O. und Kotzur, a.a.O.

Der vernetze Bürger in Uniform: Internet und Grundrechte

José Martínez-Soria

I Private Internetnutzung im soldatischen Dienst: eine Bestandsaufnahme

Im Oktober 2006 veröffentlichte eine deutsche Tageszeitung Bilder eines Bundeswehrsoldaten, der in Afghanistan Totenschädel hochhält.[1] Das Bild war über das Internet verbreitet worden. Die Nachricht löste in Deutschland Entsetzen, gleichzeitig aber auch die Sorge aus, dass damit das Ansehen der Bundeswehr in der afghanischen Bevölkerung nachhaltig gestört und damit der Einsatz in Frage gestellt werden könnte.[2] Derartige Reaktionen blieben aus, was insbesondere darauf zurückzuführen ist, dass die Bundeswehr selbst entschieden gegen diese Vergehen vorgegangen ist.[3] Neben den bestehenden disziplinarischen, das heißt repressiven Maßnahmen stellt sich die Frage, welche Möglichkeiten der Bundeswehr zur Verfügung stehen, um präventiv den Gefahren für den Einsatz zu begegnen, die auf eine unverantwortliche Nutzung des Internets zurückzuführen sind.

Betrachten wir die offenen Video-Plattformen des Internets, so finden wir heute allein bei YouTube unter den Stichworten Bundeswehr und Afghanistan ca. 100 Treffer.[4] Davon sind zahlreiche von beachtenswert guter redaktioneller Qualität. Es finden sich aber auch einzelne Videos mit eindeutig rechtsradikalem oder rassistischem Inhalt. Diese Videos sind weltweit abrufbar und können daher von dritter Seite missbraucht werden, um das Bild der Bundeswehr in den Einsatzgebieten und damit ihre Einsatzfähigkeit und Funktionsfähigkeit erheblich zu schädigen. Gleichzeitig besteht die Befürchtung, dass über die Nutzung von Webmail-Angeboten oder von offenen Plattformen an dienstlichen Rechnern Viren oder Trojaner eingeschleppt werden könnten. So berichtet das US Verteidigungsministerium, es habe im vergangenen Jahr im Durchschnitt pro Tag 60 Versuche gegeben, sich in das Computersystem der amerikanischen Streitkräfte zu hacken.[5] Schließlich sind Fälle im Inland bekannt geworden, in denen Bundeswehrangehörige verfassungswidrige sowie kinderpornographische Inhalte herunter-

---

1 Siehe den zusammenfassenden Bericht in Die Welt vom 16.12.2006, S. 4.

2 Siehe Bericht in Focus v. 26.10,2006, http://www.focus.de/politik/ausland/skandalfotos_aid_118087.html; so auch der Vorsitzende des Deutschen Bundeswehrverbands, Bernhard Gertz " *Die Kommandeure vor Ort werden sich überlegen müssen, mit welchen Reaktionen sie zu rechnen haben, wenn da Sender wie Al Dschasira das in der gesamten arabischen und muslimischen Welt verbreiten werden. Man muss auch damit rechnen, dass Al Qaeda und Taliban ihren Landsleuten sagen: Passt mal auf, so gehen die Ungläubigen, so gehen die Deutschen mit unseren Toten um.*", Interview bei Phoenix vom 25.10.2006, http://www.presseportal.de/story_rss.htx?nr=891718.

3 Zu vergleichbaren Fällen in Österreich siehe die Pressemeldung des ORF vom 3.9.07 http://www.orf.at/?href=http%3A%2F%2Fwww.orf.at%2Fticker%2F264154.html

4 Stand: Dezember 2007.

5 Siehe hierzu bereits die Policies & Procedures der Web Site Administration des Department of Defense, November 25, 1998: http://www.defenselink.mil/webmasters/policy/dod_web_policy_12071998_with_amendments_and_corrections.html.

geladen und versandt haben.[6] Die Nutzung des Internets durch Soldaten birgt daher ein erhebliches Gefahrenpotential u. a. für die Sicherheit der militärischen Datenbanken sowie auch für das Ansehen der Bundeswehr im In- und Ausland. Dies wirkt sich wiederum insbesondere beim Auslandsbezug unmittelbar auf die Einsatzfähigkeit der Bundeswehr aus.

Den möglichen Gefahren für die Einsatzfähigkeit stehen positive Auswirkungen des Internets auf die Effizienz des Einsatzes gegenüber. Das Netz ermöglicht den Bundeswehrangehörigen, soziale und familiäre Kontakte aufrechtzuerhalten und die Soldaten an den gesellschaftlichen und politischen Entwicklungen in Deutschland teilhaben zu lassen.

Für das Spannungsverhältnis zwischen Meinungs- und Informationsfreiheit und Funktionsfähigkeit der Streitkräfte gilt es, eine angemessene rechtliche Antwort zu finden, die den Interessen der Bundeswehr im Einsatz und denen des Soldaten als Staatsbürger in Uniform Rechnung trägt. Diese Antwort muss dabei bestehende Lösungswege neu bewerten. Denn durch die Auslandseinsätze steht nunmehr die Bundeswehr, vertreten durch ihre Soldaten, unter der Beobachtung der internationalen Öffentlichkeit, was spezifische Anforderungen an das Auftreten der Bundeswehr nach außen stellt.

II Lösungsmodelle ausländischer Wehrrechtssysteme

Wie lösen ausländische Wehrrechtssysteme, die bereits über größere Einsatzerfahrungen verfügen, das Spannungsverhältnis zwischen Informationsfreiheit und Funktionsfähigkeit?

1 Vereinigte Staaten

Das US-Verteidigungsministerium hat zunächst versucht, mit Hilfe von Filtersoftware gegen so genannte „unpassende Inhalte" vorzugehen. Ziel war vorrangig, den Zugriff auf strafrechtlich relevante Internetseiten zu verhindern. Nicht eingeschritten wurde hingegen zunächst gegen ca. 1200 amerikanischen Soldaten, die regelmäßig ihren Freunden und Familien über öffentlich zugängliche Online-Tagebücher, die sog. Weblogs oder Diskussionsforen wie Milblog, von ihren Erlebnissen im Einsatz im Irak berichten.[7]: Im Jahr 2004 hat sich das Verteidigungsministerium entschieden, die Internet-Kommunikation umfassend zu kontrollieren. Auf der Grundlage der Army Regulation 25-1 (*Army Knowledge Management and Information Technology*) überwacht eine neueingerichtete Army's Web Risk Assessment Cell (AWRAC) den Internet-Verkehr.[8]

---

6 BVerwG, Urteil vom 8. 11. 2001 - 2 WD 29/01, NVwZ 2002, 1378;, Urteil vom 27. 8. 2003 - 2 WD 39/02, NVwZ 2004, 625; Urteil vom 6. 7. 2000 - 2 WD 9/00, NJW 2001, 240; vgl. BVerwG, Beschluss vom 12. 5. 2005 - 1 WB 43/04, NVwZ-RR 2005, 829.

7 Siehe den Bericht von BBC (undatiert): http://news.bbc.co.uk/2/hi/americas/6639401.stm.

8 5–11. Army Web Risk Assessment Cell The Army Web Risk Assessment Cell (AWRAC) is responsible for reviewing the content of Army's publicly accessible Web sites. The AWRAC conducts ongoing operational security and threat assessments of Army Web sites (.mil and all other domains used for communicating official information) to ensure that they are compliant with DOD and Army policies and best practices. The AWRAC will—

a. Conduct random sampling of Web sites to identify security concerns or review Web site concerns provided by the Joint Web Risk Assessment Cell (JWRAC) or Army leadership.

Darüber hinaus wird dem Vorgesetzten das Recht eingeräumt, die geeigneten Maßnahmen zu treffen, um die Sicherheit des Internetverkehrs zu gewährleisten. Zu den geeigneten Maßnahmen zählt auch ggf. die Pflicht, den Eintrag genehmigen zu lassen, bevor er online gestellt wird.[9] Zu einer größeren Beschränkung der Kommunikationsfreiheit führte die im Mai 2007 durch das US-Verteidigungs-ministerium erlassene Dienstvorschrift (Army Regulation 530-1). Danach ist den US Soldaten aufgrund des bestehenden Sicherheitsrisikos der innerdienstliche Zugriff auf insgesamt 13 Video-Plattformen untersagt.[10] Begründet wurde dies damit, dass die "*overabundance of recreational traffic ... impacts our official DoD network and bandwidth ability, while posing a significant operational security challenge*". Zwar ist der private Zugang nicht beschränkt, jedoch haben in der Praxis die Soldaten im Auslandseinsatz kaum Möglichkeiten, z. B. über öffentlich zugängliche Online-Cafes privat das Internet zu nutzen.

Gleichzeitig wurde die Teilnahme an Blogs durch die Army Regulation 530-1 erheblich eingeschränkt. Das US-Verteidigungsministerium bewertet Blogs als Sicherheitsbedrohung:

"*In recent years, the Internet has become an ever-greater source of open source information for adversaries of the U.S., websites in particular, especially personal websites of individual Soldiers (to include web logs or "blogs"), are a potentially significant vulnerability. Other sources for open source information include public presentations, news releases from units or installations, organizational newsletters (both for official organizations and unofficial organizations, such as alumni or spouse support groups), and direct observation.*"

Als Folge dessen muss ein US-Soldat zwingend die Genehmigung seines Vorgesetzten einholen, bevor er Informationen in Blogs weitergibt:[11]

"*Consult with their immediate supervisor and their OPSEC Officer for an OPSEC review prior to publishing or posting information in a public forum.*

(1) This includes, but is not limited to letters, resumes, articles for publication, electronic mail (e-mail), Web site postings, web log (blog) postings, discussion in Internet information forums, discussion in Internet message boards or other forms of dissemination or documentation.

---

b. Ensure inappropriate security and personal information is removed from publicly accessible Web sites.

c. Ensure that Army sites are compliant with other Federal, DOD, and Army Web site administration policies (for example, Government Information Locator Service (GILS) registration). (See also para 6–4n.)

d. Notify the Web site owner with operational responsibility and the IAPMs of the respective command/activity of the violations and suspense dates for reporting corrective action.

e. As required, report deficiencies and corrections to the Army CIO/G–6 and JWRAC.

9 5–9. Communications security: Commanders will take the appropriate measures to secure all communications devices to the level of security classification of the information to be transmitted over such communications equipment.

10 Dazu gehören: youtube.com; Pandora.com; photobucket.com; myspace.com; live365.com; hi5.com; metacafe.com; mtv.com; ifilm.com; blackplanet.com, stupidvideos.com und filecab.com.

11 Siehe hierzu den Bericht der Washington Post vom 5.5.2007: http://www.washingtonpost.com/wp-dyn/content/article/2007/05/05/AR2007050500881.html

(2) Supervisors will advise personnel to ensure that sensitive and critical information is not to be disclosed. Each unit or organization's OPSEC Officer will advise supervisors on means to prevent the disclosure of sensitive and critical information."

Innerhalb der Streitkräfte haben diese Maßnahmen erhebliche Kritik ausgelöst, die sich insbesondere in der Kampagne *Free Speech for those who help make it possible*[12] konzentrieren. Sie verweist auf die starken Schutz, den die Meinungsfreiheit in der US-Verfassung genießt.[13] So hat insbesondere der Supreme Court insbesondere seit dem grundlegenden Urteil *Katz v. United States*[14] den Schutzbereich der Meinungsfreiheit erheblich ausgeweitet.[15]

Gleichwohl entsprechen diese Maßnahmen der bisherigen Konzeption der Grundrechtsgeltung in den US-Streitkräften. Das amerikanische Wehrrecht betont weitaus stärker als das deutsche Recht den militärischen Sonderstatus im Interesse der Funktionsfähigkeit.[16] Der US-Supreme Court hat in Situationen nationaler Krisen weitreichende Einschränkungen der Meinungsäußerungsfreiheit für verfassungsmäßig angesehen. Die Gerichte tragen damit dem Umstand Rechnung, dass amerikanische Soldaten in wirksamer Art und Weise weltweit zur Verteidigung amerikanischer Interessen eingesetzt werden müssen. Die Meinungsfreiheit von Soldaten unterliegt in den Vereinigten Staaten weiter reichenden Schranken als die Meinungsfreiheit von Zivilisten oder sonstigen Beamten im Staatsdienst.[17] Hier spielen die Erfahrungen mit dem Vietnam-Krieg und die besondere Rolle des Ersten Zusatzartikels über die Meinungsfreiheit im amerikanischen Verfassungssystem eine Rolle. So ist schon seit langem die Publikation von Äußerungen, auch wenn sie die persönliche Ansicht des Autoren wiedergeben, dann genehmigungspflichtig, wenn es um außen- und verteidigungspolitische Themen geht.

2 Vereinigtes Königreich

In der Richtlinie 2007DIN03-006 von August 2007[18] hat das britische Verteidigungsministerium die Außenkommunikation der Soldaten erheblich eingeschränkt. Danach bedarf jegliche Kommunikation nach außen in militärischen Angelegenheiten nunmehr

12 Vgl. http://mudvillegazette.com/milblogs/2003/11.

13 Eberle, Dignity and Liberty: Constitutional Visions in Germany and the United States, 2002, 192ff.

14 Katz v. United States, 389 U.S. 347 (1967).

15 Siehe hierzu Krieger, Limitations on Privacy, Freedom of Press, Opinion and Assembly as a Means of Fighting Terrorism, in: Walter/Vöneky/Röben/Schorkopf (Hrsg.), Terrorism as a Challenge for National and International Law: Security versus Liberty?, Berlin, Heidelberg 2004, S. 51ff.

16 Nunn, The Fundamental Principles of the Supreme Court's Jurisprudence in Military Cases, in Fidell/Sullivan (Hrsg.), Evolving Military Justice, Annapolis 2002, S. 3.

17 Zur Meinungsfreiheit bei Beamten: Rankin v. McPherson, 483 U.S. 378 (1978); Rohr, Civil Servants and their Constitution, Lawrence 2002, S. 124; zur Anwendung der public employee doctrine auf das Soldatenverhältnis: Shank, Vanderbilt Law Review 51 (1998), S. 1093 (1130ff.).

18 Defence Instruction and Notices "Contact with the Media and Communicating in Public", Ref. 2007DIN03-006, abrufbar unter http://www.mod.uk/NR/rdonlyres/955486D3-C109-4FCF-9E1B-4C005F47E550/0/contact_with_media03006din.pdf

einer Genehmigung.[19] Zu den erfassten Handlungen gehört "*contributing to any online community or shared electronic information resource available outside government, for example a bulletin board, newsgroup, wiki, on-line social network, multiplayer game or other information-sharing application*".[20] Während sich in den Vereinigten Staaten die Genehmigungspflicht auf Informationen beschränkt, erfasst das britische Modell vom Wortlaut her die gesamte Kommunikation. Die Aussage müsse geeignet sein, das Ansehen der Streitkräfte zu gewährleisten.[21]

Auch diese Maßnahmen sind auf erhebliche Kritik der Betroffenen gestoßen. Jedoch liegt diese Maßnahme in der Tradition des britischen Wehrrechts. Zwar ist festzustellen, dass schon 1812 ein englisches Gericht im Fall *Bardett v. Abbott* urteilte, „dass es dringend erforderlich ist, den Fehler zu korrigieren, dass einem englischen Bürger dadurch, dass er zum Soldaten wird, auch nur einige der Rechte und Pflichten als Bürger genommen werden“[22]. Daraus aber die Schlussfolgerung zu ziehen, dass im Vereinigten Königreich die Rechte der Soldaten mit den Rechten anderer Bürger gleichzusetzen seien, ist unzulässig. Als Folge der königlichen Prärogative und der Umwandlung in eine Berufsarmee 1962 haben die Soldaten als freiwillige Mitglieder dieses Organisationsverbandes nach der britischen Konzeption auch die rechtmäßigen grundrechtsbeschränkenden Bedingungen bewusst in Kauf genommen. Das Kriterium für die zulässige Einschränkung der Grundrechte ist der Human Rights Act 1998. Danach bedarf die Einschränkung einer rechtlichen Grundlage und muss für die nationale Sicherheit notwendig sein. Das Ziel, die militärische Disziplin im Interesse funktionsfähiger Streitkräfte zu sichern, muss mit den Rechten des einzelnen Soldaten abgewogen werden.[23]

III Der vernetzte Bürger in Uniform als Träger der Kommunikationsgrundrechte

Den angloamerikanischen Vorstellungen steht das deutsche Leitbild des Staatsbürgers in Uniform gegenüber. Dieses Leitbild verknüpft die Bundeswehr umfassend mit der zivilen Gesellschaft.[24] Folge dieser Verknüpfung ist, dass die Bundeswehr an allen gesellschaftlichen Entwicklungen zwingend teilnimmt. Das gilt auch für den Wandel zu einer Informationsgesellschaft.[25] Kernelemente dieser Informationsgesellschaft sind die klassischen Kommunikationsgrundrechte, das heißt die Meinungsfreiheit und die Informationsfreiheit. Der Soldat ist im Rahmen des Art. 17a GG und § 6 SG Träger dieser Grundrechte. Aufgrund der besonders umfassenden rechtlichen wie faktischen Einbindung des Soldaten durch Kasernierung oder Auslandseinsatz besteht die Gefahr, dass

19 MoD civil servants and members of the Armed Forces must seek prior permission if they wish to write or speak or otherwise communicate in the public domain on Defence or related matters, before entering into any commitment.

20 Ref. 2007DIN03-006, Rdnr. 15.

21 "All such communication must help to maintain and where possible enhance the reputation of Defence".

22 Bardett v. Abbott (1812) 4 Taunt. 401, 405.

23 Rowe, Defence, The Legal Implications, London 1987, S. 10f.

24 Baudissin, Das Leitbild des künftigen Soldaten, in: Baudissin (Hrsg.), Soldat für den Frieden, München 1970, S. 211.

25 Zu diesem Wandel siehe Castells, Der Aufstieg der Netzwerkgesellschaft. Leverkusen 2001.

die Soldaten nicht an der Informationsgesellschaft teilnehmen können und damit eine digitale Kluft entsteht.[26] Eine derartige Kluft widerspräche aber dem Leitbild des Staatsbürgers in Uniform.

Kurzum: Der heutige Bundeswehrsoldat ist als Träger von Kommunikationsgrundrechten notwendigerweise ein vernetzter Bürger in Uniform. Der Soldat ist damit grundsätzlich grundrechtlich berechtigt, privat innerhalb und außerhalb der dienstlichen Unterkünfte und Anlagen das Internet frei zu nutzen, um Informationen und Meinungen zu beziehen und zu verbreiten. Einschränkungen dieser Freiheiten bedürfen hingegen einer verfassungsrechtlichen Rechtfertigung.

IV Grenzen der Ausübung der Kommunikationsgrundrechte

Grenzen der Ausübung der Kommunikationsgrundrechte finden sich im Dienstrecht, im Strafrecht und im verfassungsrechtlich geschützten Wert der Funktionsfähigkeit der Streitkräfte.

1 Dienstrecht

Beschränkungen der Grundrechte von Soldaten ergeben sich zunächst aus einer Reihe von Vorschriften des Soldatengesetzes (§§ 7, 8, 10, 15, 16 und 17 SG). Verfassungsrechtlich sind diese gesetzlichen Einschränkungen durch Art. 17a GG gedeckt.[27] Jedoch müssen die gesetzlichen Einschränkungen im Lichte der Meinungsäußerungsfreiheit ausgelegt werden. Dabei sind die Erfordernisse der militärischen Disziplin und damit verbunden der Funktionsfähigkeit der Streitkräfte und die Meinungsfreiheit gegeneinander abzuwägen.[28] Die Funktionsfähigkeit liegt zum einen § 7 SG zugrunde, der die Grundpflicht des treuen Dienens festlegt.[29] Sie erfordert vom Soldaten, inner- und außerhalb des Dienstes zur Funktionsfähigkeit der Bundeswehr als eines militärischen Verbandes beizutragen und alles zu unterlassen, was diese in ihrem durch das Grundgesetz festgelegten Aufgabenbereich schwächen würde.[30] Der Soldat muss bei der Ausübung der Meinungsfreiheit gegenüber den Verfassungsorganen und vor allem seinem höchsten Vorgesetzten das Mindestmaß an Loyalität deutlich machen, das seine Bereitschaft zeigt, Befehle dieser Vorgesetzten auszuführen.[31] Ein wesentlicher Inhalt der Treuepflicht ist des weiteren die Verpflichtung zur Loyalität gegenüber dem Staat, seinen Organen und seiner Rechtsordnung.[32] Daher muss sich ein Soldat bei Meinungsäußerungen für den verfassungsmäßigen Auftrag der Bundeswehr einsetzen und alles

26 Zum Konzept der digitalen Kluft siehe zuletzt Langer, Digitale Spaltung : Eine kritische Analyse, Saarbrücken 2007.

27 Art. 17a Abs. 1 GG ist Sondervorschrift zu Art. 5 Abs. 2 GG: Heun in Dreier (Hrsg.), GG-Kommentar, Art. 17a Rdnr. 9 m.w.N.

28 BVerfGE 28, 36 (46f.); 28, 51 (54); 28, 55 (62f.); 44, 197 (201/202f.); allerdings ist das Zitiergebot verletzt, weil die Einschränkungen auf dem Gesetzesvorbehalt des Art. 17a GG beruhen; siehe dazu Schoch, AöR 103 (1983), S. 215 (235f.).

29 Stauf, Wehrrecht I, § 7 Rdnr. 1; Scherer/Alff, Soldatengesetz, § 7 Rdnr. 1.

30 BVerwGE 43, 48 (49); BVerwG DVBl. 1972, 734, BVerwGE 53, 146; 113, 48 (49).

31 BVerwG NZWehrr 1986, 161.

32 BVerwGE 86, 321; 113, 48 (50).

unterlassen, was diesen Auftrag gefährden könnte.[33] Diese Pflicht wird in § 8 SG im Sinne des Prinzips der streitbaren Demokratie[34] konkretisiert.[35]

Vorgesetzte treffen nach § 10 Abs. 6 SG besondere Pflichten zur Aufrechterhaltung der innerdienstlichen Disziplin und Hierarchie.[36] So haben sich Offiziere und Unteroffiziere innerhalb und außerhalb des Dienstes bei der Ausübung ihrer Kommunikationsgrundrechte in dem Maße zurückzuhalten, wie es die Vertrauensposition als Vorgesetzte erfordert.[37] Auch aus § 12 SG folgt eine Mäßigungs- und Zurückhaltungspflicht bei Äußerungen.[38] Zweck der Kameradschaftspflicht aus § 12 SG ist es, Handlungsweisen zu verhindern, die objektiv geeignet sind, den militärischen Zusammenhalt, das gegenseitige Vertrauen und die Bereitschaft, füreinander einzustehen, zu gefährden.[39] Schließlich ist insbesondere bei der öffentlichen Verbreitung von privat aufgenommenem Filmen aus dem Alltag der Bundeswehr die Geheimhaltungspflicht berührt. § 14 Abs. 1 SG dient dabei sowohl dem Schutz des Staates als auch der einzelnen Soldaten.[40]

Aber auch während der Freizeit findet innerhalb der dienstlichen Unterkünfte und Anlagen das Recht der freien Meinungsäußerung seine Schranken in den Grundregeln der Kameradschaft (§ 15 Abs. 2 SG). Der Soldat hat sich so zu verhalten, dass die Gemeinsamkeit des Dienstes nicht ernstlich gestört wird. Dazu kann die Nutzung des Internets beitragen. Ein Schutzbedürfnis der Soldaten folgt aus der Pflicht zum Wohnen in der Gemeinschaftsunterkunft (§ 18 SG), die den Soldaten zum engen Zusammenleben verpflichtet. Dadurch wird es dem Soldaten erschwert, einer unerwünschten Internetnutzung aus dem Weg zu gehen.[41] Schließlich ist insbesondere für die Auslandseinsätze § 16 SG einschlägig. Dieser untersagt dem Soldaten außerhalb des Geltungsbereichs des Grundgesetzes jede Einmischung in die Angelegenheiten des Aufenthaltsstaates. Zu den Angelegenheiten des Aufenthaltstaates gehören nicht nur das politische System, sondern auch die gesellschaftlichen und kulturellen Besonderheiten des Staates.[42]

2 Strafrecht

Einschränkungen der Informations- und Meinungsfreiheit finden sich des weiteren in strafrechtlichen Bestimmungen. Gewaltverherrlichende (§ 131 StGB) und kinderpornographische Darstellungen sowie volksverhetzende Äußerungen nehmen nicht am grundrechtlichen Schutz teil. Ebenso wenig sind Straftaten gegen ausländische Staaten erfasst (§§ 102ff. StGB) bzw. die im Zweiten Abschnitt "Landesverrat und Gefährdung der äußeren Sicherheit" geregelten Handlungsformen. Damit kann aber nur ein begrenzter Teil der problematischen Fälle erfasst werden.

33 Soll, Die Meinungsäußerungsfreiheit in den Streitkräften, Münster 2000, S. 90f.; Scherer/Alff, SG, § 7 Rdnr. 19; siehe auch BVerfGE 28, 51 (55).
34 BVerfGE 28, 36 (48).
35 BVerwGE 113, 48 (51).
36 BVerfGE 28, 26 (47); siehe dazu auch Peterson, NZWehrr 1991, S. 12ff.
37 BVerwGE 103, 275.
38 Soll,(Fn. 33), S. 106f.
39 BVerwGE 93, 269; Scherer/Alff, § 12 Rdnr. 1.
40 Scherer/Alff, Soldatengesetz, § 14 Rdnr. 1.
41 BVerfGE 44, 197 (203).
42 Winkler, NZWehrr 1992, S. 153 (155f.).

3 Die Funktionsfähigkeit als Verfassungswert (Art. 17a GG bzw. Art. 5 Abs. 2 GG in Verbindung mit Soldatengesetz)

Nehmen wir den Beispielsfall eines Videos, in dem durch die Auswahl der Bilder ein koloniales Auftreten der Bundeswehr in Afghanistan suggeriert wird. Strafrechtliche Bestimmungen sind hierdurch nicht berührt. Dieses Video kann durch die Medien aufgegriffen werden und das Bild der Bundeswehr erheblich beeinträchtigen. Gerade die Aufrechterhaltung des Ansehens der Streitkräfte hat eine besondere Bedeutung in Fällen des Auslandseinsatzes. In diesen Staaten werden die ausländischen Streitkräfte von einigen gesellschaftlichen Gruppierungen skeptisch betrachtet. Aber auch innerhalb der Bundesrepublik bestehen zum Teil Misstrauen und Vorurteile gegenüber der Bundeswehr. Dies ist im Hinblick auf mögliche rechtsextremistische Aktivitäten in den Streitkräften besonders deutlich, wie die Berichte des Wehrbeauftragten des Deutschen Bundestages zeigen.[43] Das Ansehen der Streitkräfte ist somit wesentlich für die Gewährleistung der Funktionsfähigkeit der Bundeswehr.

Die Funktionsfähigkeit ist ein Verfassungswert, der dem Verteidigungsauftrag der Bundeswehr aus Art. 87a GG zu entnehmen ist.[44] Umstritten ist jedoch, in welchem Verhältnis dieser Verfassungswert zu den Grundrechten steht. In dem umstrittenen Pfaff-Urteil scheint das BVerwG den Grundrechten zunächst einen absoluten Vorrang vor der Funktionsfähigkeit der Streitkräfte einzuräumen: "*Zur Gewährleistung der „Funktionsfähigkeit einer wirksamen Landesverteidigung" nach dem Grundgesetz gehört, stets sicherzustellen, dass der von der Verfassung zwingend vorgegebene Schutz u. a. des Grundrechts der Gewissensfreiheit nicht beeinträchtigt wird.*"[45] Die Funktionsfähigkeit einer staatlichen Einrichtung kann daher das grundrechtlich geschützte Handeln nicht einschränken. Diese Ansicht ist insoweit konsequent, als in der deutschen Grundrechtsdogmatik Effizienzgesichtspunkte bei der Beurteilung des Schutzbereichs der Grundrechte oder seiner Schranken grundsätzlich nicht zulässig sind. Der Staat hat die Mittel für die grundrechtlich geforderten Leistungen zu haben. Die Ausgeglichenheit des Haushaltes ist trotz seines Verfassungswertes insoweit nicht als Schranke für die Grundrechtsausübung heranzuziehen. Dieser Aussage ist grundsätzlich auch zuzustimmen. Die Effizienz der staatlichen Einrichtung kann dem Bürger grundsätzlich nicht entgegengehalten werden. Dadurch können Konflikte entstehen, wenn – wie in der Pfaff-Entscheidung – schrankenlos gewährleistete Grundrechte aufgrund derartiger Effizienzerwägungen eingeschränkt werden.

Soweit aber die Funktionsfähigkeit durch grundrechtliche Schranken konkretisiert wird, besteht kein vergleichbares Spannungsverhältnis. So betont auch das BVerwG im Pfaff-Urteil zu Recht, dass diese " Pflicht [zum „treuen Dienen“ (§ 7 SG)] ... nach der ständigen Rechtsprechung des Senats von dem Soldaten [fordert], im Dienst und außerhalb des Dienstes zur Erhaltung der Funktionsfähigkeit der Bundeswehr als eines militärischen Verbands beizutragen und alles zu unterlassen, was diese in ihrem durch die Verfassung und diese konkretisierende Gesetze festgelegten Aufgabenkreis schwächen

43 Siehe z.B. Jahresbericht des Wehrbeauftragten 2001, BTDrs. 14/8330, S. 19.

44 BVerfGE 48, 127 (159 f.); 69, 1 (57ff.).

45 BVerwG, Urteil vom 21. 6. 2005 - 2 WD 12/04 (Truppendienstgericht Nord), NJW 2006, S. 77 (100).

könnte".[46] Die umfassende Grundrechtsträgerschaft des Soldaten fordert damit, dass zum einen die Funktionsfähigkeit im Sinne des Bestimmtheitsgebots und der Wesentlichkeitslehre gesetzlich konkretisiert wird. Zum anderen muss diese gesetzliche Konkretisierung der Funktionsfähigkeit notwendigerweise die Grundrechtsträgerschaft berücksichtigen und damit die Grundrechte nur im erforderlichen Rahmen einschränken.

Damit können im Hinblick auf die Internet-Kommunikation zum Schutz der Funktionsfähigkeit der Bundeswehr die Schrankenregelungen in Art. 17a GG bzw. Art. 5 Abs. 2 GG aktiviert werden, die eine zum Teil weitergehende Beschränkung der Meinungs- und Informationsfreiheit rechtfertigen. Jedoch hat der Gesetzgeber von dieser Schranke bislang nur sehr zurückhaltend Gebrauch gemacht. Hintergrund für diese zurückhaltende Position des Gesetzgebers ist eine nicht mehr zeitgemäße Bewertung der Funktionsfähigkeit als Verfassungswert im Lichte der aktuellen Entwicklungen der Auslandseinsätze.

4 Rechtsvergleichende Betrachtung

Die zurückhaltende Position des deutschen Wehrrechts bei der gesetzlichen oder gerichtlichen Konkretisierung verfassungsrechtlicher Schranken wird wiederum bei einer rechtsvergleichenden Betrachtung deutlich. Im amerikanischen Wehrrecht wird der Begriff der Funktionsfähigkeit im Sinne einer tatsächlichen umfassenden Kampfbereitschaft der Streitkräfte interpretiert. Dadurch unterscheidet es sich erheblich vom deutschen System, das bislang die Funktionsfähigkeit der Streitkräfte nur auf die potentielle Einsatzfähigkeit für die territoriale Landesverteidigung reduziert hat. Auch bei einem Vergleich mit der Rechtsprechung in Australien oder Frankreich wird erkennbar, dass in Wehrrechtssystemen, in denen die Streitkräfte in größerem Umfang im Ausland eingesetzt werden, der Funktionsfähigkeit ein größeres Gewicht beigemessen wird.[47]

Doch es sind nicht nur die bis vor einigen Jahren unterschiedlichen Aufgaben, die das Verständnis der Funktionsfähigkeit bestimmen. Auch die unterschiedlichen Wehrformen sind von Bedeutung: So ist in Deutschland das Konzept des Staatsbürgers in Uniform mit der Wehrpflichtigenarmee verbunden. Es ist der gesellschaftliche Anspruch der Bundeswehr, dass „der Soldat auch mit dem Eintritt in das Wehrdienstverhältnis mündiger Bürger bleibt, der seiner Freiheit und seiner Rechte gewiss sein darf."[48] Die Rechtfertigung von Grundrechtseinschränkungen beansprucht damit bei einer Wehrpflichtigenarmee nicht im gleichen Umfang Gültigkeit wie bei einer Berufsarmee.

V Neubewertung der Funktionsfähigkeit als Abwägungskriterium

Diese Funktionsfähigkeit ist nunmehr aufgrund der Beteiligung der Bundeswehr an Auslandseinsätzen neu zu bewerten. Diese Forderung ist nicht dahingehend zu verstehen, dass die Funktionsfähigkeit die Grundrechte aus dem Soldatenverhältnis verdrängt. Dies wird zum Teil in der Literatur vertreten. Die Funktionsfähigkeit der Bundeswehr

46 BVerwG, (Fn. 45), S. 100 mit Verweis auf BVerwGE 120, 106 (107).
47 Vgl. die umfangreichen rechtsvergleichenden Studien bei Nolte/Krieger, Europäische Wehrrechtssysteme, Baden-Baden 2002, S. 72ff.
48 Böttcher/Dau,Wehrbeschwerdeordnung, 4. Aufl, München 1997, Einf. Rdnr. 46.

gebe keinen Raum für kompromißhafte Einschränkungen. Funktionsfähigkeit der Bundeswehr könne sinnvoller Weise nur ihre volle Verfügbarkeit heißen, sie sei daher nicht einschränkbar, ohne den Verteidigungsauftrag als solchen zu gefährden.[49] So verstanden müssen Grundrechte in der Regel hinter dem Erfordernis der Funktionsfähigkeit zurücktreten.

Diese Konzeption des Begriffs der Funktionsfähigkeit als ein rein tatsächlicher Begriff steht aber, wie bereits dargelegt, im Widerspruch zu unserem Rechtsstaatsverständnis, das die Verwirklichung der Grundrechte im Soldatenverhältnis in Art. 17a Abs. 1 GG und Art. 1 Abs. 3 GG zwingend fordert. Es ist somit daran festzuhalten, dass die Funktionsfähigkeit nur im Rahmen bestehender Grundrechtsschranken, sodann im Wege eines Abwägungsprozesses in die Grundrechtsbindung eingeführt werden kann. Dadurch fließen zwingend die Grundrechte als Parameter in die Bewertung des normativen Begriffs der Funktionsfähigkeit ein. Funktionsfähige Streitkräfte sind somit nur grundrechtlich gebundene Streitkräfte und damit möglicherweise bei einer nicht normativen Betrachtung weniger effiziente Streitkräfte.

VI Wechselwirkung zwischen Funktionsfähigkeit und Grundrechte

Im Sinne der Wechselwirkungslehre[50] begrenzt somit die Funktionsfähigkeit nach Art. 17a GG bzw. den allgemeinen Grundrechtsschranken die Grundrechte nicht einseitig, sondern die Funktionsfähigkeit muss ihrerseits angesichts der Bedeutung der betroffenen Grundrechte neu bemessen werden. So verstanden ist Funktionsfähigkeit kein Selbstwert, der, wie bereits oben dargelegt, aus sich heraus Maßnahmen beliebiger Art ohne Rücksicht auf Einzelermächtigungen, wie z. B. Gesetzesvorbehalte, erlauben würde.[51] Die Grundrechtsgeltung im Soldatenverhältnis fordert des weiteren die gleichen Anforderungen an die Geeignetheit und Erforderlichkeit einer Maßnahme im Rahmen der grundrechtlichen Verhältnismäßigkeitsprüfung wie bei Grundrechtseinschränkungen von Zivilisten. Das entspricht auch der Rechtsprechung der europäischen Gerichte. So hat der Europäische Gerichtshof für Menschenrechte im Fall *Smith and Grady* über die Entlassung homosexueller Soldaten aus den britischen Streitkräften zu entscheiden. Der Gerichtshof hat hierbei unterstrichen, dass das Recht auf Achtung des Privatlebens nur eingeschränkt werden kann, wenn eine echte Bedrohung für die Funktionsfähigkeit der Streitkräfte besteht („*real threat*“). Die Gefährdung müsse durch konkrete Beispiele belegt werden.[52]

---

49 Lerche, BayVBl. 1991, S. 517 (518); vgl. Schneider, Gerichtsfreie Hoheitsakte, Tübingen 1951, S. 144f.

50 Grundlegend BVerfGE 7, 198 (209).

51 Vgl. auch Cuntz, Verfassungstreue der Soldaten, Berlin 1985, S. 99.

52 EGMR, Rep. 1999-VI, § 89 – Smith and Grady: "The Court also considers that it is open to the State to impose restrictions on an individual's right to respect for his private life where there is a real threat to the armed forces' operational effectiveness, as the proper functioning of an army is hardly imaginable without legal rules designed to prevent service personnel from undermining it. However, the national authorities cannot rely on such rules to frustrate the exercise by individual members of the armed forces of their right to respect for their private lives, which right applies to service personnel as it does to others within the jurisdiction of the State. Moreover, assertions as to a risk to operational effectiveness must be "substantiated by specific examples".

Die Abwägung kann aber auch zum Ergebnis führen, dass die Funktionsfähigkeit nur über eine vollständige Untersagung der grundrechtlich geschützten Handlung möglich ist. So hat der EuGH im Fall Sirdar anerkannt, dass die Tätigkeit einer weiblichen Köchin die Funktionsfähigkeit einer bestimmten Einheit in den britischen Streitkräften konkret gefährdet.[53] Hier sind aber sehr hohe Anforderungen an die Begründung zu stellen.

VII Konsequenzen für die Internetkommunikation der Soldaten

Welche Konsequenzen ergeben sich für die Internet-Nutzung der Soldaten? Zunächst ist am abgestuften Regelungssystem des SG, das zwischen Äußerungen im Dienst, Äußerungen außerhalb des Dienstes, aber innerhalb der Unterkünfte bzw. Anlagen und Äußerungen außerhalb des Dienstes unabhängig vom Ort der Äußerung festzuhalten. Diese bestehende Differenzierung spiegelt das unterschiedliche Gewicht der Funktionsfähigkeit der Bundeswehr im Verhältnis zu den eingeschränkten Grundrechten wider.

Des weiteren ist zwischen zwei Fällen der Internetnutzung zu unterscheiden: Zum einen die Nutzung zum Zwecke der Teilnahme an den offenen Internetportalen bzw. der Information über Webseiten (Internetnutzung), zum anderen die Nutzung des Internets zur Email-Kommunikation (Email-Nutzung). Die Internetnutzung unterfällt der Meinungsäußerungs- sowie der Informationsfreiheit nach Art. 5 Abs. 1 GG. Die Email-Nutzung indes ist Teil des Telekommunikationsverkehrs. Sie unterliegt damit dem Fernmeldegeheimnis nach Art. 10 Abs. 1 GG.

Davon abzugrenzen sind nach der Rechtsprechung des Bundesverfassungsgerichts die nach Abschluss des Übertragungsvorgangs im Herrschaftsbereich des Kommunikationsteilnehmers gespeicherten Verbindungsdaten. Diese werden nicht durch das Fernmeldegeheimnis, sondern durch das Recht auf informationelle Selbstbestimmung und gegebenenfalls durch das Recht auf Unverletzlichkeit der Wohnung geschützt. Der Schutz des Fernmeldegeheimnisses endet in dem Moment, in dem die Nachricht bei dem Empfänger angekommen und der Übertragungsvorgang beendet ist.[54] Das BVerfG begründet diese Differenzierung damit, dass für den Kommunikationsteilnehmer keine technischen Möglichkeiten vorhanden sind, das Entstehen und die Speicherung von Verbindungsdaten durch den Nachrichtenmittler zu verhindern oder auch nur zu beeinflussen. Die Einflussmöglichkeiten ändern sich hingegen, wenn sich die Daten in der Sphäre des Teilnehmers befinden. Der Nutzer kann sich bei den seiner Verfügungsmacht unterliegenden Geräten gegen den unerwünschten Zugriff Dritter durch vielfältige technische Vorkehrungen schützen.

1 Wahrung des Fernmeldegeheimnisses bei privater Email-Nutzung

Für die Internetkommunikation im Dienst gelten grundsätzlich die gleichen Grundsätze im allgemeinen Beamtenrecht. Der Dienstherr ist berechtigt, die private Email-Nutzung zur Gänze zu untersagen. Dies gilt auch im Soldatenverhältnis. Aus dem Informationsrecht oder dem Fernmeldegeheimnis kann grundsätzlich kein Leistungsanspruch auf

53 EuGH, Urteil vom 11.1.2000, Rs. C-285/98, Slg. 2000, I-69.

54 BVerfG, Urteil vom 2. März 2006 – 2 BvR 2099/04 –, NJW 2006, 641.

Zugang zum Internet entnommen werden. Das Menschenbild des Grundgesetzes geht vielmehr von einer Selbstverantwortung des Bürgers und damit des Soldaten im Hinblick auf die Beschaffung und Verbreitung von Information und Meinungen aus.[55] Bei Auslandseinsätzen kann diese Möglichkeit jedoch praktisch nicht gegeben sein. Hier kann sich im extremen Einzelfall das Grundrecht zu einem Leistungsrecht verdichten, z. B. wenn der Zugang zur Feldpost nicht oder nur mit einem unverhältnismäßigen Aufwand gewährleistet werden kann. In diesem Fall folgt aus der objektiven Dimension der Grundrechte auf Meinungs- und Informationsfreiheit eine Verantwortung des Staates, für das Bestehen der Kommunikationsmittel Sorge zu tragen.

Soweit die private Nutzung des E-Mail-Dienstes gestattet wird, ist der Dienstherr den Soldaten gegenüber zur Wahrung des Fernmeldegeheimnisses verpflichtet.[56] Dem Dienstherrn ist es somit untersagt, sich oder anderen ohne Zustimmung der Betroffenen über das für die geschäftsmäßige Erbringung der Telekommunikationsdienste erforderliche Maß hinaus Kenntnis vom Inhalt oder den näheren Umständen der Telekommunikation zu verschaffen (§ 88 Abs. 3 TKG). Er ist damit grundsätzlich nicht berechtigt, den privaten E-Mail-Verkehr zu lesen. Die auf dem Dienstrechner gespeicherten Daten hingegen werden hingegen nur vom allgemeinen Persönlichkeitsrecht geschützt. In diesem Fall ist daher grundsätzlich dienstrechtlich ein Zugriff auf die Daten möglich.

2 Beschränkungsmöglichkeiten der Internetnutzung

a) Identifizierung des Internetnutzers/Firewalls

Die grundsätzliche Missbrauchsgefahr der Internetnutzung erfordert, dass sich der Nutzer eines dienstlich zum privaten Gebrauch zur Verfügung gestellten Zugangs bei jeder Nutzung registriert und die besuchten Seiten gespeichert werden. Die Identifizierung greift insoweit nicht in das Informationsrecht bzw. die Meinungsfreiheit ein, da die Anonymität der Informationsgewinnung bzw. der Meinungsäußerung nicht grundrechtlich geschützt ist. Ebenso sind die gespeicherten privaten Daten auf den dienstlichen Rechnern vollständig überprüfbar, da sie im Sinne der verfassungsgerichtlichen Rechtsprechung weder vom Post- oder Fernmeldegeheimnis erfasst sind.[57]

Die privaten Internetzugänge innerhalb der Anlagen sind durch Firewalls zu schützen. Der Umfang der Firewalls sollte das Gefahrenpotential für die Funktionsfähigkeit der Bundeswehr berücksichtigen. So ist der Zugang zu verfassungswidrigen Inhalten auszuschließen. Problematisch ist indes der Zugang zu Internetseiten mit verfassungsfeindlichem oder pornographischem Inhalt. Hinsichtlich verfassungsfeindlicher Inhalte besteht ein unmittelbares Spannungsverhältnis zwischen dem politischen Informationsrecht des Soldaten nach Art. 5 Abs. 1 GG und dem Interesse der Bundeswehr, das Ansehen in der Bevölkerung sowie die gute Kameradschaft zu erhalten. Letztere Aspekte können durch das Aufrufen von verfassungsfeindlichen erheblich beeinträchtigt werden.

Die §§ 7, 8, 10, 15, 16 und 17 SG bieten daher bereits heute eine Grundlage, um als allgemeine Gesetze den Zugriff auf diese Seiten zu beschränken. Dabei muss das In-

---

55 BVerfGE 45, 187 (227).

56 Dabei spielt es keine Rolle, ob der Dienstherr diese Dienste direkt selbst anbietet oder sich dazu eines Anderen (z. B. des Providers) bedient.

57 BVerfG, Urteil vom 2. März 2006 – 2 BvR 2099/04 –, NJW 2006, 641 (642).

formationsrecht des Soldaten sowie der politische Bildungsauftrag der Bundeswehr nach § 33 SG dahingehend berücksichtigt werden, dass eine vollständige Sperrung verfassungsfeindlicher Seiten als unverhältnismäßig zu qualifizieren wäre. Denn das Ziel, das Ansehen und damit die Funktionsfähigkeit der Bundeswehr zu erhalten, ist auch im Wege eines Genehmigungsvorbehalts als geringerer Eingriff zu erreichen. So kann auch dem Informationsrecht des politisch interessierten Soldaten, der sich z. B. über die rechtsextremen Entwicklungen in der Bundesrepublik informieren will, Rechnung getragen werden. Unproblematisch ist hingegen die Sperrung des Zugangs zu pornographischen Seiten mittels Firewalls.

b) Ausschluss vom Zugang zu Online-Plattformen/Blogs

Den Zugang zu Online-Plattformen wie YouTube oder zu Blogs im Sinne der Praxis der amerikanischen und britischen Streitkräfte vollständig auszuschließen, erscheint hingegen derzeit noch unverhältnismäßig. Diese Plattformen haben sich immer stärker auch zu Informationsquellen für gesellschaftliche Entwicklungen verdichtet. Sie sind daher sowohl von der Meinungs- wie auch von der Informationsfreiheit geschützt. Hier ist jedoch angesichts der rasanten Entwicklung der Kommunikationsgesellschaft die Entwicklung weiter zu beobachten. Soweit das Filmmaterial oder die Informationen strafrechtliche Tatbestände erfüllen, ist ein repressives Vorgehen gegen den Soldaten bereits heute möglich. Dienstrechtlich wäre eine Untersagung nach § 15 Abs. 2 bzw. § 17 Abs. 2 SG zulässig, wenn die Gemeinsamkeit des Dienstes und das Ansehen der Bundeswehr durch einen verstärkten Missbrauch dieser Plattformen erheblich beeinträchtigt werden.

3 Weitere normative Konkretisierung des Konzepts Funktionsfähigkeit

Die Voraussetzungen des § 15 Abs. 2 bzw. § 17 Abs. 2 SG sind jedoch derart unbestimmt, dass es dem Soldaten kaum zugemutet werden kann, den genauen Rahmen der zulässigen privaten Nutzungen an dienstlichen Rechnern zu erfassen. Um daher einer möglicherweise als willkürlich empfundenen Untersagung entgegenzuwirken, muss die Bundeswehr für diese Fälle ex ante verbindliche Kriterien entwickeln, die den unbestimmten Rechtsbegriff "Funktionsfähigkeit der Bundeswehr" konkretisieren und damit dem Soldaten ermöglichen, von vornherein sein Verhalten danach auszurichten. Damit würde nicht nur dem grundgesetzlichen, sondern auch dem menschenrechtlichen Bestimmtheitsgebot entsprochen. So stellt der Europäische Gerichtshof für Menschenrechte fest, dass im Bereich der militärischen Disziplin Generalklauseln zulässig seien, weil es nicht möglich sei, jegliches relevante Verhalten im Vorfeld zu beschreiben. Dennoch müssten die Vorschriften so bestimmt sein, dass ihre Anwendung nicht willkürlich erscheine und das geforderte Verhalten hinreichend vorhersehbar sei.[58]

58 EGMR A 302, § 31 – Vereinigung demokratischer Soldaten Österreichs und Gubi.

Bei der Konkretisierung durch z. B. eine zentrale Dienstvorschrift[59] ist notwendigerweise zwischen den Standorten im Inland und den Einsätzen im Ausland angesichts der unterschiedlichen Wirkung zu unterscheiden. Im Inland ist das Kriterium für ein grundrechtseinschränkendes Vorgehen die im Soldatengesetz genannte Beeinträchtigung bzw. Störung der Funktionsfähigkeit. Nach ständiger Rechtsprechung liegt eine Beeinträchtigung vor, wenn das Verhalten des Soldaten konkret geeignet ist, das Ansehen der Bundeswehr zu beeinträchtigen.[60] Aus einer polizeirechtlichen Perspektive liegt diesem Begriff der Geeignetheit die Prognose einer hinreichenden Wahrscheinlichkeit des Schadenseintritts zugrunde, das heißt eine konkrete Gefahr.[61] Die Rechtsprechung geht von einer hinreichenden Wahrscheinlichkeit aus, wenn regelmäßig ein bestimmtes Verhalten einen Schadensfall auslöst.[62]

Im Ausland sollte hingegen im Sinne einer Risikovorsorge bereits die potentielle erhebliche Gefährlichkeit einer Internetnutzung Grundlage für eine Untersagung dieser Nutzung sein. Dem System der Risikovorsorge liegt die Überlegung zugrunde, dass umso größer die Schadensfolgen sind, umso eher der Staat berechtigt sein muss, den Eintritt des Schadens zu verhindern.[63] Im Auslandseinsatz ist die Wiederherstellung der Funktionsfähigkeit in der Regel schwierig, wenn nicht gar unmöglich.[64] Verliert die Bundeswehr in Afghanistan durch Videoveröffentlichungen von Soldaten nachhaltig das Ansehen in der Bevölkerung, ist die Fortsetzung des Einsatzes ernsthaft in Frage gestellt.

Im konkreten Fall der Internetnutzung heißt dies, dass nicht erst eine regelmäßige Schadensfolge ausschlaggebend sein kann für die Sperrung des Zugangs zu bestimmten Online-Plattformen, sondern dass bereits einzelne Fälle eine derartige Sperrung auslösen können, wenn bereits der vereinzelte Missbrauch das Ansehen der Bundeswehr erheblich in Gefahr bringt. Zwar sind durch diese Maßnahme auch die weitaus meisten Soldaten betroffen, die verantwortlich mit dem Internet umgehen und damit ihre Grundrechte wahrnehmen. In diesem Ausnahmefall tritt die Meinungsäußerungsfreiheit hinter die grundrechtliche Schranke der Funktionsfähigkeit der Streitkräfte zurück.

Die Aufwertung des Verfassungswerts "Funktionsfähigkeit" im Verhältnis zur Grundrechtswahrnehmung eröffnet Möglichkeiten zur Begrenzung der Internetnutzung, die den rechtsstaatlichen Vorgaben, insbesondere dem gebotenen umfassenden Grundrechtsschutz entsprechen.[65] Sämtliche Möglichkeiten des Internets stehen dem Soldaten

59 Die bestehende Zentrale Dienstvorschrift 2/30 „Sicherheit in der Bundeswehr", die sich weitgehend auf die strafrechtlich relevanten Handlungen beschränkt, erfüllt diese Aufgabe nur in begrenztem Umfang.

60 Vgl. Stauf, (FN 29), § 17 SG, Rdnr.7ff.

61 Götz, Allgemeines Polizei- und Ordnungsrecht, 13. Aufl., Göttingen 2001, Rdnr. 144.

62 Siehe u.a. BVerwG, NZWehrr 73, 108.

63 Zur Risikovorsorge Di Fabio, Risikoentscheidungen im Rechtsstaat, 1994, S. 442f.; für das Polizeirecht Neumann, Vorsorge und Verhältnismäßigkeit, 1994, S. 102ff., 115; Trute, Die Erosion des klassischen Polizeirechts durch die polizeiliche Informationsvorsorge, in: Gedächtnisschrift für Jean d'Heur, 1999, S. 403 (413ff.).

64 Siehe bereits für das Inland BVerwGE 63, 149.

65 So aber Rauball in v.Münch/Kunig, GG-Kommentar, Art. 17a Rdnr. 18.

weiterhin zur Verfügung. Die Aufwertung trägt aber den veränderten Aufgaben der Bundeswehr Rechnung. Und sie dient nicht zuletzt durch die damit verbundene Sicherung des Ansehens der Bundeswehr in den Einsatzgebieten der Sicherheit der vernetzten Bürger in Uniform.

Das (Menschen-)Recht im Auslandseinsatz Rechtsgrundlagen zum Schutz von Grund- und Menschenrechten

Andreas von Arnauld

I Einleitung

Die wachsende internationale Verflechtung, die heute unter dem Begriff der Globalisierung beschrieben wird, führt dazu, dass staatliches wie auch privates Handeln immer weniger allein durch nationales Recht bestimmt wird. Universelles und regionales Völkerrecht, Sekundärrechtsakte inter- und supranationaler Organisationen, aber auch das Recht anderer Staaten wirken mehr und mehr auch auf deutsches Staatshandeln ein; im Bereich des grenzüberschreitenden Privatrechtsverkehrs lässt sich zudem die Entstehung einer neuen *lex mercatoria* erleben.[1]

Lassen sich schon bei inländischem Staatshandeln Berührungen mit anderen Rechtsordnungen immer seltener vermeiden, so gilt dies umso mehr dort, wo deutsche Staatsorgane im Ausland tätig werden. Ging es hier lange Zeit primär um hoheitliche Tätigkeit deutscher Auslandsvertretungen[2], sind mit der Beteiligung der Bundeswehr an Einsätzen im Rahmen von UNO, NATO und EU neue Rechtsfragen aufgeworfen worden, die beileibe noch nicht alle beantwortet sind. Nach wie vor nicht befriedigend geklärt ist dabei insbesondere die Frage von Kollisionen und Konkurrenzen menschenrechtsrelevanter Rechtsgrundlagen. Inwieweit sind im Auslandseinsatz die Grundrechte des Grundgesetzes und die Garantien völkerrechtlicher Menschenrechtspakte zu beachten? Welche Rolle spielen dabei das zu Grunde liegende Mandat und Abkommen mit dem Aufenthaltsstaat, welche Rolle das Ortsrecht?[3] Der folgende Beitrag ist der Bestimmung des Verhältnisses dieser Rechtsregime zueinander gewidmet und soll dabei die Direktivkraft der Grund- und Menschenrechte für das Dürfen und Sollen deutscher Streitkräfte im Ausland näher untersuchen.

Vor einer solchen Verhältnisbestimmung ist allerdings zu klären, ob und unter welchen Voraussetzungen Grund- und Menschenrechte überhaupt im Auslandseinsatz gelten (II.). Erst im Anschluss wird es um Grenzen der Auslandsgeltung (III.) und um Modifikationen der Grundrechtsgeltung gegenüber deutschen Staatsorganen im Ausland gehen (IV.).

---

1 Zu diesen Phänomenen u.a. Gunther Teubner (Hrsg.), Global Law Without a State, 1997; Karl-Heinz Ladeur (Hrsg.), Public Governance in the Age of Globalization, 2004; Anne-Marie Slaughter, A New World Order, 2004; Andreas Fischer-Lescano/Gunther Teubner, Regime-Kollisionen, 2006.

2 Vgl. z.B. EKMR, Beschl. v. 25.9.1965, X v. Deutschland, Nr. 1611/62, ECHR Yearbook 8 (1965), S. 158 (164).

3 Zu den verschiedenen Rechtsquellen im Auslandseinsatz Ulf Häußler, Ensuring and Enforcing Human Security, 2007, S. 43 ff.

II Auslandsgeltung von Grund- und Menschenrechten

Die Frage nach der Auslandsgeltung[4] von Grund- und Menschenrechten ist seit Jahren intensiv diskutiert worden,[5] ohne dass abschließende Klarheit bestünde. Insbesondere der Europäische Gerichtshof für Menschenrechte (EGMR) hat mit seiner *Banković*-Entscheidung[6] sowie mit seinem jüngsten Beschluss in der Sache *Behrami und Saramati*[7] für Irritationen gesorgt. Mit beiden Entscheidungen hat sich der Gerichtshof gegen den im Übrigen zu beobachtenden Trend einer Expansion des Menschenrechtsschutzes gestellt. Dabei scheinen diese Entscheidungen weniger von dem Bestreben getragen, eine konsistente Rechtsprechung zu entwickeln, sondern vielmehr von dem (verständlichen) Wunsch, sich aus der rechtlichen Beurteilung der Operationen von UNO und NATO im Jugoslawien-Konflikt herauszuhalten.[8]

Die Frage der Auslandsgeltung soll hier einer im Völkerrecht gebräuchlichen Kategorisierung nach in die räumliche, persönliche und sachliche Geltung unterteilt werden. Da es in diesem Beitrag nicht nur um das Ob, sondern vor allem auch um das Wie, nämlich die Modifikationen der Auslandsgeltung von Grund- und Menschenrechten gehen soll, können die aufgeworfenen Rechtsfragen an dieser Stelle nicht so vertieft behandelt werden, wie sie es verdienten. Zudem werden aus Gründen der Stoffbeschränkung nachfolgend nur die für Deutschland wichtigsten Menschenrechtsquellen (GG, EMRK, Zivilpakt) angesprochen.

1 Örtliche Geltung (ratione loci)

Art. 2 I Zivilpakt verpflichtet den Vertragsstaat, die Rechte „allen in seinem Gebiet befindlichen und seiner Herrschaftsgewalt unterstehenden Personen" (*to all individuals within its territory and subject to its jurisdiction*) zu gewährleisten. Über die Bedeutung dieser Formulierung ist viel gestritten worden.[9] Überzeugend interpretiert der Menschenrechtsausschuss sie so, dass ein Vertragsstaat die Paktrechte „allen in seinem

4 Der Begriff der „Geltung" wird in der Diskussion uneinheitlich gebraucht: siehe Gunther Elbing, Zur Anwendbarkeit der Grundrechte bei Sachverhalten mit Auslandsbezug, 1992, S. 46 ff. Hier soll unter „Geltung" der Grund- und Menschenrechte ihre Verbindlichkeit gegenüber den Staatsorganen verstanden werden.

5 Aus der umfangreichen Literatur siehe v.a. Heike Krieger, Die Verantwortlichkeit Deutschlands nach der EMRK für seine Streitkräfte im Auslandseinsatz, ZaöRV 62 (2002), S. 669-702; Fons Coomans/Menno T. Kamminga (Hrsg.), Extraterritorial Application of Human Rights Treaties, 2004; Roman Schmidt-Radefeldt, Die Menschenrechtsverpflichtungen von Streitkräften bei antiterroristischen Maßnahmen im Ausland, in: Dieter Fleck (Hrsg.), Rechtsfragen der Terrorismusbekämpfung durch Streitkräfte, 2004, S. 101-123; Dirk Lorenz, Der territoriale Anwendungsbereich der Grund- und Menschenrechte, 2005; Bernhard Schäfer, Zum Verhältnis Menschenrechte und humanitäres Völkerrecht, 2006, S. 18 ff.; Angela Werner, Die Grundrechtsbindung der Bundeswehr bei Auslandseinsätzen, 2006.

6 EGMR (Gr.K.), Beschl. v. 12.12.2001, Nr. 52207/99, in: EuGRZ 2002, S. 133.

7 EGMR (Gr.K.), Beschl. v. 2.5.2007, Nr. 71412/01 und 78166/01, in: EuGRZ 2007, S. 522.

8 So auch die Einschätzung von Rick Lawson, Life after Bankovic: On the Extraterritorial Application of the European Convention on Human Rights, in: Coomans/Kamminga (Fn. 5), S. 83-124 (116); Michael Bothe, Die Anwendung der Europäischen Menschenrechtskonvention in bewaffneten Konflikten – eine Überforderung?, ZaöRV 65 (2005), S. 615-623 (619); Thilo Rensmann, Die Anwendbarkeit von Menschenrechten im Auslandseinsatz, in: Dieter Weingärtner (Hrsg.), Einsatz der Bundeswehr im Ausland, 2006, S. 49-66 (65).

9 Zu diesem Streit m.w.N. Lorenz (Fn. 5), S. 73 ff.

Gebiet befindlichen und <*allen*> seiner Herrschaftsgewalt unterstehenden Personen“ zu garantieren hat.[10] Es geht also nicht um eine Verengung des Garantiebereichs durch kumulative Kriterien, sondern umgekehrt um eine kumulative Verpflichtung des Vertragsstaats, die sicherstellen soll, dass keine Schutzlücken entstehen.

Diese Erwägungen zur *ratio* des Grundrechtsschutzes: die Ausübung staatlicher Gewalt gegenüber dem Individuum zu bändigen, lassen sich auf die Geltung der Rechtsgarantien des Grundgesetzes und der Europäischen Menschenrechtskonvention (EMRK) übertragen.[11] Weder Art. 1 III GG noch Art. 1 EMRK enthalten in ihrem Wortlaut eine Beschränkung auf das eigene Staatsgebiet, sondern knüpfen an die Ausübung staatlicher Gewalt an. Eine territoriale Beschränkung der Grundrechtsbindung einzuführen, stünde in merkwürdigem Kontrast zur Entwicklung des internationalen Rechts der letzten Jahrzehnte: Diese charakterisiert eine immer weiter gehende Beschränkung der Souveränität und des *domaine reservé* der Staaten zu Gunsten völkerrechtlicher Einwirkungsmöglichkeiten sowie ein Verlust der Bedeutung von Ort und Raum in einer sich globalisierenden Welt.[12] Sollten ausgerechnet Menschenrechte, die in diesem Prozess Katalysatorfunktion besaßen (und besitzen),[13] zum Vehikel der territorialen Abkapselung von Staaten werden, wäre dies nicht ohne eine gewisse Ironie.[14]

Folgt man dem Schutzgedanken, muss es sich gerade umgekehrt verhalten: Staaten können sich ihrer übernommenen menschenrechtlichen Pflichten nicht dadurch entledigen, dass sie verstärkt im Ausland handeln. Der Ausweitung hoheitlicher Aktionsräume entspricht die Ausweitung der menschenrechtlichen Bindung.[15] Dass dabei unter Umständen gewisse Modifikationen nötig sind, steht auf einem anderen Blatt.

---

10 Seit Menschenrechtsausschuss/Human Rights Committee (MRA), Lopez Burgos v. Uruguay, Entscheidung vom 29.7.1981, Nr. 52/1979 und 56/1979, UN Doc. Supp. No. 40 (A/36/40), S. 176 ff. (mit in der Begründung abweichendem Votum von Tomuschat). Siehe auch Thomas Buergenthal, To Respect and Ensure: State Obligations and Permissible Derogations, in: Louis Henkin (Hrsg.), The International Bill of Rights, 1981, S. 72-91 (73 ff.): “disjunctive conjunction” (S. 74).

11 So auch Lorenz (Fn. 5), S. 71 ff., 157 ff.

12 Statt vieler Katja Ziegler, Domaine reservé, in: Rüdiger Wolfrum (Hrsg.), Encyclopedia of Public International Law, 2. Aufl. 2008 (im Erscheinen).

13 Vgl. Josef Ruthig, Globalisierung und Grundgesetz – Die Grundrechte in Sachverhalten mit Auslandsbezug, in: Jürgen Wolter u.a. (Hrsg.), Einwirkungen der Grundrechte auf das Zivilrecht, Öffentliche Recht und Strafrecht, 1999, S. 271-295 (277); Andreas Fischer-Lescano, Globalisierung der Menschenrechte, in: Blätter für deutsche und internationale Politik 47 (2002), S. 1236-1244.

14 Ähnlich Michał Gondek, Extraterritorial Application of the European Convention on Human Rights: Territorial Focus in the Age of Globalization?, Netherlands International Law Review 52 (2005), S. 349-387 (351, 387).

15 Wie hier Lawson (Fn. 8), S. 86; Lorenz (Fn. 5), S. 75 f. Siehe auch Ruthig (Fn. 13), S. 276 f.

Während die prinzipielle Geltung der Grundrechtsgarantien auch bei Auslandssachverhalten für das Grundgesetz heute weitgehend konsentiert sein dürfte[16], hat der EGMR im *Banković*-Verfahren angenommen, dass sich die Verpflichtungen der Konventionsparteien primär auf ihr eigenes Staatsgebiet beschränkten, und die gegen NATO-Einsätze im früheren Jugoslawien gerichtete Beschwerde als *ratione loci* unzulässig abgewiesen.[17] Zu Recht ist der Gerichtshof hierfür in der Rechtswissenschaft scharf kritisiert worden.[18] Auch der Menschenrechtsausschuss hat in Reaktion auf das Urteil des EGMR in seinem *General Comment* Nr. 31 einer vergleichbaren Argumentation für den Zivilpakt eine deutliche Absage erteilt.[19]

Kein anderes Ergebnis kann der angeblich regionale Bezug der EMRK begründen, den der EGMR mit seiner Bemerkung, es handle sich bei der Konvention um ein „*instrument of European public order [...] in the legal space (espace juridique) of the Contracting States*“[20], angedeutet hat. Gegen eine solche regionale Begrenzung sprechen nicht zuletzt die vielfältigen Bezugnahmen auf die Idee universeller Menschenrechte in der Präambel. Das Europäische an der EMRK ist der Kreis der Vertragsparteien, nicht aber ihr Wirkungskreis. Die Konvention will zwar nicht alle Leiden dieser Welt beseitigen[21], wohl aber die Hoheitsgewalt der Vertragsstaaten überall dort verpflichten, wo sie ausgeübt wird.[22]

2 Persönliche Geltung (ratione personae)

Es hat den Anschein, dass der EGMR selbst Stück für Stück von der Lösung über eine territorial beschränkte Geltung abrückt, die er in *Banković* gewählt hat: So hat 2004 eine Kammer in dem Urteil *Issa v. Türkei* die EMRK für anwendbar auf Aktionen der türki-

---

16 Eingehend und m.w.N. Elbing (Fn. 4), S. 219 ff., 240; Rainer Hofmann, Grundrechte und grenzüberschreitende Sachverhalte, 1994, S. 28 ff.; Ruthig (Fn. 13), S. 277 ff., 288 ff.; Lorenz (Fn. 5), S. 124 ff.; Werner (Fn. 5), S. 75 ff., 97 f. Konzeptionell enger (Staatsangehörigkeit oder Gebietskontakt als Voraussetzung) Markus Heintzen, Auswärtige Beziehungen privater Verbände, 1988, S. 112, passim; Josef Isensee, Grundrechtsvoraussetzungen und Verfassungserwartungen an die Grundrechtsausübung, HbStR V, 2. Aufl. 2000, § 115 Rn. 77 ff. Das BVerfG war bislang noch nicht mit der grundrechtlichen Kontrolle deutscher Exekutivgewalt im Ausland befasst; in seinem Zweitregister-Urteil (BVerfGE 92, 26) wie im Urteil zur Telekommunikationsüberwachung vom 14. Juli 1999 (BVerfGE 100, 313) hat es aber bestätigt, dass die Grundrechte des Grundgesetzes vorbehaltlich völkerrechtlicher Modifikationen auch im Ausland prinzipiell Geltung beanspruchen können.

17 EGMR, Banković (Fn. 6), §§ 74 ff.

18 Kritik bei Lawson (Fn. 8), S. 107 ff.; Schmidt-Radefeldt (Fn. 5), S. 108 ff.; Rensmann (Fn. 8), S. 56 ff.; Gondek, Netherlands Int'l L.Rev. 52 (2005), S. 360 ff. Weitere Nachweise bei Lorenz (Fn. 5), S. 63 f.

19 General Comment No. 31: The Nature of the Legal Obligation Imposed on State Parties to the Covenant, vom 29.3.2004, CCPR/C/21/Rev.1/Add.13, § 10. Siehe auch die implizite Kritik in der Entschließung 1417 (2005) der Parlamentarischen Versammlung des Europarates, § 2: „Das Kosovo ist ein Teil Europas, und die Tatsache, dass es zur Zeit unter einer Übergangsverwaltung steht, sollte seine Einwohner nicht des wirksamen Schutzes der europäischen Menschenrechtsnormen berauben.“

20 EGMR, Banković (Fn. 6), § 80. Für eine regionale Begrenzung auch Lord Rodgers, in: Al-Skeini v. Defence Secretary [2007] UKHL 26, §§ 78 ff.; Lorenz (Fn. 5), S. 119 f., 124 ff.

21 So die zutreffende Aussage des damaligen Präsidenten des EGMR, Luzius Wildhaber, in einer Rede nach der Banković-Entscheidung (zitiert nach Lawson [Fn. 8], S. 116); vgl. auch Lord Rodgers (Fn. 20), § 78.

22 Michael Bothe, ZaöRV 65 (2005), S. 618 f.; Gondek, Netherlands Int'l L.Rev. 52 (2005), S. 375 ff.; Schäfer (Fn. 5), S. 33 f.

schen Armee im Nordirak gehalten[23], und die Große Kammer selbst erklärte im *Öcalan*-Urteil 2005 die Gefangennahme des früheren PKK-Chefs durch türkische Sicherheitskräfte in Nairobi zu einem Hoheitsakt im Anwendungsbereich der Konvention.[24]

Auch der jüngste Beschluss der Großen Kammer in der Sache *Behrami und Saramati* beginnt zwar mit einem Lippenbekenntnis zu *Banković*, schiebt dann aber die Frage der territorialen Geltung beiseite, um die Anwendbarkeit *ratione personae* zu diskutieren:[25] Die Unzulässigkeit der Beschwerde, die sich gegen das Verhalten französischer und norwegischer KFOR-Soldaten richtete, wurde hier nicht über eine mögliche territoriale Ausnahme des Kosovo vom Geltungsbereich der EMRK begründet, sondern darüber, dass die Soldaten nicht für ihre Heimatstaaten, sondern für die UNO tätig gewesen seien.[26]

Dieser Weg über die handelnden Subjekte erscheint zwar prinzipiell gangbar; allerdings überzeugen die vom EGMR angelegten Maßstäbe nicht. Danach soll eine bis zum UN-Sicherheitsrat reichende Berichtskette genügen, um die Mitgliedstaaten aus ihrer Verantwortung zu entlassen und die Jurisdiktion des Gerichtshofs auszuschließen.[27] Ohne Not wurde hier die bisherige Rechtsprechungslinie aufgegeben, die nach effektiver Kontrolle über die konkreten Operationen gefragt hat.[28] An diesem Kriterium ist, in Übereinstimmung mit der Spruchpraxis anderer Institutionen,[29] nach wie vor festzuhalten, nicht zuletzt, um einen Gleichklang mit den allgemeinen Grundsätzen der Staatenverantwortlichkeit zu erzielen.[30] So kommentiert die UN-Völkerrechtskommission Art. 5 ihres Entwurfs zur völkerrechtlichen Verantwortlichkeit Internationaler Organisationen in Bezug auf Militärmissionen der UNO:[31]

„Attribution of conduct to the contributing State is clearly linked with the retention of some powers by that State over its national contingent and thus on the control that the State possesses in the relevant respect. As has been held by several scholars, when an

23 EGMR, Urt. v. 16.11.2004, Nr. 31821/96. Dort in §§ 68 ff. Bezugnahme auf das Loizidou-Urteil (vom 18.12.1996, Nr. 15318/89, in: EuGRZ 1997, S. 555) sowie die Spruchpraxis des MRA (Lopez Burgos v. Uruguay, s.o. Fn. 10) und der Interamerikanischen Menschenrechtskommission (IAMRK) (Coard et al. v. the United States, Entscheidung vom 29.9.1999, Nr. 10.951, Report Nr. 109/99). Berichte und Stellungnahmen des MRA sowie der regionalen Spruchkörper sind im Internet über die Seiten der University of Minnesota auffindbar: http://www1.umn.edu/humanrts/.

24 EGMR (Gr.K.), Urt. v. 12.5.2005, Nr. 46221/99, in: EuGRZ 2005, S. 463 (= NVwZ 2006, S. 1267). Zu Widersprüchen zwischen den Öcalan-Urteilen und Banković überzeugend Marten Breuer, Völkerrechtliche Implikationen des Falles Öcalan, EuGRZ 2003, S. 449-454 (450 f.); ders., Zum Öcalan-Urteil der Großen Kammer der EGMR, EuGRZ 2005, S. 471-473 (472).

25 EGMR, Behrami u.a. (Fn. 7), § 71.

26 EGMR, Behrami u.a. (Fn. 7), §§ 128 ff.

27 EGMR, Behrami u.a. (Fn. 7), §§ 141, 143.

28 Analyse der früheren Rechtsprechung bei Lorenz (Fn. 5), S. 8 ff., insbes. 15 ff., 19 ff.

29 Vgl. MRA, General Comment Nr. 31 (Fn. 19), § 10 („power and effective control“); IAMRK, Coard u.a. v. USA, Nr. 10.951, Rep. 86/99 vom 29.9.1999, § 37, Alejandre Jr. u.a. v. Cuba, Nr. 11.589 („Brothers to the Rescue“), Rep. 86/99 vom 29.9.1999, §§ 23, 25, Detainees at Guantánamo Bay, Entscheidung über vorläufige Maßnahmen vom 12./13.3.2002 („authority and control“).

30 Breuer, EuGRZ 2003, S. 450 f.; Lawson (Fn. 8), S. 86; Lorenz (Fn. 5), S. 283 ff.

31 Bericht der Völkerrechtskommission/Report of the International Law Commission – Fifty-sixth session (3 May-4 June and 5 July-6 August 2004), UN Doc. A/59/10 (Supp.), S. 113, Anm. 6 f. zu Art. 5. Vgl. auch Art. 8 ILC-Artikel zur Staatenverantwortlichkeit (Anlage zu UN Doc. A/56/83): „Leitung oder Kontrolle“ (instruction or control).

organ or agent is placed at the disposal of an international organization, the decisive question in relation to attribution of a given conduct appears to who has effective control over the conduct in question."

Diese effektive Kontrolle übt der Inhaber der Befehls- und Kommandogewalt aus. Eine bloße *operational control*, die unter dem Vorbehalt des einseitigen Widerrufs steht und der Vermittlung über nationale Befehlshaber bedarf, genügt regelmäßig nicht.[32] Nicht mehr als Indizwirkung können Haftungs- und Verantwortlichkeitsfragen auf der Sekundärebene haben: Die Unterstellung unter das Disziplinarrecht des Heimatstaates[33] wäre auch bei dezentraler Sanktionierung von Verstößen gegen Befehle denkbar, die zentral erteilt werden. Ebenso wenig lassen sich aus der Haftungsübernahme für Schäden im Außenverhältnis[34] zwingende Rückschlüsse darauf ziehen, dass die effektive Kontrolle bei der Internationalen Organisation liegt.

In der Sache nicht überzeugend ist eine pauschale Freizeichnung für Einheiten, deren Hauptzweck die Unterstützung einheimischer Sicherheitskräfte ist, wie etwa beim Mandat der ISAF in Afghanistan.[35] Hier ist anhand des Maßstabs der effektiven Kontrolle zu entscheiden, ob eine Organleihe an den Einsatzstaat oder an eine Internationale Organisation vorliegt. Ist dies nicht der Fall, bleibt es bei einem Handeln deutscher Staatsorgane. Der „unterstützende" Charakter muss schließlich nicht mit der Befehls- und Kommandostruktur zusammenhängen, sondern kann sich auch auf Art und Umfang der Befugnisse erstrecken. Soweit diese reichen, reicht dann aber auch die Grund- und Menschenrechtsbindung. Anzuknüpfen ist eben nicht an die Hauptverantwortung für die Aufrechterhaltung bzw. Herstellung von Sicherheit in dem betreffenden Gebiet, sondern an die Verantwortlichkeit für die konkreten Maßnahmen.[36]

3 Sachliche Geltung (ratione materiae)

a) Der Begriff der „Hoheitsgewalt" (jurisdiction)

In sachlicher Hinsicht steht in EMRK und Zivilpakt gleichermaßen der Begriff der Hoheits- bzw. Herrschaftsgewalt (*jurisdiction*) im Mittelpunkt; das GG differenziert in Art. 1 III zwar nach den einzelnen Zweigen der Staatsgewalt, stellt aber ebenfalls auf die Bindung staatlicher (Hoheits-)Gewalt ab. Nun darf der Begriff der „*jurisdiction*" nicht allein unter Rückgriff auf die übliche völkerrechtliche Terminologie ausgelegt werden, in der er Zuständigkeits- bzw. Befugnisräume der Staaten gegeneinander abgrenzen soll.[37] Ansonsten käme man zu dem absurden Ergebnis, dass allein völkerrechtsgemäßes Handeln im Ausland Menschenrechtsbindungen unterliegt, nicht aber usurpierte

32 Hierzu eingehend Werner (Fn. 5), S. 174 ff., 194 ff. Siehe auch Krieger, ZaöRV 62 (2002), S. 678 ff. Zu den Kommandostrukturen internationaler Militärmissionen Häußler (Fn. 3), S. 52 ff.

33 Hierzu Krieger, ZaöRV 62 (2002), S. 681.

34 Hierauf stellen ab: Krieger, ZaöRV 62 (2002), S. 682; Lorenz (Fn. 5), S. 288 f.

35 So aber Krieger, ZaöRV 62 (2002), S. 677. Siehe auch Stefan Oeter, Terrorismus und Menschenrechte, AVR 40 (2002), S. 422-453 (438).

36 Mutatis mutandis EGMR, Ilaşcu, Urt. v. 8.7.2004, Nr. 48787/99, §§ 312 ff., 376 ff., in: NJW 2005, S. 1849.

37 So aber EGMR, Banković (Fn. 6), §§ 59 ff. In dieselbe Richtung führt der Ansatz von Heintzen (Fn. 16) der für die Grundrechte des Grundgesetzes die Verpflichtungskraft bei Auslandssachverhalten an die völkerrechtliche Zuständigkeitsordnung koppeln will (S. 112, 127 ff., 150 f.).

Hoheitsgewalt.[38] Bei der Interpretation ist der menschenrechtliche Sinn und Zweck der Verpflichtungsklauseln zu berücksichtigen: In den Mittelpunkt rückt „nicht das rechtliche *Dürfen*, sondern das faktische *Können*“[39].

Unbestritten ist, dass der Begriff der „*jurisdiction*“ jedenfalls unter Rückgriff auf das Territorialitäts- und das Personalitätsprinzip ausgefüllt werden kann: Wer sich im Staatsgebiet eines Staates aufhält, unterliegt ebenso dessen Hoheitsgewalt wie der eigene Staatsangehörige im Ausland.[40] Weitgehende Einigkeit besteht auch darin, dass zumindest eine stabilisierte Kontrolle über ein fremdes Territorium, wie sie insbesondere mit einer Besetzung einhergeht, Menschenrechtsverpflichtungen begründet.[41]

An dieser Stelle darf jedoch nicht stehen geblieben werden. Eine konsequente Orientierung an der *ratio* grund- und menschenrechtlicher Verpflichtungen[42] fordert hierüber hinausgehend Schutz gegen und durch den Staat überall dort, wo es im Vermögen des Staates steht, Grundrechte des Einzelnen zu achten oder zu schützen, nicht nur dort, wo er eine dauerhafte Herrschaft errichtet hat.[43] Dies ist kein zirkulärer Schluss von der Rechtsverletzung auf die Bindung,[44] sondern ein Verweis auf die Zurechenbarkeit der Verletzung, die jedenfalls dann gegeben ist, wenn eine Einbuße an Freiheit und Eigentum ein „*direct and immediate link*“ zum Handeln eines Staatsorgans aufweist.[45] Hier schließt die Menschenrechtsbindung erneut stimmig an die Grundsätze der Staatenverantwortlichkeit an,[46] wie sie für den Gerichtshof in der Ära vor *Banković* noch maßgeblich waren.[47] Daher sind nicht nur Maßnahmen einer Besatzungsmacht oder finale Zugriffe wie Verhaftungen oder gezielte Tötungen im Ausland an den Menschenrechten zu messen, sondern – entgegen dem *Banković*-Urteil – auch Bombardierungen durch die Luftwaffe.[48] Aus Sicht des Betroffenen und seiner Schutzbedürftigkeit ist es kein Unterschied, ob er bei einer Schießerei mit der Polizei oder beim Beschuss bzw. einer Bombardierung durch das Militär verwundet wird. In beiden Fällen erleidet er eine Verlet-

38 Gondek, Netherlands Int'l L.Rev. 52 (2005), S. 364. Vgl. auch Isensee (Fn. 16), § 115 Rn. 90 zum Sonderfall des finalen Staatshandelns über Grenzen hinweg: Hier werde, unabhängig von der Rechtmäßigkeit, den von einer Nacheile oder Festnahme Betroffenen der status negativus gleichsam „aufgedrängt“.

39 Breuer, EuGRZ 2003, S. 450.

40 Statt vieler Isensee (Fn. 16), § 115 Rn. 84.

41 Krieger, ZaöRV 62 (2002), S. 674 ff.; Oeter, AVR 40 (2002), S. 437 f.; Schmidt-Radefeldt (Fn. 5), S. 107 ff.; Silvia Borelli, Casting light on the legal black hole: International law and detentions abroad in the „war on terror“, IRRC 87 No. 857 (2005), S. 39-68 (56 ff.); Lorenz (Fn. 5), S. 89: „kleinster gemeinsamer Nenner“; Schäfer (Fn. 5), S. 28.

42 Mit Recht kritisiert Gondek, Netherlands Int'l L.Rev. 52 (2005), S. 360 ff., dass der EGMR in der Banković-Entscheidung Sinn und Zweck von Art. 1 EMRK auf einen limitierenden Charakter beschränkt und damit den Charakter als Verpflichtungsnorm vernachlässigt habe.

43 Lawson (Fn. 8), S. 86; Borelli, IRRC 87 No. 857 (2005), S. 61 f.; Gondek, Netherlands Int'l L.Rev. 52 (2005), S. 365; Lorenz (Fn. 5), S. 115 ff.

44 Vgl. aber EGMR, Banković (Fn. 6), § 75: Vermischung von Art. 1 und 34 EMRK (Opfereigenschaft). Zustimmend insoweit Schmidt-Radefeldt (Fn. 5), S. 109.

45 Lawson (Fn. 8), S. 103 f. Vgl. auch Elbing (Fn. 4), S. 271 f.: „hinreichende Dichte der Erfolgsbeziehung“.

46 Vgl. Breuer, EuGRZ 2003, S. 450 f.; Schäfer (Fn. 5), S. 29, 31.

47 Siehe v.a. EGMR, Urt. v. 26.6.1992, Rs. 12747/87, Drozd und Janousek, § 91.

48 Lawson (Fn. 8), S. 114, 123; Lorenz (Fn. 5), S. 117; Schäfer (Fn. 5), S. 31 ff.

zung seiner körperlichen Unversehrtheit durch zurechenbares Handeln staatlicher Organe.

Die Grund- und Menschenrechtsbindung folgt damit dem staatlichen Handeln gewissermaßen als rechtsstaatliche Hypothek auch ins Ausland. Dabei orientieren sich die Bindungen hinsichtlich ihres sachlichen Umfangs grundsätzlich an der jeweiligen Maßnahme. Eine umfassende Verantwortung kommt nur dort in Betracht, wo auch umfassende Hoheitsgewalt ausgeübt wird – im Inland sowie im Fall der Besetzung fremden Territoriums; wo, wie im Fall gezielter Polizeimaßnahmen im Ausland oder einer Bombardierung nur punktuelle Handlungen vorgenommen werden, existieren auch nur punktuelle „begleitende" Bindungen (durch das Recht auf Freiheit der Person bzw. auf Leben und körperliche Unversehrtheit). *Rick Lawson* spricht hier überzeugend von einer „graduellen Bindung".[49]

b) Abgrenzung zum Humanitären Völkerrecht

Eine Konsequenz dieses weiten Ansatzes ist eine umfassende sachliche Überschneidung von Menschenrechtsschutz und Humanitärem Völkerrecht. Dies liegt durchaus auf der Linie, die der IGH zuletzt in seinem Mauer-Gutachten vorgezeichnet hat.[50] Es ist hier nicht der Ort, das komplexe Verhältnis von Menschenrechten und Humanitärem Völkerrecht zu analysieren;[51] an dieser Stelle müssen daher Andeutungen genügen.

Dass eine jedenfalls pauschale Verwendung der Begriffe „Parallelität" und „Spezialität" eher Verwirrung denn Klarheit stiftet,[52] liegt nicht zuletzt an der Heterogenität des Humanitären Völkerrechts: In seinen Haager Wurzeln folgt es nach wie vor primär[53] einem zwischenstaatlichen Paradigma, während die Genfer Linie, übereinstimmend mit den Menschenrechten, bei der Schutzbedürftigkeit des Einzelnen ihren Ausgang nimmt. Die zunehmende Prägekraft dieser Traditionslinie hat in den letzten Jahrzehnten zwar zu einer stärkeren Subjektivierung des Humanitären Völkerrechts geführt;[54] gleichwohl bestehen beide Prägungen nebeneinander fort. Von Spezialität kann daher *stricto sensu*

49 Lawson (Fn. 8), S. 99, 105 ff., 120.

50 IGH, Legal Consequences of the Construction of a Wall in the Occupied Palastinian Territory, Advisory Opinion, 9.7.2004, ICJ Reports 2004, S. 136, §§ 102 ff. Siehe auch IGH, Armed Activities on the Territory of the Congo I, Urteil vom 19.12.2005, ICJ Reports 2005 (i.E.), §§ 216 ff.

51 Zum Verhältnis von Menschenrechten und Humanitärem Völkerrecht z.B. Gerald Draper, The Relationship between the Human Rights Regime and the Law of Armed Conflict, Israel Yearbook on Human Rights 1 (1971), S. 191-207; ders., Human Rights and the Law of War, Virginia Journal of International Law 12 (1972), S. 326-342; Yoram Dinstein, The International Law of Inter-State Wars and Human Rights, Israel Yearbook on Human Rights 7 (1977), S. 139-153; Dietrich Schindler, Kriegsrecht und Menschenrechte, in: Festschrift für Werner Kägi, 1979, S. 327-349; Aristidis Calogeropoulos-Stratis, Droit humanitaire et droits de l'homme, 1980, S. 119 ff., 139 ff.; Asbjørn Eide, The Laws of war and human rights – Differences and convergences, in:, Studies and Essays in Honour of Jean Pictet, 1984, S. 675-697; Oeter, AVR 40 (2002), S. 448 ff.; Eckart Klein, Der Schutz der Menschenrechte in bewaffneten Konflikten, MenschenRechtsMagazin 2004, S. 5-17; Bothe, ZaöRV 65 (2005), S. 620 ff.; Lorenz (Fn. 5), S. 199 ff.; Schäfer (Fn. 5), S. 35 ff., 43 ff., passim.

52 Vgl. die Kritik von Bothe, ZaöRV 65 (2005), S. 620, an der Rechtsprechung des IGH.

53 Dass es auch dem Haager Recht um die Verwirklichung von Humanität (und nicht allein um die Fairness des Kampfes) ging, wird nicht zuletzt an der Martensschen Klausel (Präambel Abs. 8 des IV. Haager Abkommens vom 18.10.1907) deutlich.

54 Bothe, ZaöRV 65 (2005), S. 621.

allenfalls dort die Rede sein, wo das Humanitäre Völkerrecht dieselbe Zielrichtung verfolgt wie der Menschenrechtsschutz. Auch darf unter Spezialität keine vollständige Verdrängungswirkung verstanden werden; diese ist an Inhalt und Reichweite der jeweiligen Normen gebunden. Die Menschenrechte behalten im bewaffneten Konflikt eine „Hintergrundfunktion" und treten bei der Schließung von Schutzlücken sowie als Auslegungsleitlinien in Erscheinung.[55]

Bei der Frage, ob und inwieweit der Rückgriff auf Menschenrechte eröffnet ist, ist unter anderem danach zu differenzieren, ob Regeln des Humanitären Völkerrechts auf Schutzbereichsebene *leges speciales* formulieren, etwa indem sie die Behandlung von (Kriegs-)Gefangenen gegenüber den rudimentären Vorgaben des allgemeinen Menschenrechtsschutzes näher ausbuchstabieren, oder ob sie auf Ebene der Menschenrechtsschranken bereits typisierend einen Ausgleich zwischen Schutzinteressen und den militärischen Notwendigkeiten vornehmen.[56] Während im ersten Fall die Regeln in dieselbe Richtung wie ihre menschenrechtlichen Parallelgarantien zielen, decken die Normen des Humanitären Völkerrechts im zweiten Fall auch gegenläufige Interessen im bewaffneten Konflikt ab, die sich über die allgemeinen Regeln eines auf Friedenszeiten ausgelegten Menschenrechtsschutzes nur schwer abbilden lassen. Zu dem wichtigsten gegenläufigen Recht gehört sicherlich das Schädigungsrecht an gegnerischen Kombattanten, das die Zulässigkeit ziviler sog. Kollateralschäden impliziert. Vorbehaltlich näherer Differenzierung besitzen daher die Regeln des Humanitären Völkerrechts, die sich auf Kampfhandlungen als solche beziehen, eine weiter gehende Verdrängungswirkung als Regelungen, die Situationen *hors de combat* betreffen. Bei der Behandlung von Kriegsgefangenen, mehr noch bei den Vorschriften des Besatzungsrechts, führt die Herausnahme aus dem Kampfgeschehen zu einer geringeren Bedeutung spezifisch militärischer Notwendigkeiten, so dass der ergänzende Rückgriff auf Menschenrechte hier besser begründbar ist.[57]

Auf prozeduraler Ebene entspricht der materiell-rechtlichen Spezialität der Grundsatz der Sachnähe:[58] Für bewaffnete Konflikte besitzen Menschenrechtsgremien ebenfalls nur eine „Hintergrundfunktion" und sind gegenüber den Durchsetzungsmechanismen des Humanitären Völkerrechts subsidiär. Für Beurteilungen von Kampfhandlungen sind sie daher regelmäßig aus dem Spiel, nicht dagegen für die Behandlung von Kriegsgefangenen oder für Maßnahmen einer Besatzungsmacht. Dies wäre der Weg gewesen, auf dem der Fall *Banković* konsistenter hätte entschieden werden können.

Zum Verhältnis von Menschenrechten und Humanitärem Völkerrecht sei abschließend noch betont, dass der Anwendungsbereich des Humanitären Völkerrechts auf den bewaffneten Konflikt beschränkt ist. Entgegen der Rhetorik eines „Krieges gegen den internationalen Terrorismus" handelt es sich nicht um einen zusammenhängenden bewaffneten Konflikt; vielmehr ist für die jeweiligen Auseinandersetzungen gesondert zu

55 So ist z.B. der Begriff der Folterung im gemeinsamen Art. 3 I der Genfer Konventionen unter Heranziehung der UN-Anti-Folter-Konvention zu interpretieren.

56 Ähnlich Bothe, ZaöRV 65 (2005), S. 622.

57 Vgl. i.E. Differenzierungen bei Krieger, ZaöRV 62 (2002), S. 673 f., 689; Oeter, AVR 40 (2002), S. 435 f., 437 f., 449; Borelli, IRRC 87 No. 857 (2005), S. 54 f.

58 Vgl. Lorenz (Fn. 5), S. 227 ff. Für eine stärkere Aktivität der Menschenrechtsorgane dagegen allgemein Bothe, ZaöRV 65 (2005), S. 622 f.

prüfen, ob sie die Schwelle zum bewaffneten Konflikt überschreiten. Internationale Polizeioperationen liegen ebenso wie friedenserhaltende und friedenssichernde Maßnahmen der UN außerhalb des Anwendungsbereichs des Humanitären Völkerrechts.[59] Dieses kann allenfalls indizielle Wirkung für einen absoluten Mindeststandard haben, der außerhalb eines bewaffneten Konflikts in jedem Falle zu gewährleisten ist.

4 Fazit: Parallelität der Menschenrechtsgarantien

Als Fazit ist festzuhalten, dass die Grund- und Menschenrechtsverpflichtungen des Grundgesetzes, der EMRK und des Zivilpakts prinzipiell überall dort gelten, wo in zurechenbarer Weise deutsche Hoheitsgewalt ausgeübt wird, im Inland wie im Ausland.

All diese Bindungen gelten, lässt man die Überlagerung durch das Humanitäre Völkerrecht einmal außen vor, parallel.[60] Das Nebeneinander grund- und menschenrechtlicher Verpflichtungen ist regelmäßig ein Fall von Normkonkurrenz, nicht von Normkollision: Auch wenn es hinsichtlich der konkreten Ausgestaltung der Pflichten Unterschiede zwischen den verschiedenen Quellen des Grund- und Menschenrechtsschutzes gibt, zielen sie in dieselbe Richtung. Einen normativen Vorrang nach der Regel der *lex superior* gibt es allein im innerstaatlichen deutschen Recht für die Grundrechte des Grundgesetzes; auch hier allerdings ist auf eine Harmonisierung mit den völkerrechtlichen Menschenrechtspakten zu achten.[61] Das Völkerrecht kennt keine solche Vorrangregel;[62] auch scheidet ein Vorrang nach dem Grundsatz der *lex specialis* aus, da keiner der Pakte spezieller ist und zudem kein Pakt die Übernahme weitergehender Menschenrechtsbindungen ausschließt. Indem jede der Vertragspflichten für sich und von den anderen Pflichten ungehindert besteht, setzt sich im Nebeneinander dieser Menschenrechtsmaßstäbe so effektiv jeweils der höchste Schutzstandard durch.[63] Der Staat kann sich deshalb nicht unter Verweis auf geringere Bindungen oder auf erweiterte Beschränkungsmöglichkeiten (die eben keine Beschränkungspflichten enthalten) nach einer konkurrierenden Rechtsquelle entlasten.

III Grenzen der Auslandsgeltung

Nun ist nicht von der Hand zu weisen, dass die allgemeinen Grund- und Menschenrechtsregime eine innerstaatliche Rechtsordnung zwar nicht voraussetzen, aber doch immerhin als Leitbild wählen.[64] Dies liegt daran, dass allein im innerstaatlichen Bereich regelmäßig von umfassender souveräner staatlicher Hoheitsgewalt ausgegangen werden kann. Überschreitet deutsches Staatshandeln Staatsgrenzen, stößt der am Leitbild der innerstaatlichen Ordnung entwickelte Menschenrechtsschutz im Wesentlichen an drei Grenzen:

---

59 Differenziert und differenzierend Oeter, AVR 40 (2002), S. 432 ff., 438 ff., 450 f., 453; Borelli, IRRC 87 No. 857 (2005), S. 45 f., 52; Dieter Fleck, Empfehlungen des Herausgebers, in: Fleck (Fn. 5), S. 251-254 (Nr. 5).

60 Lorenz (Fn. 5), S. 189 f. Vgl. Auch Buergenthal (Fn. 10), S. 82.

61 BVerfGE 111, 307 (317 f.) – Görgülü.

62 Vgl. allgemein Alfred Verdross/Bruno Simma, Universelles Völkerrecht, 2. Aufl. 1984, §§ 640 ff.

63 Siehe auch explizit Art. 5 Abs. 2 Zivilpakt. Zu dieser „Most-favorable-to-individual clause“ Buergenthal (Fn. 10), S. 89 f.

64 Isensee (Fn. 16), § 115 Rn. 77: „inländische Grundrechtsbeziehung als Normalität“.

1 „Auslandstauglichkeit“ des jeweiligen Grundrechts

Auch wenn eine Vermutung zu Gunsten der extraterritorialen Anwendbarkeit jedes Grundrechts spricht,[65] eignet sich nicht jedes Grundrecht gleichermaßen zum Transfer auf Auslandssachverhalte.[66] Dass z. B. das Recht auf Leben eher im Ausland anwendbar ist als das Recht auf Asyl, dürfte auf der Hand liegen. Zudem finden im Fall der Besetzung eines fremden Staatsgebietes Bürgerrechte eine sinngemäße Übertragung: Die Deutschenrechte werden zu Rechten der Bürger des besetzten Staates; die Freizügigkeit im Bundesgebiet wird zur Freizügigkeit in dem betreffenden Staatsgebiet usw.[67] Auf bereits vorliegende Analysen der einzelnen Menschenrechtsgarantien auf ihre „Auslandstauglichkeit“ bzw. auf ihren Grad an Rechtsordnungsbezogenheit hin sei an dieser Stelle nur verwiesen.[68]

2 Faktische Grenzen

Stehen dem Staat schon im Inland keine unbegrenzten Möglichkeiten zur Verfügung, so unterliegen seine Handlungsoptionen im Ausland zusätzlichen Einschränkungen, weil Mittel fehlen oder eine funktionierende Infrastruktur. Solche faktischen Grenzen werden vor allem bei grundrechtlichen Schutzpflichten relevant, die vom Staat ein Tätigwerden verlangen. Sie sind aber auch dort anzuerkennen, wo Verfahrensgarantien institutionelle Bereitstellungspflichten implizieren. So setzen Richtervorbehalte etwa bei Hausdurchsuchungen oder Festnahmen eine gerichtliche Infrastruktur voraus, deren Aufbau im Ausland auch an faktische Grenzen stößt. Mehr noch als im Inland gilt hier der Satz: *nemo ultra posse tenetur (obligatur)*.[69]

Einen Freibrief bedeutet dies jedoch nicht. Vielmehr trägt der Staat eine Begründungslast, da durch das Argument der begrenzten Leistungsfähigkeit letztlich grund- und menschenrechtliche Verfahrensrechte leer laufen. Gerade mit Blick auf gerichtliche Kontrollen ist in Erinnerung zu rufen, dass das Humanitäre Völkerrecht selbst im bewaffneten Konflikt bestimmte Entscheidungen in die Hand der Gerichte legt (siehe z. B. Art. 5 Abs. 2, Art. 84, GK III, Art. 66 GK IV) und damit den Konfliktparteien entsprechende institutionelle Bereitstellungspflichten auferlegt. Umso größer ist der Begründungsaufwand, um darzulegen, warum im Rahmen friedenserhaltender oder friedenssichernder Einsätze die Bereitstellung gerichtlicher Spruchkörper die Grenzen des faktisch Leistbaren übersteigt.[70]

---

65 Theodor Meron, Extraterritoriality of Human Rights Treaties, AJIL 89 (1995), S. 78-82 (81).

66 Lorenz (Fn. 5), S. 193. Siehe auch Heintzen (Fn. 16), S. 152 f., zur unterschiedlichen „Schutzintensität“.

67 Lorenz (Fn. 5), S. 196 ff.

68 Eingehend Hans-Joachim Cremer, Der Schutz vor den Auslandsfolgen aufenthaltsbeendender Maßnahmen, 1994, S. 325 ff.; Lorenz (Fn. 5), S. 193 ff. Siehe auch Elbing (Fn. 4), S. 219, der den spezifischen Rechtsordnungsbezug als gemeinsamen Aspekt der meisten im Schrifttum genannten Modifikationskriterien ausmacht.

69 Vgl. Lawson (Fn. 8), S. 120; Schäfer (Fn. 5), S. 31 f.

70 Vgl. die einmütige Kritik an der Inhaftierungspraxis der KFOR: OSZE-Mission im Kosovo, Review of the Criminal Justice System, Sept. 2001 – Feb. 2002, http://www.osce.org/documents/mik/2002/04/965_en.pdf, S. 49 f. (unvereinbar mit Art. 5 EMRK); Entschließung 1417 (2005) der Parlamentarischen Versammlung des Europarates, § 6; MRA, Concluding observations zum Kosovo-Bericht vom 14.8.2006, CCPR/C/UNK/CO/1, § 17 (unvereinbar mit Art. 9 und 14 des Zivilpakts).

3 Völkerrechtliche Grenzen

Wo deutsches Staatshandeln Staatsgrenzen überschreitet, sind schließlich auch völkerrechtliche Grenzen zu beachten. Diese folgen einmal aus der Funktion des Völkerrechts zur Koordination der Rechte souveräner Staaten; zum anderen geht es um völkerrechtliche Pflichten, die dem Paradigma internationaler Kooperation folgen. Handelt ein Staatsorgan im Ausland, müssen die grund- und menschenrechtlichen Verpflichtungen den koordinierenden wie den kooperativen Vorgaben des Völkerrechts angepasst werden. In diesem Sinne hat das BVerfG formuliert:[71]

„Berührt die Ausübung des Grundrechts zwangsläufig die Rechtsordnungen anderer Staaten und werden die widerstreitenden Interessen der Grundrechtsträger in einem Raum ausgetragen, der von der deutschen Rechtsordnung nicht mit alleinigem Gültigkeitsanspruch beherrscht wird, ist die Gestaltungsbefugnis des Gesetzgebers größer als bei der Regelung von Rechtsbeziehungen mit inländischem Schwerpunkt."

Statt eines pauschalen Hinweises auf die erhöhte „Gestaltungsbefugnis des Gesetzgebers" sollen im Folgenden die Modifikationen näher untersucht werden, die aus auf völkerrechtlicher Ebene konkurrierenden „Gültigkeitsansprüchen" und damit aus der Öffnung gegenüber (anderen[72]) völkerrechtlichen Pflichten resultieren.

IV Modifikationen der Bindung bei Auslandseinsätzen

1 Koordination durch Völkerrecht: Souveräne Rechte anderer Staaten

Offenkundig kann die Präsenz deutscher Staatsorgane auf dem Territorium eines anderen Staates mit dessen ausschließlicher Gebietshoheit kollidieren. Das Setzen von Hoheitsakten auf fremdem Territorium wird völkerrechtlich durch das Territorialitätsprinzip zu Gunsten des Einsatzstaates beschränkt.[73] Wo es um allein intern wirksame Rechtshandlungen geht, liegt nach allgemeiner Ansicht allerdings kein Verstoß gegen das Territorialitätsprinzip vor.[74] Im dienstrechtlichen Binnenbereich findet also deutsches Recht Anwendung;[75] ebenso können sich die Soldaten gegenüber der eigenen Staatsgewalt genauso wie im Inland auf ihre Grundrechte berufen.[76]

Problematisch mit Blick auf das Territorialitätsprinzip sind namentlich grundrechtliche Schutzpflichten.[77] Hier wird der Staat zu aktivem Tun verpflichtet. Für eigene

---

Vgl. auch Venedig-Kommission/European Commission for Democracy through Law (Venice Commission), Opinion on Human Rights in Kosovo (Opinion No. 280/2004), CDL-AD (2004)033, §§ 125 ff.

71 BVerfGE 92, 26 (41).

72 Auch die Menschenrechtsabkommen begründen selbstverständlich völkerrechtliche Pflichten.

73 Stefan Talmon, Die Geltung deutscher Rechtsvorschriften bei Auslandseinsätzen der Bundeswehr mit Zustimmung des Aufenthaltsstaates, NZWehrr 1997, S. 221 (229 ff.); Werner (Fn. 5), S. 100 f. Allgemein Klaus Vogel, Der räumliche Anwendungsbereich der Verwaltungsrechtsnorm, 1965, S. 342 ff.; Volker Epping/Christian Gloria, in: Knut Ipsen (Hrsg.), Völkerrecht, 5. Aufl. 2004, § 23 Rn. 69 ff.

74 Vogel (Fn. 73), S. 345; Epping/Gloria (Fn. 73), § 23 Rn. 71.

75 Talmon, NZWehrr 1997, S. 231.

76 Zu diesem Thema José Martínez-Soria (in diesem Band).

77 So zutreffend Lorenz (Fn. 5), S. 187 f.

Staatsangehörige darf der Staat zwar eine Pflicht zum Schutz im Ausland regeln; die Erfüllung dieser Pflicht aber darf nicht gegen Rechte des Aufenthaltsstaates verstoßen; völkerrechtlich fehlt dem Heimatstaat die *jurisdiction to enforce*. Werden z. B. Staatsangehörige im Ausland entführt, so darf der Staat eine Schutzpflicht zu deren Rettung vorsehen;[78] die Durchsetzung dieser Schutzpflicht darf aber nur im Einvernehmen mit dem Aufenthaltsstaat erfolgen.[79] Hinsichtlich fremder Staatsangehöriger im Ausland fehlt es regelmäßig[80] schon an einem legitimen Anknüpfungspunkt (*genuine link*) für die Begründung einer Schutzpflicht, so dass hier völkerrechtlich selbst die *jurisdiction to prescribe* fehlen dürfte.[81]

Schwierigkeiten bereiten auch grundrechtliche Verfahrensgarantien, soweit sie mit der Pflicht verbunden sind, Institutionen zur Verfügung zu stellen. So ist die Gewährung rechtlichen Gehörs für sich genommen unabhängig von einer institutionellen Bereitstellungspflicht; wo aber vor einer Hausdurchsuchung eine richterliche Genehmigung einzuholen oder ein Festgenommener dem Haftrichter vorzuführen ist, würde die Bereitstellung der notwendigen Institutionen gegen das Territorialitätsprinzip verstoßen. Hieraus folgt, vorbehaltlich abweichender Vereinbarungen,[82] eine Pflicht zur Kooperation mit den Institutionen und auf Grundlage des Rechts des Einsatzstaates.[83] Dies gilt natürlich nur, soweit Recht und Institutionen vorhanden sind. In *failed states* geht es zunächst erst einmal darum, unter Achtung des Selbstbestimmungsrechts in Kooperation mit der einheimischen Bevölkerung Strukturen aufzubauen. Hier erlangt das Missionsrecht vorrangige Bedeutung (vgl. z. B. das umfangreiche Mandatsrecht für UNMIK und KFOR).

Keine Konflikte mit dem Territorialitätsprinzip folgen hingegen aus der abwehrrechtlichen Dimension der Grundrechte (*status negativus*).[84] Die Grundrechte bestimmen hier Handlungsrestriktionen, sie verpflichten den Staat also zu einem Unterlassen und decken sich darin mit dem Territorialitätsprinzip. Menschenrechtliche Handlungsbeschränkungen und Respekt gegenüber Recht und Kultur des Aufenthaltsstaates wirken

---

78 Dazu näher Matthias Kötter/Jakob Nolte, Staatliche Verpflichtung zur Befreiung deutscher Geiseln im Ausland?, DÖV 2007, S. 186-195. Allgemein Heintzen (Fn. 16), S. 156 f.; Elbing (Fn. 4), S. 98 ff., 103 ff., 112 ff.

79 Horst Fischer, in: Ipsen (Fn. 73), § 59 Rn. 33 ff.

80 Anders dort, wo das Weltrechtsprinzip zur universellen Ahndung völkerrechtlicher Verbrechen an anderen Menschen berechtigt, vgl. Lawson (Fn. 8), S. 87. Universelle Schutzpflichten im Völkerrecht können darüber hinaus an den vom IGH im Korfu-Kanal-Fall herangezogenen „elementaren Erwägungen der Menschlichkeit" ansetzen; diese Dimension ist freilich im Völkerrecht nach wie vor bestenfalls schwach ausgeprägt. Hierzu m.w.N. Andreas von Arnauld, Völkerrechtliche Informationspflichten bei Naturkatastrophen, AVR 43 (2005), S. 279-311 (298 ff.).

81 Vgl. zu dieser Differenzierung Elbing (Fn. 4), S. 137 ff.; Hofmann (Fn. 16), S. 141; Werner (Fn. 5), S. 101. Allgemein Epping/Gloria (Fn. 73), § 23 Rn. 85 ff.

82 Außer durch Vertrag mit dem Einsatzstaat (z.B. ISAF/Afghanistan) oder durch dessen Zustimmung im Einzelfall (z.B. Stürmung der „Landshut" in Mogadischu 1977) können diese immanenten Begrenzungen nur durch ein auf Kapitel VII UNCh gestütztes Mandat des Sicherheitsrates überwunden werden. Vgl. den Hinweis bei Lord Rodgers, in Al-Skeini v. Defence Secretary [2007] UKHL 26, § 53, auf die EMRK-Bindung im Rahmen zulässiger Ausübung von Hoheitsgewalt im Ausland.

83 Vgl. LeBel J., in Canadian Supreme Court, R. v. Hape [2007] SCC 26, §§ 83 ff. zur exterritorialen Anwendbarkeit der Canadian Charter of Rights and Freedoms.

84 Lorenz (Fn. 5), S. 185 ff. Diesen Aspekt scheint z.B. Lord Carswell, in Al-Skeini v. Defence Secretary [2007] UKHL 26, § 97, zu übersehen.

in dieselbe Richtung, wenn z. B. nicht nur das lokale Recht und die lokale Kultur das Erstürmen einer Moschee untersagen, sondern auch die Religionsfreiheit einen solchen Akt verbietet. Eine Modifikation der Bindungen ist insoweit also nicht erforderlich.

Die souveränen Rechte des Einsatzstaates bilden nicht im rechtstechnischen Sinne Schranken der Menschenrechtsbindung des Entsendestaates. Soweit diese Rechte reichen, begrenzen sie deren Wirkungsbereich von vornherein.[85] Die Menschenrechte können – die strittige Problematik der humanitären Intervention einmal ausgeklammert – nach derzeitigem Stand des Völkerrechts die souveränen Hoheitsrechte des Aufenthaltsstaates nicht aushebeln; die rechtlichen Bindungen des Entsendestaates entfalten sich innerhalb der völkerrechtlichen Koordinationsordnung.[86] Dies freilich gilt, wie dargelegt, nicht für die Abwehrdimension, sondern nur für die zwischenstaatlich konfliktträchtigen Dimensionen der Menschenrechtsbindung – diejenigen nämlich, die positive Handlungs- bzw. Bereitstellungspflichten auferlegen.

Eine Einwilligung des Territorialstaates (oder eine Ermächtigung des Sicherheitsrates auf der Grundlage von Kapitel VII der UN-Charta) beseitigt nicht nur den potentiellen Konflikt mit dessen souveränen Rechten; sie öffnet gleichsam auch diese Grenzen des Wirkungsbereichs der Grund- und Menschenrechte. Wird z.B. einem Staat von einem anderen Polizeigewalt auf seinem Territorium eingeräumt, so trifft den ermächtigten Staat von nun an auch eine Schutzpflicht für das Leben einer einheimischen Geisel, die im Einsatzstaat entführt wird. Dasselbe muss freilich gelten, wo ein Staat sich eigenmächtig über die Koordinationsordnung des Völkerrechts hinwegsetzt.[87] Es wäre widersprüchlich, wenn ein Staat z.B. durch illegale Besetzung eines anderen Staates dessen souveräne Rechte missachtete, sich aber zur Eingrenzung seiner eigenen menschenrechtlichen Schutz- und Bereitstellungspflichten im besetzten Gebiet auf eben diese Souveränität beriefe. Erneut gilt es, die absurde Konsequenz zu vermeiden, dass usurpierte Hoheitsgewalt am Ende menschenrechtlich ungebunden erscheint:

2 Kooperation durch Völkerrecht: (Sonstige) völkerrechtliche Pflichten

a) Handlungspflichten durch Vertrag und auf Grund eines Vertrages

Abwehrrechtliche Handlungsrestriktionen können nur dort Rechtskonflikte erzeugen, wo eine Pflicht zum Handeln besteht. Eine solche Pflicht fremder Staatsorgane, auf dem Gebiet eines anderen Staates hoheitlich tätig zu werden, besteht nicht nach allgemeinem Völkerrecht. Sie kann nur durch Vertrag oder auf Grund eines Vertrages begründet werden.

Vertragliche Handlungspflichten ergeben sich vor allem aus Vereinbarungen mit dem Einsatzstaat, in denen sich Deutschland, meist im Rahmen und als Teil einer internationalen Mission, verpflichtet, einen mehr oder weniger bestimmten Beitrag zur Gewährleistung von Sicherheit und Ordnung in dem betreffenden Staat zu leisten.

Handlungspflichten *auf Grund* eines Vertrages sind solche Pflichten, die Deutschland als Mitglied Internationaler Organisationen (UNO, NATO, EU, OSZE) zu erfüllen

85 Zum dogmatischen und normlogischen Problem eines „Grundrechtskollisionsrechts" m.w.N. Elbing (Fn. 4), S. 33 ff.; Ruthig (Fn. 13), S. 290 ff.

86 Insoweit auch Heintzen (Fn. 16), S. 157; Hofmann (Fn. 16), S. 68 ff., 71.

87 Vgl. EGMR Urt. v. 23.3.1995, 15318/89, Loizidou (preliminary objections), § 62.

hat. Die Mitgliedspflichten sind dabei im Gründungsstatut meist sehr allgemein gehalten und bedürfen der Konkretisierung in einem weiteren Akt. So findet sich zwar in Art. 5 NATO-Vertrag eine rechtsverbindliche Bündnispflicht, die durch Feststellung des Bündnisfalles ausgelöst wird; diese ist aber inhaltlich offen formuliert und bedarf einer Festlegung im Einzelfall.[88]

Solche Konkretisierungen der Bündnispflichten erfolgen in der Praxis durch Aushandlung. Wo auf Grundlage von Art. 23 oder Art. 24 I GG Hoheitsrechte übertragen wurden, ist zwar theoretisch denkbar, dass Deutschland durch einen verbindlichen Sekundärrechtsakt „in die Pflicht" genommen wird; so könnte vor allem der UN-Sicherheitsrat nach Kapitel VII UNCh von Mitgliedstaaten auch konkrete Beiträge zur Durchführung seiner Resolutionen anfordern. In der Praxis aber wird auch hier nicht über die Köpfe der Mitgliedstaaten hinweg entschieden. Zwar legt die relevante Sicherheitsrats-Resolution die Rahmenbedingungen des Mandats fest, nicht aber den konkreten Beitrag der einzelnen Teilnehmer.[89]

Die Ermächtigung durch den Sicherheitsrat, die Ziele der Mission „with all necessary means" zu verwirklichen,[90] kann – jedenfalls ohne nähere Konkretisierung[91] – nicht als Dispens von menschenrechtlichen Bindungen gelesen werden, um über den Vorrang der Chartapflichten Menschenrechtsverpflichtungen für verdrängt zu erklären.[92] Es ist hier nicht der Ort, das Thema der Menschenrechtsbindung des UN-Sicherheitsrates[93] oder gar der Gerichtskontrolle seiner Resolutionen[94] zu erörtern. Selbst wenn man dieses Problem ausklammert, erscheint es, nicht zuletzt mit Blick auf das Bekenntnis der UNO

88 Horst Fischer, in: Ipsen (Fn. 73), § 60 Rn. 40.

89 Siehe z.B. S/RES/1244 zum Kosovo, S/RES/1386 und S/RES/1510 zu ISAF. Vgl. auch Terry Gill/Mario Léveillée/Dieter Fleck, General Report, in: The Rule of Law in Peace Operations, Recueils de la Société Internationale de Droit militaire et de Droit de la guerre XVII (2006), S. 109-157 (114). Dies lässt Norbert B. Wagner, Zu Grenzen des Menschenrechtsschutzes bei Auslandsfriedenseinsätzen deutscher Streitkräfte, NZWehrr 2007, S. 1-11 (1 ff.), außer Acht.

90 Z.B. S/RES/929, S/RES/940, S/RES/1244 („all necessary means"), S/RES/1264 („all necessary measures").

91 Vgl. Brooke LJ, in Ex parte Al-Jedda [2006] EWCA Civ 327, § 79.

92 So aber Häußler (Fn. 3), S. 74 ff., 137 f.; in dieselbe Richtung gehend Wagner, NZWehrr 2007, S. 11. Vorsichtiger Dieter Weingärtner, Menschenrechtsbindung bei Out-of-Area-Einsätzen der Bundeswehr, in: Norman Weiß (Hrsg.), Menschenrechtsbindung bei Auslandseinsätzen deutscher Streitkräfte, 2006, S. 9-13 (11).

93 Dazu Michael Reisman, The Constitutional Crisis of the United Nations, AJIL 87 (1993), S. 83-100; Mohammed Bedjaoui, The New World Order and the Security Council, 1994, S. 31 ff.; Matthias Herdegen, Die Befugnisse des UN-Sicherheitsrates: Aufgeklärter Absolutismus im Völkerrecht?, 1998, insbes. S. 25 ff.; Bernd Martenczuk, The Security Council, the International Court and Judicial Review: What Lessons from Lockerbie?, EJIL 10 (1999), S. 517-547 (534 ff., 544 ff.); Elizabeth Abraham, The Sins of the Savior: Holding the United Nations Accountable to International Human Rights Standards for Executive Order Detentions in its Mission in Kosovo, Am. Univ. L.Rev. 52 (2003), S. 1291-1337 (1312 ff.); Erika de Wet, The Chapter VII Powers of the United Nations Security Council, 2004, S. 133 ff., passim; Clémentine Olivier, Human Rights Law and the International Fight Against Terrorism, Nordic Journal of International Law 73 (2004), S. 399-419 (403 ff.).

94 Hierzu statt vieler und m.w.N. Bernd Martenczuk, Rechtsbindung und Rechtskontrolle des Weltsicherheitsrats, 1996, S. 67 ff., passim; ders., EJIL 10 (1999), S. 525 ff., 528 ff.; Olivier, Nordic J. of Int'l L. 73 (2004), S. 411 ff. – Zu den Urteilen des EuG vom 21.9.2005, T 306/01, Yusuf u.a., Slg. 2005, II-3533, und T 325/01, Kadi, Slg. 2005, II-3649, Andreas von Arnauld, UN-Sanktionen und gemeinschaftsrechtlicher Grundrechtsschutz, AVR 44 (2006), S. 201-216.

zu den Menschenrechten in Art. 1 und 55 f. UNCh, problematisch anzunehmen, der Sicherheitsrat würde mit einer Blankettermächtigung auch die UN-Mitglieder von ihrer unbestreitbar bestehenden Pflicht zur Beachtung der Menschenrechte befreien.[95] Dass die Formel zur Missachtung des Humanitären Völkerrechts ermächtige oder die Geltung des Genozidverbots beseitige, würde schließlich auch niemand annehmen, nur weil von diesen Regeln ebenso wenig die Rede ist. Aus demselben Grunde kann auch aus dem Schweigen des Sicherheitsrates zu einer Einsatzpraxis eine Billigung dieser Praxis nicht abgeleitet werden, die analog Art. 31 Abs. 3 lit b) WVK zu beachten wäre. Ohne eine ausdrückliche Billigung kann von einer Befreiung von der Bindung an die Menschenrechte durch den Sicherheitsrat (ungeachtet der Frage von deren Rechtswirksamkeit) nicht ausgegangen werden.

Selbst wenn Handlungspflichten im Rahmen übertragener Hoheitsgewalt begründet würden, bedeutete dies keinen Dispens von den grund- und menschenrechtlichen Bindungen:[96] Für die europäische Integration hat das BVerfG als Kooperationsbedingung einen „im Wesentlichen vergleichbaren Grundrechtsschutz“ formuliert[97] (vgl. nunmehr auch Art. 23 I GG), der für alle Formen der Übertragung von Hoheitsgewalt gilt, die Menschenrechtsrelevanz besitzen.[98] Der EGMR hat für die Übertragungen von Hoheitsrechten auf die EU im *Bosphorus*-Urteil im Wesentlichen dasselbe postuliert.[99] Auch wenn der Gerichtshof gegenüber dem Sicherheitsrat in *Behrami und Saramati* zurückgewichen ist, folgt aus Sinn und Zweck des Grund- und Menschenrechtsschutzes ganz allgemein, dass dessen Aushöhlung durch eine Verlagerung von Hoheitsgewalt in „Schwarze Löcher“ zu vermeiden ist.[100] Entsprechendes gilt für die Organleihe an Internationale Organisationen.[101] Auch hier geht es darum, deutsche Staatsorgane zur Ausführung fremder Entscheidungen zur Verfügung zu stellen. Auch wenn die Befehls- und Kommandogewalt über deutsche Soldaten einer Internationalen Organisation oder einem anderen Staat übertragen werden sollte,[102] dürfte die Bundesrepublik Deutschland

95 Ähnlich Olivier, Nordic J. of Int'l L. 73 (2004), S. 405. Für die strukturell vergleichbare Problematik der Interpretation von Gesetzen des – in der Theorie – bindungsfreien englischen Parlaments gilt, dass sich die Exekutive an die gewohnten rechtsstaatlichen Standards zu halten hat, solange das Parlament nicht ausdrücklich hiervon befreit: Lord Steyn in Ex parte Pierson [1998] A.C. 539 (587 ff.).

96 So aber wohl Wagner, NZWehrr 2007, S. 11.

97 BVerfGE 73, 339 (387) – Solange II; BVerfGE 102, 147 (163 f.) – Bananenmarktordnung. Hierzu statt vieler Isensee (Fn. 16), § 115 Rn. 66, 70 ff.

98 Hofmann (Fn. 16), S. 74 ff., 95 ff., 98 ff. – Dies folgt nicht zuletzt daraus, dass das BVerfG seine Solange-Rechtsprechung noch vor der Einführung des Art. 23 GG n.F. auf Basis von Art. 24 GG entwickelt hat; zudem müssen die Vorbehalte, die das deutsche Verfassungsrecht in grundrechtlicher Hinsicht gegenüber der europäischen Integration formuliert erst recht gegenüber menschenrechtlich prekäreren Formen internationaler Kooperation gelten. Dass hier keine Aushöhlung rechtsstaatlicher Standards gewollt ist, deutet auch die Verpflichtung auf rechtsstaatliche Standards als Hindernis kooperativer Strafrechtspflege in Art. 16 Abs. 2 S. 2 GG n.F. an.

99 EGMR, Urt. v. 30.6.2005, Bosphorus Airways, Rs. 45036/98, §§ 155 ff., in: NJW 2006, S. 197. Siehe zuvor bereits Urteile v. 18.2.1999, Waite & Kennedy, Rs. 26083/94, § 67, in: NJW 1999, S. 1173, und Matthews, Rs. 24833/94, §§ 32 ff., in: NJW 1999, S. 3107.

100 Vgl. Elbing (Fn. 4), S. 288 ff.; Krieger, ZaöRV 62 (2002), S. 683 f.; Werner (Fn. 5), S. 171 ff.

101 Noch weiter geht Werner (Fn. 5), S. 224 ff., die, um der Gefahr einer „Flucht in das Völkerrecht“ zu entgehen, auch insoweit eine volle Grundrechtsbindung nach Art. 1 Abs. 3 GG fordert.

102 Oder wenn man mit dem EGMR in Behrami u.a. (Fn. 7), einen anderen Zurechnungsstandard anlegen wollte.

dies nach den übernommenen grund- und menschenrechtlichen Verpflichtungen nur tun, soweit das Zielrechtsregime einen im wesentlichen gleichen Grundrechtsschutz gewährleistet.

b) Bindung auf der Aushandlungsebene

Jenseits von Organleihe und Tätigwerden Internationaler Organisationen auf Grundlage übertragener Hoheitsgewalt geht jeder Berechtigung und Verpflichtung zu Staatshandeln im Ausland ein Aushandlungsprozess voraus, sei es mit dem Einsatzstaat, sei es mit den Bündnispartnern. Bei der Aushandlung sind die staatlichen Unterhändler voll an die Grund- und Menschenrechte gebunden. Sie haben daher auf bestmögliche Verwirklichung der für sie verbindlichen Grund- und Menschenrechte in den zu vereinbarenden Rechtsgrundlagen der Mission hinzuwirken. Der modifizierte Maßstab eines „im Wesentlichen vergleichbaren Grundrechtsschutzes" findet hier keine Anwendung;[103] schließlich geht es nicht um Akte delegierter Hoheitsgewalt, sondern um unmittelbare Ausübung staatlicher Gewalt.[104] Es findet an dieser Stelle auch keine Rücknahme des Geltungsanspruchs der Grund- und Menschenrechte statt; vielmehr handelt es sich um das Aushandeln von Modifikationen des Grundrechtsschutzes, die wie im innerstaatlichen Gesetzgebungsverfahren grundrechtsdogmatisch auf der Schrankenebene zu verorten sind.[105]

Nun sind bei Verhandlungen Kompromisse unumgänglich. Der Staat darf solche Kompromisse auch eingehen. Zwar steht es ihm frei zu entscheiden, ob er sich an Auslandsmissionen beteiligen will oder nicht. Die Teilnahme an internationalen Missionen ist aber legitimes Ziel auch deutscher Außenpolitik. Aus der Grund- und Menschenrechtsbindung folgt also kein „Alles oder Nichts". Die auszuhandelnden Modifikationen sind aber strikt an die *ratio* der Öffnung gegenüber den anderen völkerrechtlichen Verpflichtungen gebunden. Nur soweit die internationale Kooperation es erfordert, darf die reguläre Menschenrechtsbindung des Staates modifiziert und im Ergebnis auch reduziert werden. Das Bedürfnis nach größeren außenpolitischen Handlungsspielräumen legitimiert Abweichungen ebenso wenig, wie innenpolitisch der Wunsch nach größerer Flexibilität eine geringere Grundrechtsbindung rechtfertigen kann.[106] Missverständlich ist daher die pauschale Formulierung des BVerfG, wonach „namentlich im außenpolitischen Bereich der Bundesregierung wie allen anderen insoweit zum politischen Handeln berufenen staatlichen Organen allgemein ein breiter Raum politischen Ermessens eingeräumt ist".[107] Allerdings kann das verfassungsrechtlich (v.a. Art. 23f. GG) abgestützte

103 A.A. wohl Krieger, ZaöRV 62 (2002), S. 683 ff.

104 So auch Isensee (Fn. 16), § 115 Rn. 76, der hier jedoch nur eine erheblich „ausgedünnte" Grundrechtsbindung annehmen will. Letztlich geht es bei dieser Einschränkung darum, die Kooperationsfähigkeit auf internationaler Ebene zu sichern, auf der Kompromisse unumgänglich sind. Wie solche Kompromisse, grundrechtlich gezähmt, konzeptionell in das hier vorgeschlagene Modell zu integrieren sind, wird sogleich zu zeigen sein.

105 Zu außenpolitischen Belangen als Grundrechtsschranken Elbing (Fn. 4), S. 247 ff.; Ruthig (Fn. 13), S. 292 f., 295.

106 Elbing (Fn. 4), S. 213 ff., 249, zur „Staatsräson".

107 BVerfGE 40, 141 (178); 55, 349 (365). Kritisch gegenüber diesen diffusen Formeln des BVerfG auch Elbing (Fn. 4), S. 170 ff.

Gemeinwohlinteresse an internationaler Kooperation zur Beschränkung von Grundrechten herangezogen werden.[108]

Zu beachten ist bei diesen Beschränkungen insbesondere der Grundsatz der Verhältnismäßigkeit.[109] Soweit Deutschland Pflichten übernimmt, die gegenüber rein innerstaatlichen Sachverhalten mit einer Absenkung des Grund- und Menschenrechtsschutzes einhergehen, ist zu prüfen, ob und inwieweit dies mit Blick auf die Mission erforderlich ist. Aus Gründen der Verhältnismäßigkeit ist u. a. zu prüfen, ob Spielräume oder Sonderregelungen möglich sind, die es gestatten, am eigenen Bindungsstandard festzuhalten. Dies entspricht im Übrigen auch der Praxis bei den *Rules of Engagement* (ROE), die in ihren wesentlichen Inhalten zwar innerhalb des Bündnisses abgestimmt sind, aber durch Spielräume und nationale Vorbehalte auf die jeweiligen Rechtsbindungen abgestimmt werden.[110] Zu achten ist zudem auf die Angemessenheit mit Blick auf die Bedeutung der Mission und der deutschen Beteiligung hieran.

Diese Aussagen beziehen sich allerdings nur auf den Grundsatz der Verhältnismäßigkeit als Handlungsmaßstab. Den Maßstab für eine (verfassungs-) gerichtliche Kontrolle wird man zurückhaltender zu bestimmen haben.[111] Hier ist die außenpolitische Prärogative von Bundesregierung und Bundestag (bezüglich des Auslandseinsatzes von Streitkräften) zu bedenken. Wie selbst das deutsche Verfassungsrecht auch ohne Anerkennung einer *Political-questions*-Doktrin solche erweiterten politischen Spielräume berücksichtigen kann, hat das Bundesverfassungsgericht nicht zuletzt in seinen Entscheidungen zu den Ostverträgen[112] und zur Bodenreform in der früheren Sowjetischen Besatzungszone[113] verdeutlicht.

Nach alledem sind die erforderlichen Modifikationen des Grundrechtsschutzes hier somit keine abstrakt benennbaren, sondern sie werden prozedural und unter Beachtung der Schranken-Schranken auf der Aushandlungsebene festgelegt. Auf diese Weise wird eine situationssensible Anpassung erreicht, ohne dass die Grundrechtsbindung auf der anderen Seite einem pauschalen Verweis auf die Erfordernisse „der Außenpolitik" weichen müsste.

108 Ruthig (Fn. 13), S. 292 f. Vgl. z.B. BVerfGE 63, 343 zum deutsch-österreichischen Rechtshilfeabkommen.

109 Aus der vollen Grundrechtsbindung folgt nach den allgemeinen Regeln die Bindung auch an die Schranken-Schranken, für die Grundrechte des Grundgesetzes damit inhaltlich auch die Bindung an die Wesensgehaltsgarantie des Art. 19 Abs. 2 GG. Vergleichbare Schranken-Schranken kennen die EMRK (Christoph Grabenwarter, Europäische Menschenrechtskonvention, 2. Aufl. 2005, § 18 Rn. 14 ff.) sowie der Zivilpakt (siehe HRC, General Comment Nr. 31 [Fn. 19], § 6).

110 Stephan Weber, Rules of Engagement: Ein Paradigmenwechsel für Einsatz und Ausbildung?, HuV-I 2001, S. 76 (77, 79 ff.); Peter Dreist, Rules of Engagement in multinationalen Operationen – ausgewählte Grundsatzfragen, NZWehrr 2007, S. 45 ff., 99 ff., 146 ff. (146 f.); Gill/Léveillée/Fleck (Fn. 89), S. 124, 129. Vgl. dort allerdings die Empfehlung Nr. 16 des Kongresses der Internationalen Gesellschaft für Wehrrecht und Kriegsrecht, nationale Vorbehalte gegen die Einsatzregeln auf ein Minimum zu beschränken (ebd., S. 417). Auch hier ermöglicht die Anwendung des Grundsatzes der Verhältnismäßigkeit kontrollierte Flexibilität.

111 Dazu näher Heike Krieger, Die gerichtliche Kontrolle von militärischen Operationen, in: Fleck (Fn. 5), S. 223 ff. Tendenziell zu eng Isensee (Fn. 16), § 115 Rn. 76: „in der Regel [...] nicht justiziabel".

112 BVerfGE 40, 141 (177 ff.).

113 BVerfGE 84, 90 (127 f.); 94, 12 (35 ff.); 112, 1 (37 ff.).

c) Bindungen auf der Ausführungsebene

Besieht man sich die Rechtsgrundlagen der Missionen, so enthalten Mandat, Verträge und Abreden in der Regel allenfalls indizielle Aussagen hinsichtlich grund- und menschenrechtlich relevanter Fragen.[114] Im *Memorandum of Understanding* (MOU) der ISAF-Teilnehmer mit Afghanistan heißt es z. B. in Sec. 4.4 lapidar:

„This MOU is intended to conform with national legislation and international law and is not intended to conflict with existing bilateral or multilateral international agreements between the Participants. Should such a conflict arise, the Participants will notify each other and the national legislation, international law or extant agreement will prevail."

Im *Military Technical Agreement* (MTA) (Annex A) heißt es dann in Art. III.1 bezüglich der Verpflichtungen der afghanischen Interimsregierung allgemein:

"The Interim Administration recognises that the provision of security and law and order is their responsibility. This will include maintenance and support of a recognised Police Force operating in accordance with internationally recognised standards and Afghanistan law and with respect for internationally recognised human rights and fundamental freedoms, and by taking other measures as appropriate."

Auch die *Status of Forces Agreements* (SOFAs) sind in der hier interessierenden Hinsicht wenig ergiebig.[115] Im Fall des ISAF-Einsatzes sind von einigen der beteiligten Staaten mit der afghanischen Interimsregierung aber bilaterale Abkommen über die Behandlung von Gefangenen abgeschlossen worden.[116] Jenseits solcher bilateraler Vereinbarungen finden sich Konkretisierungen der Handlungsbefugnisse und zum Teil ihrer auch menschenrechtlich motivierten Grenzen primär in den *Rules of Engagement*[117] wiedergegeben.[118] Auch hier allerdings bleiben viele Spielräume bei Auslegung und Anwendung.[119]

Dies lässt sich schon aus regelungstechnischen Gründen nicht vermeiden, da der Auslandseinsatz mit ungewohnten und unvorhersehbaren Situationen konfrontieren kann, die im voraus zu regeln unmöglich ist. Zudem sind, wie im vorigen Abschnitt ausgeführt, Spielräume bis zu einem gewissen Grade geboten, um den menschenrechtlichen Bindungen auf Aushandlungsebene zu entsprechen.

In den Spielräumen ist eine Modifikation der Menschenrechtsbindung gerade nicht vereinbart worden. Daher bleiben die Staatsorgane hier an ihre gewohnten Rechtsgarantien gebunden.[120] Nicht zuletzt auch aus Gründen der Ausbildungsökonomie und einem Schutz vor Überforderung in Entscheidungssituationen ist es sinnvoll, in solchen Situa-

114 Gill/Léveillée/Fleck (Fn. 89), S. 120, 122 f.

115 Näher Talmon, NZWehrr 1997, S. 221 ff. Eingehend dazu Dieter Fleck (Hrsg.), The Handbook of the Law of Visiting Forces, 2001.

116 Näher dazu Adam Roberts, Human Rights Obligations of External Military Forces, in: The Rule of Law in Peace Operations (Fn. 89), S. 429-449 (440 ff.).

117 Zu der Frage der Rechtsnatur Weber, HuV-I 2001, S. 76 (77); Dreist, NZWehrr 2007, S. 112 ff.

118 Weber, HuV-I 2001, S. 76 ff.; Gill/Léveillée/Fleck (Fn. 89), S. 123 ff., insb. S. 124, 129, 134 f.

119 Zu Interpretationsspielräumen Gill/Léveillée/Fleck (Fn. 89), S. 115 f.

120 Zu dieser Dogmatik der Spielräume vgl. u.a. BVerfGE 113, 273 (300 ff., 307) – Europäischer Haftbefehl; EGMR, Urt. v. 30.6.2005, Bosphorus Airways, Rs. 45036/98, §§ 143 ff., in: , NJW 2006, S. 197.

tionen Soldaten nach den Regeln handeln zu lassen, mit denen sie von Hause aus vertraut sind.

Die Inkongruenzen im Rechtsstandard sind daher grundsätzlich hinzunehmen, auch wenn sie sich hinderlich auf die Kooperation mit anderen beteiligten Staaten auswirken sollten. Strukturellen Kooperationshindernissen kann unter Beachtung der Verhältnismäßigkeit bereits auf Aushandlungsebene begegnet werden; Kooperationsbedürfnissen im Einzelfall kann auf Ausführungsebene (erneut im Rahmen des Erforderlichen und Angemessenen) Rechnung getragen werden. Im Übrigen werden störende Regimekonflikte reduziert, wenn Einsatzgruppen aus den jeweiligen nationalen Kontingenten bestückt werden und nicht im engeren Sinne „multinational" (und damit „multilegal") sind.[121]

Selbst wenn die nationalen Kontingente vielfach „unter sich" bleiben sollten, können Inkongruenzen bei den rechtlichen Maßstäben die Kooperation immer dann stören, wenn eine festgenommene Person Organen eines Kooperationspartners übergeben werden soll und bei diesem eine Behandlung droht, die mit den eigenen Grundrechtsstandards unvereinbar ist. Zu denken ist hier etwa an den Fall der Überstellung an Gerichte des Aufenthaltsstaates, bei denen eine nach der Scharia zu verhängende drakonische Strafe droht, oder auch die Überstellung an einen an der Mission beteiligten Staat, der sich weigert, die extraterritoriale Geltung des Folterverbots anzuerkennen.

Hier wiederholt sich im Auslandseinsatz eine Konstellation, wie sie aus der Auslieferung von Personen an das Ausland bekannt ist.[122] Der EGMR hat, namentlich im *Soering*-Fall, die überzeugende Position vertreten, dass zwar die Behandlung durch die Organe eines anderen Staates dem ausliefernden Staat nicht zugerechnet werden kann, wohl aber eine Überstellung dann unvereinbar ist mit der Konvention, wenn die dort drohende Behandlung als grausam oder unmenschlich im Sinne von Art. 3 EMRK zu gelten hat.[123] Auch für die Bindung aus Art. 1 I GG als Fundamentalnorm der deutschen Rechts- und Werteordnung ist richtigerweise von einer solchen kooperationshindernden Wirkung auszugehen.[124] Verboten ist daher insbesondere die Überstellung bei drohender Folter oder körperlicher Verstümmelung.[125]

Verboten ist auch die Überstellung bei drohender Todesstrafe. Im *Soering*-Fall hatte der EGMR das Auslieferungsverbot zwar nicht auf die Todesstrafe selbst, sondern auf das sog. Todeszellensyndrom gestützt; auch hatte das BVerfG im Jahre 1964 ein Auslieferungsverbot bei drohender Todesstrafe noch verneint,[126] die Rechtsentwicklung ist

121 Zur Praxis Gill/Léveillée/Fleck (Fn. 89), S. 134 f.

122 Zu dieser Übertragung Richard Lillich, The Soering Case, AJIL 85 (1991), S. 128 (142); Schmidt-Radefeldt (Fn. 5), S. 114 ff.; Borelli, IRRC 87 No. 857 (2005), S. 64.

123 EGMR, Urt. v. 7.7.1989, Soering, Rs. 14038/88, §§ 89 ff., in: NJW 1990, 2183; Urt. v. 30.10.1991, Vilvarajah u.a., Rs. 45/1990/236/302-306, § 107, in: NVwZ 1992, 869; Urt. v. 29.4.1997, H.L.R., Rs. 11/1996/630/813, § 37, in: NVwZ 1998, 163; Urt. v. 7.6.2007, Garabayev, Rs. 38411/02, § 73. Siehe auch MRA, Kindler v. Canada, Beschwerde Nr. 470/1991, Entscheidung vom 18.11.1993, CCPR/C/48/D/470/1991, § 6.2, sowie General Comment Nr. 31 (oben Fn. 19), § 12.

124 Statt vieler Philip Kunig, in: von Münch/Kunig, Grundgesetz-Kommentar, Bd. I, 5. Aufl. 2000, Art. 1 Rn. 54. Offen gelassen in BVerfGE 60, 348 (354 f.).

125 Vgl. auch das Abschiebungsverbot des Art. 3 I Anti-Folter-Konvention, der allerdings gemäß Art. 2 I nur auf die der vertragsstaatlichen „Hoheitsgewalt unterstehenden Gebiete" Anwendung findet.

126 BVerfGE 18, 112; offen gelassen in BVerfGE 60, 348.

hier jedoch nicht stehen geblieben. Durch die zutreffende Verankerung des Todesstrafenverbots in Art. 1 Abs. 1 GG, die Ratifikation der Zusatzprotokolle 6 und 13 zur EMRK und das Bekenntnis gegen die Todesstrafe in Art. 2 Abs. 2 EU-Grundrechtecharta wäre die Überstellung bei drohender Todesstrafe ein Verstoß gegen Fundamentalgrundsätze der deutschen Rechtsordnung.[127]

Das Kooperationshindernis entfällt freilich, wenn die andere Seite verbindlich versichert, auf die befürchtete grausame oder unmenschliche Behandlung zu verzichten.[128] Bei dieser grund- und menschenrechtlichen Antwort auf das *Refoulement*-Problem handelt es sich nicht um einen Oktroi eigener Maßstäbe oder gar einen „Grundrechtsimperialismus". Definiert werden nur die Bindungen eigenen Staatshandelns. Der vom Zielstaat geforderte Verzicht auf Folter oder andere grausame oder unmenschliche Behandlung bezieht sich allein auf den konkreten Fall von Kooperation, nicht auf eine Umgestaltung der fremden Rechtsordnung insgesamt. Dass nicht bedingungslos und unter Aufgabe des eigenen *ordre public* kooperiert wird, gehört zu den Selbstverständlichkeiten internationaler Rechtshilfe.

IV Fazit: Zwischen Anspruch und Erfordernissen der Wirklichkeit

Nach dem hier vorgestellten Ansatz nimmt die Staatsgewalt ihre grund- und menschenrechtlichen Bindungen zunächst umfassend auch in das Ausland mit, verringert um Schutz- und Bereitstellungspflichten. Weitere Modifikationen, die zur Erfüllung der Mission, namentlich zur Sicherstellung von Kooperation mit anderen, erforderlich sind, sind Gegenstand eines Aushandlungsprozesses, der für die nationalen Unterhändler unter voller Regie ihrer grund- und menschenrechtlichen Bindungen abläuft. Soweit keine Modifikationen vereinbart wurden, bleibt es bei der aus dem heimischen Recht mitgebrachten menschenrechtlichen Bindung. Wie sonst auch, kann situativen Besonderheiten im Einzelfall zusätzlich im Rahmen der Grundrechtsschranken Rechnung getragen werden.

Es findet demnach ein doppelter Verhältnismäßigkeitstest statt: einmal auf genereller Ebene bei der Frage, bis zu welchem Grade eine Modifikation des Grundrechtschutzes generell notwendig und angemessen ist; einmal im konkreten Einzelfall im Rahmen der solchermaßen modifizierten grund- und menschenrechtlichen Bindungen deutscher Staatsgewalt im Ausland. Dieses Stufenmodell, ergänzt um die begründungspflichtigen faktischen Grenzen des Leistbaren, ermöglicht es, sich auf die jeweils konkreten tatsächlichen Rahmenbedingungen des Einsatzes wie auch auf den jeweiligen Verhandlungspartner einzustellen; über das prozedurale Element ist es auch an international verbreitete Rechtskonzeptionen anschlussfähig. Durch die volle Grundrechtsbindung bei Aushandlung ist zudem gesichert, dass die *ratio* der Öffnung nicht verlassen wird, dass der Grundrechtsschutz nicht ohne Not außenpolitischen Begehrlichkeiten geopfert wird.

---

127 Ruthig (Fn. 13), S. 293 f.; Schmidt-Radefeldt (Fn. 5), S. 115. Für die EMRK Krieger, ZaöRV 62 (2002), S. 669, 695; Menschenrechtskammer für Bosnien-Herzegowina (MRKBH), Entscheidung vom 11.10.2002, CH/02/8679, CH/02/8689, CH/02/8690, CH/02/8691 (Hadz Boudellaa u.a.), § 273, http://www.hrc.ba/database/searchForm.asp. Siehe auch Ministerkomitee des Europarates, Leitlinien über die Menschenrechte und den Kampf gegen den Terrorismus vom 11.7.2002, Art. XIII Abs. 2.

128 BVerfGE 60, 348. Vgl. auch MRKBH, Boudellaa (Fn. 128), §§ 273 f.

Das Modell ermöglicht somit einen hohen Schutzstandard, ohne sich den faktischen und rechtlichen Notwendigkeiten im Einsatz zu verschließen: Kooperation bleibt möglich, wenn auch nicht zu jedem Preis. Weder sind die Realitäten des Auslandseinsatzes an der Idealität der Grundrechte zum Scheitern verurteilt noch scheitert ein Idealbild der Grundrechte an der Konfrontation mit der Wirklichkeit. Soweit internationaler Kooperation Grenzen errichtet werden, ist dies hinzunehmen. Für Menschenrechte kann ohnehin nur glaubwürdig eintreten, wer sie selbst achtet.[129] Nur so lässt sich der Eindruck eines *double standard* vermeiden. Dass wer für sich einen Dispens von menschenrechtlichen Standards in Anspruch nimmt, nicht ohne Selbstwiderspruch die Beachtung von Menschenrechten anderswo einfordern kann, sollte keiner besonderen Betonung bedürfen. Umgekehrt kann das Festhalten an anspruchsvollen Standards positive Impulse für eine bessere Berücksichtigung des Menschenrechtsschutzes im Prozess der Globalisierung geben.

129 Krieger, ZaöRV 62 (2002), S. 670; Lawson (Fn. 8), S. 120; Roberts (Fn. 116), S. 432; Weingärtner (Fn. 92), S. 9. Siehe auch zum Kampf gegen den Terrorismus die Leitlinien des Ministerkomitees des Europarates (Fn. 127), Präambel lit. d: „eingedenk der Tatsache, dass eine Bekämpfung des Terrorismus unter Achtung der Menschenrechte, des Vorrangs des Rechts und, soweit anwendbar, des humanitären Völkerrechts, nicht nur möglich, sondern absolut notwendig ist".

Zur Geltung des Internationalen Paktes über bürgerliche und politische Rechte und der Grundrechte im Rahmen von Auslandseinsätzen der Bundeswehr

Dieter Weingärtner

1 Die Erklärung der Bundesregierung

Der Menschenrechtsausschuss der Vereinten Nationen bat Deutschland nach der Beratung des 5. Deutschen Staatenberichts zum Internationalen Pakt über bürgerliche und politische Rechte (IPBPR) mit Note vom 14. November 2003 darum klarzustellen, „ob der Vertragsstaat der Auffassung ist, dass der Pakt auf seine Streit- oder Polizeikräfte bei internationalen Einsätzen, auch in Afghanistan, anwendbar ist".[1]

Nach intensiven Beratungen im Ressortkreis gab die Bundesregierung am 5. Januar 2005 gegenüber dem Menschenrechtsausschuss folgende Erklärung ab: „Deutschland gewährleistet gemäß Artikel 2 Abs. 1 die Paktrechte allen in seinem Gebiet befindlichen und seiner Herrschaftsgewalt unterstehenden Personen. Deutschland sichert bei Einsätzen seiner Polizei- oder Streitkräfte im Ausland, insbesondere im Rahmen von Friedensmissionen, allen Personen, soweit sie seiner Herrschaftsgewalt unterstehen, die Gewährung der im Pakt anerkannten Rechte zu. Die internationalen Aufgaben und Verpflichtungen Deutschlands, insbesondere zur Erfüllung der Verpflichtungen aus der Charta der Vereinten Nationen, bleiben unberührt. Bei der Ausbildung seiner Sicherheitskräfte im internationalen Bereich sieht Deutschland eine speziell auf sie ausgerichtete Belehrung über die im Pakt verankerten einschlägigen Rechte vor".[2]

2 Der Hintergrund der Erklärung der Bundesregierung

Die Stellungnahme, die die Bundesregierung gegenüber dem Menschenrechtsausschuss der Vereinten Nationen zur Geltung des Internationalen Paktes über bürgerliche und politische Rechte im Rahmen von Auslandseinsätzen der Bundeswehr abgegeben hat, ist interpretationsfähig.[3] Aus ihr kann zum Einen entnommen werden, dass die Bundesregierung eine unmittelbare rechtliche Geltung des Paktes in derartigen Situationen nicht anerkennt.[4] Sie versichert dem Ausschuss gegenüber jedoch, dass sie – freiwillig – bereit ist, allen Personen, die von Auslandseinsätzen der Bundeswehr betroffen sind, die im Pakt verankerten Rechte zu gewährleisten, soweit hierdurch nicht die Erfüllung der Mandate unmöglich wird, die den deutschen Streitkräften durch den Sicherheitsrat der Vereinten Nationen und durch den Deutschen Bundestag erteilt worden sind. Die Man-

1 CCPR/C/80/L/DEU.

2 Germany, CCPR/CO/80/DEU/Add. 1.

3 Vgl. Thilo Rensmann, Die Anwendbarkeit von Menschenrechten im Auslandseinsatz, in: Dieter Weingärtner, Einsatz der Bundeswehr im Ausland, Baden-Baden 2007, S. 49ff.. Rensmann bezeichnet die Haltung der Bundesregierung als „unklar", a.a.O., S. 66.

4 Anders wohl Christophe Eick, Die Anwendbarkeit des Internationalen Paktes über bürgerliche und politische Rechte bei Auslandseinsätzen der Bundeswehr, in: Völkerrecht als Wertordnung, Festschrift für Christian Tomuschat, Kehl 2006, S. 115ff. (131).

date der Vereinten Nationen und daran angelehnt diejenigen des Deutschen Bundestages enthalten regelmäßig eine allgemein gehaltene Ermächtigung zur Anwendung militärischer Gewalt, um dem jeweiligen Auftrag nachzukommen.[5]

Dass durch die Anwendung militärischer Gewalt Rechte Außenstehender beeinträchtigt werden können, versteht sich von selbst. Wie später darzulegen sein wird, kann es im Rahmen von Auslandseinsätzen der Bundeswehr Situationen geben, in denen die Einhaltung sämtlicher im Zivilpakt verankerter Menschenrechte nicht stets und in vollen Umfang gewährleistet werden kann. Vor diesem Hintergrund ist der Vorbehalt in der zitierten Erklärung der Bundesregierung zu sehen, dass die internationalen Aufgaben und Verpflichtungen Deutschlands, insbesondere zur Erfüllung der Verpflichtungen aus der Charta der Vereinten Nationen, unberührt bleiben.[6]

Bestreben der Bundesregierung ist es, den völkerrechtlichen Menschenrechtsschutz so weit wie möglich zu gewährleisten. Dies geschieht in der Erkenntnis, dass Rechtsstaatlichkeit und Menschenrechte im Einsatzstaat aus Glaubwürdigkeitsgründen nicht durchgesetzt werden können, wenn im Rahmen des Einsatzes die Menschenrechte der dort ansässigen Bevölkerung nicht geachtet werden.

3 Die Rechtslage

Gemäß Artikel 2 Abs. 1 IPBPR verpflichtet sich jeder Vertragsstaat, „die in diesem Pakt anerkannten Rechte zu achten und sie allen in seinem Gebiet befindlichen und seiner Herrschaftsgewalt unterstehenden Personen ohne Unterschied ... zu gewährleisten". Mitunter wird – etwa von der Regierung der Vereinigten Staaten – aus dem Wort „und" gefolgert, dass beide Voraussetzungen für die Anwendung kumulativ vorliegen müssen, der Pakt also nur im Gebiet des jeweiligen Vertragsstaates Bindungswirkung entfaltet. Außer dem Wortlaut kann eine solche Auslegung sich wohl auch auf die Entstehungsgeschichte des Paktes stützen. Diese deutet darauf hin, dass Fälle der Besetzung fremden Territoriums gerade nicht erfasst werden sollten und eine Pflicht, die Paktrechte auch im Ausland zu garantieren, wo der handelnde Staat nicht über die territoriale Hoheitsgewalt verfügt, ausgeschlossen werden sollte.[7]

Allerdings ist diese enge Auslegung umstritten. Der Menschenrechtsausschuss der Vereinten Nationen hat mehrfach die Auffassung vertreten, dass die Verpflichtung einer Vertragspartei zum Schutz der ihrer Herrschaftsgewalt unterstehenden Personen nicht an der Staatsgrenze endet.[8] Auch hat der Internationale Gerichtshof (IGH) in seinem Gutachten aus dem Jahr 2004 zu israelischen Sperranlagen eine Anwendung des Paktes auf außerhalb des eigenen Territoriums ausgeübte Herrschaftsakte angenommen.[9] In der Wissenschaft wird überwiegend für eine extraterritoriale Anwendbarkeit des Paktes

---

5 So etwa BTDrs. 16/2572 (UNIFIL), S. 3: „Die Resolution 1701(2006) ermächtigt die UNIFIL, im Rahmen ihres Auftrags „alle erforderlichen Maßnahmen zu ergreifen" (d.h. einschließlich der Anwendung militärischer Gewalt)".

6 Siehe auch Siebter Bericht der Bundesregierung über ihre Menschenrechtspolitik in den auswärtigen Beziehungen und in anderen Politikbereichen, BTDrs. 15/5800, S. 32.

7 Norbert B. Wagner, Zu Grenzen des Menschenrechtsschutzes bei Auslandseinsätzen deutscher Streitkräfte, NZWehrr 2007, S. 1ff.

8 CCPR/C/15/D/57/1979; CCPR/C/79/Add. 93

9 Legal Consequences of the Construction of a Wall in the Occupied Palestinian Territory, Gutachten vom 9. Juli 2004, ILM 43 (2004), S. 109ff.

plädiert.[10] Diese Auffassung beruft sich vor allem auf Sinn und Zweck des Zivilpaktes, für einen lückenlosen Schutz der Menschenrechte zu sorgen.

Sofern eine Auslandsbindung des Paktes entgegen dem Wortlaut bejaht wird, stellt sich als nächstes die Frage, ob die Bundeswehr bei ihren Auslandseinsätzen „Herrschaftsgewalt" im Sinne von Art. 2 Abs. 1 IPBPR ausübt. Dies dürfte insbesondere bei solchen Einsätzen fraglich sein, in denen – wie beim ISAF-Einsatz in Afghanistan – lediglich die Regierung des Einsatzstaates bei der Aufrechterhaltung oder Wiederherstellung von Sicherheit und Ordnung unterstützt wird. Denn die Annahme der Ausübung von Herrschaftsgewalt durch ISAF würde die Souveränität der afghanischen Regierung, die durch den Einsatz ja gerade gefestigt werden soll, in Frage stellen.

Die Rechtsprechung des Europäischen Gerichtshofs für Menschenrechte ist im Hinblick auf die Reichweite des Menschenrechtsschutzes der Europäischen Menschenrechtskonvention außerhalb des Staatsgebiets des jeweiligen Unterzeichnerstaates uneinheitlich. Als Beispiele seien hier nur die Entscheidungen in Sachen Loizidou,[11] Bankovic,[12] Issa[13] und Özalan[14] genannt. Eine Gerichtsentscheidung, bei der es konkret um Friedensmissionen auf fremdem Staatsterritorium geht, findet sich unter den genannten nicht. Nahe liegend dürfte es allerdings sein anzunehmen, dass jedenfalls gegenüber den Personen, die von dem Streitkräfteeinsatz unmittelbar betroffen sind, denen etwa die persönliche Freiheit durch Festnahme entzogen wird, Hoheitsgewalt (Jurisdiktion) ausgeübt wird.[15]

Um zur Anwendung des Paktes zu kommen, muss dann aber geprüft werden, ob die Bundeswehr im Rahmen ihrer Auslandseinsätze, die angesichts der nationalen verfassungsrechtlichen Grundlage des Artikel 24 Abs. 2 GG regelmäßig im Rahmen eines Systems gegenseitiger kollektiver Sicherheit stattfinden, lediglich Herrschaftsgewalt dieses Systems oder auch „deutsche" Herrschaftsgewalt ausübt. Zur Frage der Verantwortlichkeit in derartigen Sachverhalten hat sich die kürzlich ergangene Entscheidung des Europäischen Gerichtshof für Menschenrechte in Sachen Behrami und Saramati[16] geäußert. Diese Entscheidung kommt zu dem Ergebnis, dass die Angehörigen von UNMIK und KFOR im Kosovo keine Herrschaftsgewalt ihrer Herkunftsstaaten ausüben, sondern dass ihr Verhalten allein den Vereinten Nationen zuzurechnen ist, auf der Grundlage deren Mandat nach Kapitel VII der Charta die beteiligten Staaten tätig werden. Der Gerichtshof hat es deshalb abgelehnt zu beurteilen, ob von den Antragstellern gerügte Handlungen von KFOR und UNMIK im Kosovo Verletzungen der Europäischen Menschenrechtskonvention darstellen. Übertragen auf den Internationalen Pakt würde diese Rechtsprechung bedeuten, dass er – da die Vereinten Nationen nicht Ver-

---

10 Rensmann, a.a.O. (FN 3), S. 52ff. m.w.N.

11 EGMR vom 28. Juli 1998, Loizidou v. Turkey, Appl. no. 15318/89.

12 EGMR vom 12. Dezember 2001, Bancovic et. al. V. Belgium et al., Appl. no. 52207/99.

13 EGMR vom 16. November 2004, Issa et. al. v. Turkey, Appl. no. 31821/96.

14 EGMR vom 12. Mai 2005, Öcalan v. Turkey, Appl. no. 46221/99.

15 So Bernhard Schäfer, Zum Verhältnis Menschenrechte und humanitäres Völkerrecht, Potsdam 2006, S. 29f.

16 EGMR vom 2. Mai 2007, Behrami v. France, Appl. no. 71412/01; Saramati v. France et al., Appl. no. 78166/01

tragspartei sind – bei Auslandseinsätzen im Rahmen von VN-Missionen keine Anwendung finden würde.[17]

Zu all diesen streitigen Rechtsfragen hat die Bundesregierung mit ihrer Erklärung an den Menschenrechtsausschuss der Vereinten Nationen nicht direkt Position bezogen. Sie hat vielmehr – wie übrigens auch die Regierung des Vereinigten Königreiches zu einer gleichgerichteten Frage des Ausschusses – auf Artikel 103 der VN-Charta rekurriert. Artikel 103 legt fest, dass dann, wenn sich die Verpflichtungen von Mitgliedern der Vereinten Nationen aus der Charta und ihre Verpflichtungen aus anderen internationalen Übereinkünften widersprechen, die Verpflichtungen aus der Charta Vorrang haben. Zu den Verpflichtungen zählt die Bundesregierung die Erfüllung von Beschlüssen des Sicherheitsrates nach Kapitel VII.[18] Die Bundesregierung stellt deshalb darauf ab, dass, sofern die Erfüllung des Mandats des Sicherheitsrates durch Gewährleistung von Rechten aus dem Zivilpakt unmöglich würde, diese Rechte zurückzutreten haben.

4 Praktische Probleme bei der Einhaltung der Paktverpflichtungen

Die bisherigen Auslandseinsätze der Bundeswehr fanden überwiegend in Situationen statt, in denen staatliche Strukturen noch vorhanden waren. Grenzfälle sind sicherlich die Anfänge der Einsätze im Kosovo und in Afghanistan. Für die Zukunft lässt sich aber auch nicht ausschließen, dass Bundeswehreinsätze auch in so genannten „failed states" stattfinden, in denen staatliche Strukturen nicht oder nicht mehr vorhanden sind. Unter solchen Umständen muss damit gerechnet werden, dass einzelne Gewährleistungen des Paktes, insbesondere solche prozeduraler Art, nicht eingehalten werden können.

So schreibt Art. 9 Abs.1 IPBPR vor, dass niemandem seine Freiheit entzogen werden darf, es sei denn aus gesetzlich bestimmten Gründen und unter Beachtung des im Gesetz vorgeschriebenen Verfahrens. Nach Artikel 12 IPBPR darf das Recht, sich frei zu bewegen und seinen Wohnsitz frei zu wählen, nur eingeschränkt werden, wenn dies gesetzlich vorgesehen ist. Hier ist jeweils die Frage zu beantworten, welche Gesetze solche Eingriffe, die aller Wahrscheinlichkeit nach zur Erfüllung des Mandats unumgänglich sein werden, rechtfertigen können. Deutsche Gesetze können auch in Staaten, in denen eine Rechtsordnung nicht mehr besteht, keinen Anwendungsanspruch entfalten. Existiert Ortsrecht, kann zweifelhaft sein, ob deutsche Soldaten auf dieser Grundlage tätig werden dürfen, wenn es sich etwa um die Sharia handelt. Und die Mandate der Vereinten Nationen sind regelmäßig so unbestimmt abgefasst, dass sie nicht als Gesetz im Sinne des Zivilpaktes angesehen werden können.

Ähnliche Probleme stellen sich im Hinblick auf den Richtervorbehalt. Nach Artikel 9 Abs. 3 IPBPR muss jeder, der in Haft gehalten wird, unverzüglich einem Richter vorgeführt werden. Er hat Anspruch auf ein Gerichtsverfahren innerhalb angemessener Frist oder auf Entlassung aus der Haft. Jeder, dem seine Freiheit durch Festnahme oder Haft entzogen ist, hat das Recht, ein Verfahren vor einem Gericht zu beantragen, damit dieses unverzüglich über die Rechtmäßigkeit der Freiheitsentziehung entscheiden kann. Gemäß Artikel 17 Abs. 2 IPBPR hat jedermann Anspruch auf rechtlichen Schutz gegen willkürliche oder rechtswidrige Eingriffe in sein Privatleben, seine Familie, seine

17 Zum Meinungsstand in der Literatur Wagner, a.a.O. (FN 7), S. 6.

18 Eick, a.a. O. (FN 4), S. 130.

Wohnung und seinen Schriftverkehr und gegen rechtswidrige Beeinträchtigungen seiner Ehre. In den Einsatzländern wird ein Gerichtssystem, das entsprechenden Rechtsschutz bieten kann, nicht in allen Fällen zur Verfügung stehen. Gegen die Überlegung, deutsche Richter auf Auslandseinsätze der Streitkräfte mitzunehmen, ist einzuwenden, dass dann erst einmal eine völkerrechtliche Grundlage für sie vorhanden sein müsste, im Einsatzstaat gegenüber Angehörigen des Einsatzstaates Recht zu sprechen.

Auch die Möglichkeit in Artikel 4 IPBPR, im Falle eines öffentlichen Notstandes, der das Leben der Nation bedroht und der amtlich verkündet ist, Verpflichtungen aus dem Pakt außer Kraft zu setzen,[19] hilft in der Situation von Auslandseinsätzen der Streitkräfte kaum weiter. Zum einen ist bereits fraglich, ob für diesen Fall die Tatbestandsvoraussetzungen gegeben sind, zum anderen hat nach meinem Wissen im hier behandelten Zusammenhang noch kein Staat von dieser Derogationsmöglichkeit Gebrauch gemacht. Dies möglicherweise deshalb, weil er die rechtliche Anwendbarkeit des Paktes nicht ausdrücklich bejahen will, vor allem aber aus politischen Gründen, weil Staaten im Rahmen von Auslandseinsätzen nicht eingestehen wollen, dass sie Grundrechte nicht gewährleisten können. Notifizierungen gemäß Art. 4 IPBPR oder Art. 15 EMRK sind also absolut unüblich.

Offensichtlich sind die Bestimmungen des Internationalen Paktes nicht auf Situationen von Auslandseinsätzen der Streitkräfte ausgerichtet. Festzuhalten ist, dass es bei Auslandseinsätzen zu Situationen kommen kann, in denen die Garantie sämtlicher Paktrechte die Ausführung des Mandates verhindern oder zumindest erheblich erschweren würde. Auch dies gehört zum Hintergrund der eingangs zitierten Erklärung der Bundesregierung. Die Nichtanwendbarkeit des Paktes lässt sich – wie oben geschildert – unter verschiedenen Gesichtspunkten juristisch gut vertreten. Gleichwohl sichert die Bundesregierung in ihrer Erklärung gegenüber dem Menschenrechtsausschuss zu, die Rechte aus dem Pakt auch im Rahmen von Auslandseinsätzen der Bundeswehr so weit wie möglich zu gewährleisten.

5 Die Grundrechtsbindung nach dem Grundgesetz im Auslandseinsatz

Doch auch dann, wenn die zwingende rechtliche Geltung des Zivilpaktes und der EMRK im Rahmen von Auslandseinsätzen der Bundeswehr abgelehnt wird, finden derartige Einsätze nicht in einem grund- und menschenrechtsfreien Raum statt. Schließlich gilt auch für die Bundeswehr das Grundgesetz. Nach Art. 1 Abs. 3 GG binden die nachfolgenden Grundrechte Gesetzgebung, vollziehende Gewalt und Rechtsprechung als unmittelbar geltendes Recht. Die Streitkräfte sind Teil der vollziehenden Gewalt und somit an die Grundrechte gebunden. Diese durch nationales Recht vorgegebene Bindung besteht unabhängig von der zuvor erörterten Frage, ob deutsche Soldaten im Rahmen von Missionen eines Systems gegenseitiger kollektiver Sicherheit Herrschaftsgewalt dieses Systems oder auch deutsche Herrschaftsgewalt ausüben.

Allerdings findet sich im Grundgesetz keine ausdrückliche Festlegung des räumlichen Geltungsbereichs der Grundrechte. Eine ältere Auffassung im Schrifttum folgert

19 Ausführlich Stefanie Schmahl, Derogation von Menschenrechtsverpflichtungen in Notstandslagen, in: Dieter Fleck (Hrsg.), Rechtsfragen der Terrorismusbekämpfung durch Streitkräfte, Baden-Baden 2004, S. 125ff.

aus dem völkerrechtlichen Institut der Personal- und Gebietshoheit, dass der Staat zur Ausübung von Staatsgewalt durch Hoheitsakte nur gegenüber den im Staatsgebiet befindlichen Personen und Sachen befugt sei und daher eine Grundrechtsbindung nur im Inland anzunehmen sei[20]. Doch beschränkt sich das Grundgesetz nicht darauf, die innere Ordnung des deutschen Staates zu regeln. In verschiedenen Bestimmungen spricht es das Verhältnis Deutschlands zur Staatengemeinschaft an und lässt erkennen, dass auch Auslandssachverhalte von der deutschen Verfassungsordnung erfasst werden können.

Dies gilt auch im Hinblick auf die Grundrechtsbindung. Das Bundesverfassungsgericht geht in ständiger Rechtsprechung davon aus, dass die Grundrechte die deutsche Vollzugsgewalt grundsätzlich auch im Ausland binden, soweit Wirkungen der deutschen Staatsgewalt dort eintreten.[21] Aus der Notwendigkeit der Abgrenzung und Abstimmung mit anderen Staaten und Rechtsordnungen schließt es aber, dass der Umfang der Verantwortlichkeit und Verantwortung deutscher Staatsorgane bei der Reichweite grundrechtlicher Bindungen zu berücksichtigen ist und eine Abstimmung des Verfassungsrechts mit dem Völkerrecht erfolgen muss.[22] In der Literatur wird dabei mitunter nach der Intensität des Grundrechtseingriffs differenziert. Die Einbindung der Bundesrepublik Deutschland in die Völkerrechtsordnung, das Zusammenwirken mit anderen Staaten und sonstigen Völkerrechtssubjekten sowie die beschränkten Einwirkungsmöglichkeiten auf Sachverhaltskomponenten zwängen zu Abstufungen in der Steuerungskraft deutscher Grundrechte.[23] Somit müssen Geltung und Reichweite der Grundrechte bei Sachverhalten mit Auslandsbezug im Einzelfall aus dem jeweiligen Grundrecht in Verbindung mit Art. 25 GG, nach dem die allgemeinen Regeln des Völkerrechts Bestandteil des Bundesrechts sind, ermittelt werden.[24]

Bezogen auf Handlungen deutscher Streitkräfte im Rahmen von Auslandseinsätzen bedeutet dies zunächst, dass sie den Schutzbereich von Grundrechten durchaus verletzen können. Dies gilt insbesondere für die Anwendung unmittelbaren Zwanges, für Festnahmen oder für Wohnungsdurchsuchungen und die diesbezüglichen Grundrechte auf Schutz der körperlichen Integrität, der Unverletzlichkeit der Wohnung und der persönlichen Freiheit. Ob derartige Eingriffe verfassungsgemäß sind, hängt davon ab, welche Grundrechtsschranken im Ausland zur Anwendung kommen. Bei Grundrechten mit Gesetzesvorbehalt werden dies jedenfalls in der Regel nicht die einschlägigen deutschen Gesetze sein. Das Gesetz über die Anwendung unmittelbaren Zwanges[25] und die Strafprozessordnung etwa gelten nur im Inland. Dies kann allerdings nicht dazu führen, dass

20 Vgl. Klaus Stern, Das Staatsrecht der Bundesrepublik Deutschland, Band III/1, München 1988, § 72 V 5, S. 1232f.; Josef Isensee in: Isensee/Kirchhof, Handbuch des Staatsrechts der Bundesrepublik Deutschland, Band V Allgemeine Grundrechtslehren, Heidelberg 1992, § 115 Rdnrn. 87ff.

21 BVerfGE 6, 290 (295), BVerfGE 57, 9 (23).

22 BVerfGE 100, 313 (362f.).

23 Matthias Herdegen in: Maunz/Dürig, Kommentar zum Grundgesetz, Art. 1 Abs. 3 Rdnr. 72.

24 Dieter Wiefelspütz, Der Auslandseinsatz der Streitkräfte und die Geltung der Grundrechte, UBWV 2007, S. 321ff. (327).

25 Gesetz über die Anwendung unmittelbaren Zwanges und die Ausübung besonderer Befugnisse durch Soldaten der Bundeswehr und verbündeter Streitkräfte sowie zivile Wachpersonen (UZwGBw) vom 12. August 1965 (BGBl. I S. 796), zuletzt geändert durch Gesetz vom 11. September 1998 (BGBl. II S. 2405).

die Grundrechtsbindung im Auslandseinsatz weiter reicht als im Inland oder gar unbeschränkt ist.

Vielmehr sind die Befugnisse zu Grundrechtseingriffen entsprechend der zu Art. 10 GG entwickelten Rechtsprechung des Bundesverfassungsgerichts[26] anhand der Kriterien „Abgrenzung und Abstimmung mit anderen Staaten und Rechtsordnungen" und „Abstimmung mit dem Völkerrecht" zu ermitteln. Maßgeblich ist dabei in erster Linie das jeweilige Mandat des Systems gegenseitiger kollektiver Sicherheit, im Rahmen dessen der Bundeswehreinsatz stattfindet. Hinzu treten regelmäßig völkerrechtliche Vereinbarungen mit dem Aufenthaltsstaat, in denen unter Umständen auch Ortsrecht für anwendbar erklärt wird. Erfolgt der Einsatz im Rahmen eines internationalen oder nicht internationalen bewaffneten Konflikts, können Regeln des humanitären Völkerrechts als Rechtfertigung für Grundrechtseingriffe zur Anwendung kommen.

Die verfassungsrechtliche Ebene mit der beschriebenen Bindung deutscher Soldatinnen und Soldaten im Auslandseinsatz gemäß Art. 1 Abs. 3 GG ist aber nur ein Teil des Schutzes der Rechte von Personen, die durch Streitkräfteeinsätze der Bundeswehr außerhalb Deutschlands betroffen sind. Daneben entfalten einfachgesetzliche wehrrechtliche Vorschriften entsprechende Schutzwirkungen, auch wenn dies nicht ihrer eigentlichen Zielrichtung entspricht. So verpflichtet das Soldatengesetz den Soldaten unter anderem dazu, treu zu dienen, für die Erhaltung der freiheitlichen demokratischen Grundordnung einzutreten, Befehle nur unter Beachtung des Völkerrechts, der Gesetze und der Dienstvorschriften zu erteilen und sich so zu verhalten, dass das Ansehen der Bundeswehr nicht ernsthaft beeinträchtigt wird. Diese Bestimmungen dienen nicht allein der inneren Ordnung der Streitkräfte und ihrem Bild in der Öffentlichkeit, sie führen – da sie auch im Ausland gelten – dazu, dass Verletzungen von Grundrechten Dritter im Rahmen eines Auslandseinsatzes in der Regel Verstöße gegen Dienstpflichten darstellen. Nach § 1a Abs. 2 Wehrstrafgesetz gilt zudem das deutsche Strafrecht unabhängig vom Recht des Tatorts für Taten, die ein Soldat während eines dienstlichen Aufenthalts oder in Beziehung auf den Dienst im Ausland begeht. So handelt es sich etwa bei Verletzungen der körperlichen Integrität von Dritten im Rahmen von Auslandsmissionen um Körperverletzungen, die nach dem deutschen Strafgesetzbuch geahndet werden können. Zu den für die Praxis relevanten Delikten zählen auch Nötigung und Freiheitsberaubung. Dass solche Auslandstaten von Soldaten auch tatsächlich verfolgt werden, zeigt die staatsanwaltschaftliche Praxis.

Die Grundrechtsbindung im Auslandseinsatz schlägt sich innerhalb der Bundeswehr darüber hinaus in innerdienstlichen Weisungen nieder, die zum Beispiel die Behandlung von in Gewahrsam genommenen Personen betreffen. Diese sind Gegenstand der Ausbildung und der vor jedem Einsatz im Ausland stattfindenden Unterrichte und Belehrungen.

26 Vgl. insb. BVerfGE 100, 313ff.

6 Fazit

Die nationale Grundrechtsbindung relativiert die Bedeutung der Entscheidung über die Reichweite des völkerrechtlichen Menschenrechtsschutzes. Jedoch sind beide Bereiche nicht völlig deckungsgleich. Auch wenn sich die tatbestandlichen Schutzbereiche der Grundrechte des Grundgesetzes und der Menschenrechte des Zivilpaktes allenfalls in Details unterscheiden dürften, bleibt festzuhalten, dass das Grundgesetz verschiedene Grundrechte nur Deutschen garantiert. Auch entfällt bei Nichtgeltung von Zivilpakt und EMRK das internationale Schutzinstrumentarium, das etwa in Form der Beschwerdemöglichkeit vor dem Europäischen Gerichtshof für Menschenrechte durchaus effektiv ist.

Deshalb erscheint eine weitere Diskussion sinnvoll, auf welche Weise die beschriebenen Probleme bei einer Anwendung des Zivilpaktes auf Auslandseinsätze der Streitkräfte – zu wiederholen sind die Stichworte „Gesetzesvorbehalt" und „Rechtsschutz" – auf rechtlich einwandfreie Weise ausgeräumt werden können. Denn eine Rechtsbindung an den Pakt wird die Bundesregierung nur dann bejahen können, wenn eine Einhaltung stets möglich erscheint. Völkerrechtsverletzungen im Fall des Falles einfach hinzunehmen verbietet schon die Pflicht, Rechtssicherheit für die handelnden Soldatinnen und Soldaten zu schaffen.

Ein anderer Weg zur Stärkung des Menschenrechtsschutzes wäre es, eine bessere Verankerung der Menschenrechte in den Mandaten des Sicherheitsrates der Vereinten Nationen und des Deutschen Bundestages anzustreben. So könnten etwa die Befugnisse, aber auch die Pflichten der eingesetzten Truppen erheblich konkretisiert werden. Auch wäre es wünschenswert, wenn die Vereinten Nationen für von ihnen mandatierte Friedensmissionen allgemeine Regeln des Menschenrechtsschutzes verabschieden würden, die den jeweiligen Beschlüssen des Sicherheitsrates als Anhang beigegeben werden könnten, etwa als „standards of behaviour" oder „code of conduct", wie sie die Europäische Union für ihre Missionen bereits beschlossen hat.[27] Utopisch erscheint es aber zumindest derzeit, über die Genfer Konventionen, die in bewaffneten Konflikten Anwendung finden, hinaus ein neues internationales Vertragswerk für Friedensmissionen von Streitkräften im Ausland erreichen zu wollen.

27 Council of the European Union vom 18. Mai 2005, Generic Standards of Behaviour for ESDP Operations, 8873/3/05REV 3.

Inhalt, Schranken und Durchsetzung des *Habeas Corpus*-Rechts in der Praxis internationaler Friedensmissionen

Ulf Häußler

A Vorbemerkungen und Problemaufriss

Bilder können einen erheblichen Einfluss auf die öffentliche Wahrnehmung bestimmter Ereignisse haben. Dies gilt insbesondere bezogen auf den Gegenstand des *Habeas Corpus*-Rechts, den prozeduralen Schutz der Freiheit der Person bei Ingewahrsamnahme nebst sich hieran anschließender Gewahrsamsdurchführung. Ist von Personen im Gewahrsam von Streitkräften die Rede, werden hiermit – auch in der Bundesrepublik Deutschland[1] – insbesondere Bilder von der U.S. Naval Base Guantánamo Bay und dem zeitweilig von den Streitkräften der Vereinigten Staaten von Amerika genutzten irakischen Gefängnis in Abu Ghraib assoziiert, aber auch Bilder von der Ingewahrsamnahme und den widrigen Gewahrsamsbedingungen Oppositioneller in Militärdiktaturen wie im September 2007 in Myanmar.

In der jüngeren Vergangenheit sind kritische Anfragen an die Gewahrsamspraxis von in einem auswärtigen Staat eingesetzten Streitkräften insbesondere in Fällen eines Nebeneinanders mehrerer militärischer Operationen in demselben Einsatzgebiet formuliert worden. In einer derartigen Konstellation kann leicht der Eindruck entstehen, die außerhalb der Friedensmission eingesetzten Streitkräfte handelten *praeter legem.*[2] Da häufig – sei es aufgrund von Transparenzdefiziten, sei es wegen defizitärer Sachkenntnis oder sei es um innenpolitischer Motivationen willen – zwischen den unterschiedlichen Operationen nicht hinreichend differenziert wird,[3] haben sich in der Praxis derartige Perzep-

1 Zwei Untersuchungsausschüsse des Deutsche Bundestages haben sich mit einschlägigen Fragen befasst. Der Verteidigungsausschuss des 16. Deutschen Bundestages hat sich als Untersuchungsausschuss dem Fall des türkischen Staatsangehörigen Murat Kurnaz gewidmet, der im Oktober 2001 in Nordpakistan festgenommen, den Streitkräften der Vereinigten Staaten von Amerika übergeben und von diesen zunächst nach Kandahar, später nach Guantánamo Bay verbracht wurde. Der 1. Untersuchungsausschuss des 16. Deutschen Bundestages, der sich mit bestimmten Vorgängen im Zusammenhang mit dem Irakkrieg und der Bekämpfung des internationalen Terrorismus befasst (zum Untersuchungsauftrag vgl. BTDrs. 16/990, 16/1179, 16/3028, 16/3191, 16/5751, 16/6007), widmet sich u. a. den Fällen des (eingebürgerten) deutschen Staatsangehörigen Khaled el-Masri, der behauptetermaßen in Mazedonien in den Gewahrsam der CIA geriet und danach einige Zeit in Afghanistan festgehalten wurde, sowie Abdel-Halim Khafagy, der vorbringt, in Tuzla und Ägypten in CIA-Gewahrsam gewesen zu sein.

2 Ein plastisches Beispiel für einen außerhalb einer Friedensmission durch Streitkräfte eines an diesem beteiligten Staat durchgeführten Zugriffs ist der Fall der sog. "Algerian Six" in Bosnien-Herzegowina. Vgl. dazu Verf., Ensuring and Enforcing Human Security (2007), S. 116 & 148f.

3 Ein plastisches Beispiel bildet die Afghanistan-Berichterstattung im Oktober 2007. Im Gefolge einer parlamentarischen Anfrage betreffend die Übergabe von "Gefangenen" durch "die Bundeswehr seit Beginn ihres dortigen Einsatzes an afghanische und US-amerikanische Stellen" (vgl. BTDrs. 16/6743, Frage 13 und Anlage 9 zu Plenarprotokoll 16/120), in der nicht zwischen ISAF und OEF unterscheiden wurde, berichtete sogar die FAZ ohne derartige Differenzierung über das zu dieser Zeit im Verhandlungsstadium befindliche Regierungsabkommen zwischen Deutschland und Afghanistan betreffend die Behandlung von an afghanische Stellen übergebenen Gewahrsamspersonen

tionen in erhöhtem Erklärungsbedarf niedergeschlagen, wenn von in eine Friedensmission nicht integrierten Streitkräften durchgeführte Zugriffe dieser fälschlicherweise zugerechnet wurden. Dasselbe gilt für Fälle, in denen die behauptete Illegitimität oder Illegalität derartiger Zugriffe zum Anlass genommen wurde, ohne Ansehen des relevanten internationalen Mandats auch Zugriffen, die von Personal der in dem betreffenden Einsatzgebiet präsenten Friedensmission durchgeführt wurden, pauschal und generell die Völkerrechtskonformität abzusprechen. In der relevanten Öffentlichkeit als *praeter legem* aufgefasste Zugriffe entfalten auf diese Weise nachteilige Wirkungen auf die politische Legitimität der Operationen von Friedensmissionen, bei denen Personen in Gewahrsam genommen werden. Da die rechtlichen Rahmenbedingungen internationaler Friedensmissionen angesichts der vergleichsweise kurzen Lebensdauer der konzeptionellen Neuschöpfung der robusten Friedensmissionen in den 1990er Jahren noch nicht hinreichend völkergewohnheitsrechtlich konsolidiert, geschweige denn kodifiziert sind,[4] betrifft jede derartige Auswirkung den Prozess der Verfestigung politischer Legitimität zu *opinio iuris* und somit zur Verwandlung schlichter Praxis in den Ausdruck von Völkergewohnheitsrecht. Der gegenüber den 1990er Jahren erhöhte Legitimationsdruck für die Ingewahrsamnahme von Personen durch Friedensmissionen bezeugt die Erschütterung der in diesen Jahren gewachsenen *opinio iuris*, ohne sie freilich *per se* in Frage zu stellen.

Fälle der Ingewahrsamnahme von Personen durch im Rahmen einer Friedensmission eingesetzte Streitkräfte müssen angesichts dessen nicht nur von der zur typischen Praxis von Militärdiktaturen gehörenden Ingewahrsamnahme Oppositioneller unterschieden werden. Sie unterscheiden sich in rechtlicher Hinsicht auch von Fällen der Ingewahrsamnahme von Personen im Zuge der Bekämpfung des internationalen Terrorismus, gleichviel, ob insoweit ein Zusammenhang zur Operation Enduring Freedom besteht oder nicht.[5] Ferner unterscheiden sie sich rechtlich von Ingewahrsamnahmen, die im Einsatzgebiet einer Friedensmission von Personal der Streitkräfte eines Staates durchgeführt werden, der sich grundsätzlich an der Friedensmission beteiligt, die Zugriffsoperation aber außerhalb der Kommandostrukturen derselben durchführt – sei es zur Unterstützung der internationalen Strafverfolgung wegen Kriegsverbrechen, Verbrechen gegen die Menschlichkeit und Völkermord aufgrund Ersuchens eines internationalen Strafjustizorgans,[6] sei es im Rahmen einer anderen, beispielsweise national geführten Operation.

---

und die vor dessen Inkrafttreten geltende Befehlsgebung der Bundeswehr (FAZ vom 26. Oktober 2007, Nr. 249, S. 5).

4 Dazu Verf., Ensuring and Enforcing Human Security (2007), S. 8.

5 Hinsichtlich der Rechtsgrundlage der Operation Enduring Freedom wird bereits für diejenigen Einsatzgebiete, in denen sich die Bundesrepublik Deutschland an dieser Operation beteiligt, keine einheitliche Auffassung vertreten. Zu den möglichen Deutungsweisen bezüglich des Einsatzgebiets Afghanistan vgl. Verf., Politische Lufthoheit über außen- und sicherheitspolitischem Terrain: Lehren aus dem "Tornado-Urteil" des BVerfG, in NZWehrr 2007, S. 235/242.

6 Zu denken ist hierbei an den Internationalen Strafgerichtshof (IStGH) und die teils vom Sicherheitsrat der Vereinten Nationen (ICTY, ICTR), teils aufgrund Vereinbarung der Vereinten Nationen mit dem betroffenen Staat (SC-SL, Extraordinary Chambers in Kambodscha, Special Tribunal for Libanon) errichteten ad hoc-Tribunale. Inwiefern das Ersuchen eines solchen Strafjustizorgans die Sou-

Obwohl insbesondere die eingangs erwähnten Bilder von Guantánamo Bay und Abu Ghraib ebensowenig wie die Praxis von Militärdiktaturen einen Zusammenhang zu internationalen Friedensmissionen aufweisen, sondern sich auf Ereignisse aus dem Krieg im Irak und dem Krieg (bzw. Kampf) gegen den internationalen Terrorismus beziehen, sind die Fragen, die diese Bilder provozieren, auch für die Praxis der Ingewahrsamnahme von Personen durch im Rahmen internationaler Friedensmissionen eingesetzte Streitkräfte von Bedeutung:

- Ist es legitim, dass auf dem Gebiet eines auswärtigen Staats eingesetzte Streitkräfte Personen in Gewahrsam nehmen?
- Unter welchen Voraussetzungen ist im Einzelfall die Ingewahrsamnahme von Personen legal?
- Wie müssen im Rahmen internationaler Friedensmissionen eingesetzte Streitkräfte in ihrem Gewahrsam befindliche Personen behandeln?
- *Quis judicabit*?

Ziel der vorliegenden Untersuchung ist, diese Fragen auf der Grundlage der relevanten Praxis, insbesondere derjenigen der NATO-Friedensmissionen SFOR und KFOR, zu beantworten.[7] Zur Vorbereitung der hierzu notwendigen (völker-) rechtlichen Analyse werden anhand der relevanten Lebenssachverhalte und besonderen Rechtstatsachen zunächst die rechtserheblichen Charakteristika der Lage in den Einsatzgebieten nebst den hieraus abzuleitenden methodischen Herausforderungen an das Recht der Friedensmissionen herausgearbeitet. Hieran anschließend wird der Geltungsgrund des *Habeas Corpus*-Rechts im Kontext internationaler Friedensmissionen hergeleitet und der Inhalt dieses Rechts bestimmt. Dem folgen Herleitung und Darstellung der Schranken des *Habeas Corpus*-Rechts. Schließlich wird auf der Grundlage generischer Überlegungen zu (möglichen) Inhalten interner Regelwerke und relevanter Befehlsgebung internationaler Friedensmissionen analysiert, in welcher Weise diese die Beachtung des *Habeas Corpus*-Rechts bei Ingewahrsamnahme und Gewahrsamsdurchführung sicherstellen sowie mittels welcher Verfahren sie dessen Durchsetzung ermöglichen.

veränität des Staats, auf dessen Gebiet der Zugriff durchgeführt wird, zu suspendieren vermag, ist nicht Gegenstand der vorliegenden Untersuchung.

7 Hierbei werden die Erfahrungen des Verfassers als Rechtsberater-Stabsoffizier im Rahmen von SFOR (2004) und KFOR (2006) berücksichtigt.

B Zur Lage in den Einsatzgebieten

Soll nicht die Bemerkung in der Schülerszene, vom Rechte, das mit uns geboren ist, von dem sei, leider, nie die Frage, eine ungewollte Renaissance erfahren, muss eine jede Rechtsordnung so gestaltet werden, dass sie den sozialen Realitäten, für die sie gelten soll, gerecht wird. Für das Recht der internationalen Friedensmissionen[8] gilt dies ebenso wie für andere Materien des Völkerrechts (und auch des innerstaatlichen Rechts). Da eine konsolidierte Kodifikation des Rechts internationaler Friedensmissionen bislang nicht existiert und sich hieran auf absehbare Zeit nichts ändern dürfte, ist eine kurze Bestandsaufnahme betreffend die Wirklichkeit in den Einsatzgebieten internationaler Friedensmissionen für die weitere Untersuchung unerlässlich. Die Wirklichkeit "im Einsatz" unterscheidet sich erheblich von der Wirklichkeit in der Bundesrepublik Deutschland und anderen stabilen demokratischen Verfassungsstaaten, deren Fundament von einer kohärenten Gesellschaft getragen wird, die den staatlichen Institutionen (grundsätzlich) Vertrauen schenkt. Dies gilt nicht nur für die Lebensrealität (Faktenlage), sondern auch für deren (u. a.) völkerrechtliche Charakteristika (Rechtslage). Die politische Entscheidung zur Entsendung einer internationalen Friedensmission beruht auf einer Beurteilung dieser Fakten- und Rechtslage, deren gemeinsamen Nenner für gewöhnlich die Feststellung einer Bedrohung von Weltfrieden und internationaler Sicherheit im Sinne von Kapitel VII der Charta der Vereinten Nationen darstellt. Soweit nicht aus den relevanten Dokumenten das Gegenteil hervorgeht, ist die Entsendung einer Friedenstruppe – sei es als militärische Komponente einer Friedensmission, sei es als selbständige militärische Friedensmission – Ausdruck dessen, dass die Notwendigkeit, gerade militärische Fähigkeiten zur Wiederherstellung von Weltfrieden und internationaler Sicherheit zum Ansatz zu bringen, Teil der Folgerungen aus der politisch-strategischen Lagebeurteilung durch den Sicherheitsrat und die anderen beteiligten Entscheidungsverantwortlichen war.[9] Den – hier interessierenden – auf Kapitel VII der Charta der Vereinten Nationen gestützten Resolutionen, mit denen der Sicherheitsrat Friedensmissionen mandatiert, kommt insoweit Feststellungswirkung *erga omnes* zu.[10]

---

8 Die Bezeichnung "internationale Friedensmissionen" wird als Oberbegriff für (militärische) Friedenssicherung (peacekeeping) und (zivile) Friedenskonsolidierung (peace-building) verwendet. Dazu Verf., Ensuring and Enforcing Human Security (2007), S. 18ff.. Friedenssicherung und Friedenskonsolidierung dienen dem Interesse der internationalen Gemeinschaft, Weltfrieden und internationale Sicherheit zu wahren oder wiederherzustellen. Dazu Verf., Friedenssicherung und Friedenskonsolidierung als komplementäre Prozesse, in Menschenrechtszentrum der Universität Potsdam & Forschungskreis Vereinte Nationen (Hrsg.), Chancen für eine Reform der Vereinten Nationen? (2006), S. 78-115.

9 Dies gilt bereits für klassische Blauhelm-Friedenstruppen mit nicht robustem Mandat; für robuste Friedensmissionen muss es erst recht gelten. Die spezifisch militärischen Fähigkeiten, deren sich die internationale Gemeinschaft bei klassischen Blauhelm-Friedenstruppen etwa im Rahmen von Missionen wie z.B. UNOMIG und UNMEE auch heute noch bedient, liegen in der besonderen militärischen Expertise, mittels deren beispielsweise der Charakter von Truppenbewegungen in der Nähe einer Waffenstillstandslinie, die Offensivfähigkeit bestimmter Kräftedispositive der Konfliktparteien, Abschussort und Sorte einer im Zuge von Verletzungen eines Waffenstillstands verwendeter Munition etc. sachverständig festgestellt werden können.

10 Stützt der Sicherheitsrat das Mandat einer Friedensmission auf Kapitel VI der Charta der Vereinten Nationen, entfaltet dieses in vergleichbarer Weise Feststellungswirkung innerhalb der Vereinten

Bei der Auslegung der Mandate internationaler Friedensmissionen und der hierzu erforderlichen Feststellung und Bewertung der Lage in den Einsatzgebieten ist dies als maßgeblich zu berücksichtigen; dies gilt sowohl für die militärstrategische, operative und taktische Ebene innerhalb der im Rahmen der Friedensmission eingesetzten Streitkräfte als auch für die völkerrechtswissenschaftliche Analyse.

Im folgenden soll nach einer Vorbemerkung zur Quellenkunde zunächst in exemplarischer Weise die strategische Lagebeurteilung nebst den sie tragenden Lebenssachverhalten für die Einsatzgebiete von IFOR/SFOR und KFOR nachvollzogen werden und, hierauf fußend, dargestellt werden, welche besonderen Herausforderungen hinsichtlich der Methoden der Auslegung der Mandate internationaler Friedensmissionen und der praktischen Anwendung der durch sie übertragenen Autorität bestehen.

I Zur Feststellung der Lebensrealität in Einsatzgebieten internationaler Friedensmissionen und ihrer völkerrechtlichen Charakteristika

Eine möglichst genaue Kenntnis der Praxis nicht nur auf der politischen, sondern auch auf der Arbeitsebene – deren Bekanntsein auf den übergeordneten Führungsebenen (einschließlich der politisch-strategischen) schon eingedenk der *Command Responsibility*[11] vorausgesetzt werden muss – ist im Hinblick auf die Untersuchung der Entstehung von Völkergewohnheitsrecht in dem noch weitgehend kodifikationsfreien Bereich des Rechts der Friedensmissionen unerlässlich. Zur Feststellung der Lebensrealität in Einsatzgebieten ist man freilich oftmals auf – aus der Sicht des Juristen – unorthodoxe Informationsquellen angewiesen. Die Entscheidung darüber, ob eine internationale Friedensmission mandatiert werden soll, wird in der Regel unter Bedingungen getroffen, die weder Zugang zu den in justizförmigen Verfahren üblichen Dokumenten noch einen umfassenden unmittelbaren "Augenschein" der Entscheidungsverantwortlichen ermöglichen,[12] als politische Entscheidung unterliegt sie zudem dem Einfluss metajuristischer Faktoren.

Nationen als internationaler Organisation sowie – kraft dessen/deren Zustimmung zur Entsendung der Friedensmission – für deren Empfangsstaat(en).

11 Die Command Responsibility Doctrine, für den bewaffneten Konflikt im Anschluss an Art. 86, 87 ZP I nunmehr mit umfassendem Anspruch in Art. 28 IStGH-Statut kodifiziert, verrechtlicht die Dienstaufsichtspflicht militärischer und – nunmehr eindeutig klargestellt (vgl. noch das ICTR-Urteil vom 02. September 1998 – ICTR-96-4-T (Akayesu) – Tz. 491) – ziviler Vorgesetzter hinsichtlich der Rechtsbefolgung ihrer Untergebenen. Zwar ist die völkerrechtliche Strafbewehrung der Command Responsibility Doctrine dem Anwendungsbereich des humanitären Völkerrechts akzessorisch (Gerhard Werle, Völkerstrafrecht, 2. Aufl. (2007), Tz. 949 ff.), indessen gilt sie ohne völkerrechtliche Strafbewehrung angesichts ihres völkergewohnheitsrechtlichen Charakters (Werle, a.a.O., Tz. 453) auch für Friedensmissionen (s.a. Verf., Ensuring and Enforcing Human Security (2007), S. 51f). Hierfür spricht auch ihre Verankerung im nationalen Strafrecht ohne Beschränkung auf den bewaffneten Konflikt (vgl. etwa §§ 40, 41 WStG).

12 Der erst nach der Mandatierung von IFOR/SFOR geleistete richterliche Beitrag zur Überlieferung der Geschichte der Konflikte auf dem Gebiet des ehemaligen Jugoslawien, insbesondere im Urteil in der Rechtssache Tadić (ICTY-Urteil vom 07. Mai 1997 – IT-94-1-T), konnte sich insoweit nicht auswirken.

Bereits die das Mandat einer internationalen Friedensmission verkörpernden Rechtsakte[13] weisen gegenüber klassischer Gesetzgebung gewisse Abweichungen auf, denn sie verbinden feststellende mit gestaltenden Entscheidungselementen. Dies gilt insbesondere für die feststellenden[14] und gestaltenden[15] Teile der auf Kapitel VII der Charta der Vereinten Nationen gestützten Resolutionen des Sicherheitsrats, die oftmals zudem im Wege der Bezugnahme bzw. Verweisung die in anderen relevanten Dokumenten[16] und Rechtsakten[17] enthaltenen Feststellungen und Regelungen integrieren.

---

13 Das internationale Mandat einer Friedensmission kann insbesondere in auf Kapitel VII der Charta der Vereinten Nationen gestützten Resolutionen des Sicherheitsrats, Waffenstillstandsvereinbarungen bzw. Friedensverträgen und ggf. diese ergänzenden Übereinkommen verkörpert sein, sich aber auch aus einer Übereinkunft zwischen dem Empfangsstaat und einer internationalen Organisation mit regionalem Profil bzw. einzelnen Staaten ergeben. Je nach Völkerrechtsverständnis – und unabhängig von Formulierungen in Resolutionen des Sicherheitsrats – kann es sich bei den in einem internationalen Mandat enthaltenen Handlungsermächtigungen um eine Autorisierung der Wahrnehmung von Hoheitsrechten, die Bestätigung der Autorität hierzu, eine Aufforderung zur oder ein Ersuchen um die Wahrnehmung bestimmter Hoheitsrechte handeln. Welche der Möglichkeiten zutrifft, wird oftmals anhand der konkreten Praxis zu bestimmen sein. Vom internationalen Mandat ist einerseits das interne Mandat der internationalen Organisation, die die Friedensmission leitet, zu unterscheiden. Offensichtlich ist dies bei der Mandatierung durch NATO, Europäische Union, OSZE, ECOWAS oder Afrikanische Union. Auch die Mandatierung einer Friedensmission der Vereinten Nationen enthält Elemente rein internen Charakters. Hierzu zählen insbesondere die Errichtung der Mission als Nebenorgan, die Übertragung der Führungsverantwortung auf den Generalsekretär (ggf. einschließlich der Billigung der Führungsorganisation unterhalb des Sekretariats) und die Bereitstellung von Haushaltsmitteln. Andererseits müssen vom internationalen Mandat die nationalen Mandate der truppenstellenden oder sonst an der Friedensmission beteiligten Staaten unterschieden werden.

14 Beispielsweise enthalten die Präambeln der IFOR bzw. KFOR mandatierenden Resolutionen 1031 (1995) bzw. 1244 (1999) die gleichlautende ausdrückliche Feststellung, "dass die Situation in der Region auch weiterhin eine Bedrohung des Weltfriedens und der internationalen Sicherheit darstellt". Andere Feststellungen sind zwar nicht stets ausdrücklich als solche gekennzeichnet, ergeben sich aber eindeutig aus dem Kontext, so, wenn der Sicherheitsrat z.B. in der Präambel der Resolution1244 (1999) formuliert, dass er zu seiner Entscheidung über den Inhalt der Resolution "unter Verurteilung aller Gewalthandlungen gegen die Bevölkerung des Kosovo sowie aller terroristischen Handlungen, gleichviel, von welcher Seite sie begangen werden" – "Condemning all acts of violence against the Kosovo population as well as all terrorist acts by any party" - (Hervorhebung jeweils im Original) gelangt. Diese Formulierung enthält die Feststellungen, dass im Kosovo Gewalthandlungen gegen die dortige Bevölkerung und terroristische Handlungen begangen werden und dass diese Verstöße nicht nur von einer der Konfliktparteien begangen werden; sie enthält zudem nicht die Aussage, dass diese Verstöße der Vergangenheit angehören, was man - wie wohl der Übersetzer - als diplomatisch zurückhaltende Feststellung dessen, dass sie noch andauern, verstehen mag.

15 Soweit der Sicherheitsrat nicht – wie beispielsweise im Fall der International Police Task Force (IPTF) in Bosnien-Herzegowina in Tz. 2 der Resolution 1034 (1995) und in demjenigen der United Nations Transitional Administration in East Timor in Tz. 1 der Resolution 1272 (1999) – selbst die Einrichtung einer Friedensmission beschließt, ermächtigt er Mitgliedstaaten und internationale Organisationen (vgl. Tz. 14 der Resolution 1031 (1995) und Tz. 7 der Resolution 1244 (1999)) oder den Generalsekretär (vgl. Tz. 10 der Resolution 1244 (1999)) dazu, dies zu tun.

16 Häufig nimmt der Sicherheitsrat auf politische Dokumente, insbesondere Berichte des Generalsekretärs, Bezug. Die Präambel der Resolution 1244 (1999) zeigt freilich, dass der Sicherheitsrat sich hierauf nicht beschränkt; er hat dort seine Genugtuung zum Ausdruck gebracht: – "über die am 6. Mai 1999 verabschiedeten allgemeinen Grundsätze zur politischen Lösung der Kosovo-Krise" (Erklärung des Vorsitzenden zum Abschluss des Treffens der Außenminister der G-8 auf dem Petersberg am 6. Mai 1999) und – über die Zustimmung der Bundesrepublik Jugoslawien zu den Grundsätzen, "die in den Punkten 1 bis 9 des am 2. Juni 1999 in Belgrad vorgelegten Papiers" enthalten sind (Grundsatzvereinbarung zu dem Zweck, zu einer Lösung der Kosovo-Krise zu

Was hinsichtlich der Informationsquellen für die Lagefeststellung zu Beginn einer Friedensmission gilt, trifft insoweit während laufenden Einsatzes erst recht zu. Bei der Verlängerung der Mandate von Friedensmissionen nimmt der Sicherheitsrat in der Regel in den Text der relevanten Resolution auf, dass er von den einschlägigen Fortschrittsberichten Kenntnis genommen hat. Diese enthalten – bisweilen im Wege der Weiterverweisung – Informationen von für die betreffende Entscheidung erheblicher oder gar ausschlaggebender rechtlicher Bedeutung.[18] Neben den einschlägigen Rechtsakten sind politische Dokumente, insbesondere Berichte der Friedensmissionen oder der sie leitenden internationalen Organisationen an den Sicherheitsrat der Vereinten Nationen, ferner von ihnen herausgegebene Stellungnahmen und Kommuniqués, im Regelfall die einzigen offiziellen Dokumente von Relevanz – inzwischen im Rahmen der Völkerstrafrechtspflege ergangene Urteile sind naturgemäß hinsichtlich der Lageentwicklung seit der Waffenruhe bzw. dem Ende des Konflikts selbst dann unergiebig, wenn sie eine ausführliche Darstellung des Konflikts selbst und seiner Vorgeschichte enthalten.[19] Daneben kann Berichten von Nichtregierungsorganisationen erhebliche Bedeutung zukommen[20]. Als weitere öffentlich zugängliche Quellen stehen Presseberichte, Transkripte der in den Einsatzgebieten gehaltenen Pressekonferenzen[21] und nicht eingestufte Aus- und Weiterbildungsmaterialien[22] zur Verfügung. Mit diesen Quellen kann im Rahmen dessen, was angesichts bestehender Geheimhaltungsbedürfnisse möglich ist, sowohl ein nachvollziehbares Lagebild als auch ein hinreichendes Bild der auf die jeweilige Lage

---

gelangen (EU-Friedensplan) sowie diese Dokumente der Resolution als Anhänge beigefügt, womit ihr Inhalt an den rechtlichen Wirkungen der Resolution teilhat.

17 Zu denken ist im gegenständlichen Kontext insbesondere an die wiederholte Bezugnahme auf den Friedensvertrag von Dayton und seine Anhänge in Resolution 1031 (1995).

18 Die Überleitung von IFOR zu SFOR eignet sich insoweit als geradezu klassisches Beispiel. Aus der Präambel von Resolution 1088 (1996), mit der der Sicherheitsrat erstmals SFOR mandatierte, ergibt sich, dass der Sicherheitsrat den Bericht des Generalsekretärs vom 09. Dezember 1995 betreffend die Umsetzung von Resolution 1035 (1995) (VN-Dokument S/1996/1017) behandelt hat. In diesem Bericht sind die in Resolution 1088 (1996) nicht zitierten Schlussfolgerungen der zweiten Peace Implementation Conference (04./05. Dezember 1996) (Anhang zu VN-Dokument S/1996/1012) referenziert, aus denen sich sowohl die Bereitschaft der NATO ergibt, unter denselben robusten Rules of Engagement wie für IFOR ab 1997 eine neue Friedenstruppe – SFOR – zu stellen (Tz. 10), wie auch der Umstand, dass Bosnien-Herzegowina (Tz. 104) sowie Kroatien und die damalige Bundesrepublik Jugoslawien (Tz. 105) dies begrüßen.

19 Vgl. insoweit etwa das ICTY-Urteil vom 7. Mai 1997 – IT-94-1-T (Tadić) – Tz. 53-179 und das ICTR-Urteil vom 02. September 1998 – ICTR-96-4-T (Akayesu) – Tz. 78-129.

20 Das gilt zumal, wenn diese – wie zur Vorbereitung der Concluding Observations des Ausschusses für Menschenrechte bezüglich UNMIK – von einem Nebenorgan der Vereinten Nationen angefordert werden. Vgl. die auf der Website des Hochkommissars für Menschenrechte abrufbaren Dokumente; http://www.ohchr.org/english/bodies/hrc/hrcs87.htm (eingesehen am 22. Oktober 2007). Hervorzuheben ist insoweit die Arbeit der International Crisis Group, von Human Rights Watch und von Amnesty International.

21 Beispielsweise hat die NATO die Transkripte der internationalen Pressekonferenzen in Bosnien-Herzegownia (IFOR/SFOR) und im Kosovo (KFOR) online gestellt. Die Vereinten Nationen verfolgen eine vergleichbare Informationspolitik.

22 Hier verdienen die Kompendien des Center for Law and Military Operations (CLAMO) des U.S. Army Judge Advocate's Corps besondere Hervorhebung; im gegenständlichen Kontext insbesondere CLAMO (Hrsg.), Law and Military Operations in the Balkans 1995-1998 – Lessons Learned for Judge Advocates, Charlottesville/Virginia (1998) sowie Law and Military Operations in Kosovo: 1999-2001 – Lessons Learned for Judge Advocates, Charlottesville/Virginia (2001).

bezogenen praktischen Anwendung der einer internationalen Friedensmission durch ihr Mandat übertragenen Autorität gewonnen werden.[23] Zu beachten ist freilich, dass zumal Berichte von Nichtregierungsorganisationen und Äußerungen gegenüber der Presse den Nachteil eines durch die jeweils verfolgten konkreten Interessen begrenzten Objektivitätsgrads aufweisen; in eingeschränktem Maße mag dies – nicht zuletzt angesichts des sowohl im Hinblick auf die Dauer von Friedensmissionen als auch die von ihnen erwarteten substantiellen Verbesserungen der Lage im Einsatzgebiet bestehenden Erfolgsdrucks – sogar auch für die Berichte an den Sicherheitsrat der Vereinten Nationen gelten. Angesichts dessen wird es sich nicht vermeiden lassen, dass es zuweilen an konsolidierten detailgenauen Informationen über das Verhalten des eingesetzten zivilen und militärischen Personals und der hierfür maßgeblichen Regelwerke unterhalb des jeweiligen internationalen Mandats fehlt.[24]

II Die Lagebilder zu Beginn von IFOR/SFOR und KFOR

Weder Bosnien-Herzegowina noch Kosovo waren aus der Perspektive der internationalen Gemeinschaft *terra incognita*, als der Sicherheitsrat der Vereinten Nationen 1995 bzw. 1999 die Friedensmissionen IFOR und KFOR mandatierte.[25] IFOR folgte UNPROFOR, im Kosovo hatte bis kurz vor Beginn der Operation ALLIED FORCE die durch die NATO-Operation Eagle Eye[26] mittels Überwachung aus der Luft unterstützte

23 In den internationalen Pressekonferenzen werden umfangreiche – nicht eingestufte – Informationen über konkrete Operationen weitergegeben; oftmals wird zudem die dafür in Anspruch genommene Rechtsgrundlage im internationalen Mandat zitiert und somit die Praxis ihrer Anwendung dokumentiert. Berichte von Nichtregierungsorganisationen enthalten in der Regel vergleichbare Informationen, die teilweise der Presse entnommen, teilweise von Mitarbeitern der betreffenden Organisation vor Ort im Einsatzgebiet recherchiert werden; des weiteren enthalten sie häufig eine Darstellung der Rechtsauffassung der betreffenden Organisation zu einer bestimmten Frage.

24 Vgl. hierzu am Beispiel der Rules of Engagement (ROE) Sylvia Charlotte Spies, Die Bedeutung von "Rules of Engagement" in multinationalen Operationen: Vom Rechtskonsens der truppenstellenden Staaten zu den nationalen Dienstanweisungen für den Einsatz militärischer Gewalt, in: Dieter Weingärtner (Hrsg.), Einsatz der Bundeswehr im Ausland, Rechtsgrundlagen und Rechtspraxis (2007), 115ff., die bereits in der Einleitung ihres Beitrags darauf hinweist, dass sie auf den Inhalt von ROE nur in abstrakter Form eingehen könne. Verdienstvoll ist insoweit die grundlegende Darstellung von Peter Dreist, Rules of Engagement in multinationalen Operationen – ausgewählte Grundsatzfragen, Teile I & II, in: NZWehrr 2007, 45ff., 99ff.; vgl. bereits Stephan Weber, Rules of Engagement – Ein Paradigmenwechsel für Einsatz und Ausbildung?, in: HuV-I 2001, 76ff.

25 Das IFOR-Mandat wurde 1996 unverändert auf die Folgemission SFOR übertragen; die NATO hatte die mit diesem Mandat verbundene Autorität unbeschadet der Überleitung als für den Erfolg des Friedensprozesses unverändert notwendig erachtet. Vgl. Tz. 10 der Schlussfolgerungen der zweiten Peace Implementation Conference (04./05. Dezember 1996) (Anhang zu VN-Dokument S/1996/1012). Dies kann als Ausdruck dessen gewertet werden, dass der Friedensprozess in Bosnien-Herzegowina unbeschadet der Erfolge von IFOR von politischer Warte aus unverändert als fragil, namentlich militärischem und/oder paramilitärischem Bedrohungspotential ausgesetzt, angesehen wurde.

26 Vgl. die Übereinkunft zwischen der NATO und der Bundesrepublik Jugoslawien vom 19. Oktober 1999 – VN-Dokument S/1998/991, Annex. Vgl. auch http://www.afsouth.nato.int/operations/deteagle/Eagle.htm (eingesehen am 05. Dezember 2007).

Kosovo Verification Mission der OSZE (KVM)[27] ihren Auftrag durchgeführt. Diese Missionen hatten – ebenso wie der Generalsekretär der Vereinten Nationen – im Rahmen ihres jeweiligen Auftrags dem Sicherheitsrat Berichte vorgelegt, die – neben den relevanten internationalen Vereinbarungen – ein für die Mandatierung hinreichendes strategisches Lagebild vermittelten. Die Kernelemente dieser Lagebilder sollen im Folgenden in stark abstrahierender Weise dargestellt werden.

Die Lage in Bosnien-Herzegowina 1995 war gekennzeichnet von der Präsenz eines multiethnischen Staatsvolks, dessen geographische Verteilung innerhalb des Landes die teilweise erfolgreiche ethnische Säuberung reflektierte. Hinzu kamen die Wirkungen des dem Daytoner Friedensschluss vorangegangenen dreijährigen bewaffneten Konflikts; neben der großen Zahl beschädigter oder zerstörter Gebäude standen hierfür insbesondere die höchste Minendichte Europas und eine große Zahl Waffen außerhalb staatlicher Kontrolle. Dem korrespondierte eine rechtstatsächliche Gemengelage aus internationalem und nicht-internationalem bewaffnetem Konflikt, die bereits aus dem Kreis der Parteien des Friedensvertrags von Dayton und seiner Anhänge – den Staaten Kroatien, Bundesrepublik Jugoslawien (Serbien-Montenegro) und Bosnien-Herzegowina sowie den innerhalb des letzteren existierenden Entitäten, der muslimisch-kroatischen Föderation und der Republika Srpska – ersichtlich ist. Gleichwohl haben den Friedensvertrag von Dayton nur die Hauptparteien des bewaffneten Konflikts geschlossen.[28,29] Die in Art. IX des Friedensvertrags verklausuliert formulierte Pflicht zur Zusammenarbeit mit dem Jugoslawien-Tribunal (ICTY) veranschaulicht, dass im Zeitpunkt des Friedensschlusses viele Kriegsverbrecher noch auf freiem Fuß und unverändert politisch sowie militärisch einflussreich waren. In Bestätigung des Friedensvertrags, aber auch aus eigenem Recht der internationalen Gemeinschaft schließlich setzte Resolution 1031 (1995) des Sicherheitsrats der Vereinten Nationen mit der Begründung von Hoheitsgewalt in den Händen der NATO, repräsentiert durch IFOR, und des Hohen Repräsentanten des Generalsekretärs für die Vereinten Nationen selbst, die bedeutendste in die Zukunft weisende Rechtstatsache.

Im Kosovo bestand der ethnische Aspekt des 1999 relevanten Lagebilds darin, dass die Mehrheitsbevölkerung in der Provinz den Charakter einer Minderheit im (rest-)

27 Vgl. die Übereinkunft zwischen der OSZE und der Bundesrepublik Jugoslawien vom 16. Oktober 1999 – VN-Dokument S/1998/978, Enclosure to Annex; die Mission wurde durch Resolution 1203 (1998) des Sicherheitsrats der Vereinten Nationen bestätigt. Vgl. auch http://www.osce.org/item/22063.html (eingesehen am 05. Dezember 2007).

28 Erkennbar wird dies insbesondere aus der Befriedungspflicht im Hinblick auf von die ihnen kontrollierten und die von ihnen (jedenfalls formal) unabhängigen, aber auf dem unter ihrer Kontrolle stehenden Gebiet agierenden militärischen bzw. paramilitärischen Kräfte. Insoweit bestimmt dies Art. II Abs. 1 des Anhangs 1A zum Friedensvertrag von Dayton: Each Party shall ensure that all personnel and organizations with military capability under its control or within territory under its control, including armed civilian groups, national guards, army reserves, military police, and the Ministry of Internal Affairs Special Police (MUP) (hereinafter "Forces") comply with this Annex.

29 Trotz des Friedensvertrags von Dayton bestand in Bosnien-Herzegowina beim Beginn von IFOR also kein umfassender formeller Friedenszustand. Zum Erfolg der NATO- und EU-Friedensmissionen in Bosnien-Herzegowina gehört auch, dass dieser inzwischen hergestellt ist. Mit der Entscheidung für das bevorstehende Ende der Friedensmission EUFOR ALTHEA zeigt die internationale Gemeinschaft, dass sie auch von einem baldigen Erreichen eines dauerhaften substantiellen Friedens ausgeht.

jugoslawischen Gesamtstaat hatte und zudem die Kosovo-Albaner seit (spätestens) 1989 gezielt aus dem öffentlichen Leben verdrängt worden waren. Bereits der kurze, aber intensive bewaffnete Konflikt zwischen UCK und serbischen Militär- und Polizeikräften ging mit Ansätzen einer ethnischen Säuberung einher, die während der Dauer der Operation ALLIED FORCE gezielt forciert wurde; bei Wirksamwerden des KFOR-Mandats waren rund 400000 Personen im Kosovo auf der Flucht oder aus der Provinz geflohen. Auch im Kosovo war eine große Zahl Waffen staatlicher Kontrolle entzogen; der Hinweis auf Jurisdiktionsgewalt und Mandat des Jugoslawien-Tribunals (ICTY) in Resolution 1244 (1999) bezeugt, dass 1999 auch bezogen auf den Kosovo-Konflikt Kriegsverbrechen und Verbrechen gegen die Menschlichkeit justitiell aufzuarbeiten waren. Schließlich blieb die Unabhängigkeitssehnsucht der Kosovo-Albaner unerfüllt, da die politische Lösung des Kosovo-Konflikts durch Resolution 1244 (1999) erst für die Zukunft in Aussicht gestellt wurde. Die Rechtstatsachen, die dieser Lebenswirklichkeit gegenüberstehen, sind ebenfalls Ausdruck einer vielschichtigen Gemengelage. Zeitgleich fanden im Kosovo ein interner bewaffneter Konflikt und die humanitäre Intervention[30] des nordatlantischen Bündnisses (Operation ALLIED FORCE) statt; die Feindseligkeiten endeten infolge eines Waffenstillstands zwischen der NATO – vertreten durch den Kommandeur KFOR – und Jugoslawien/Serbien,[31] zwischen der UCK und Serbien trat lediglich eine *de facto*-Waffenruhe ein. Wie im Fall Bosnien-Herzegowinas ergibt sich auch im Hinblick auf Kosovo die wichtigste zukunftsgerichtete Rechtstatsache aus der Entscheidung des Sicherheitsrats, das internationale Mandat mit Verbindlichkeit *erga omnes* auszustatten. Resolution 1244 (1999) des Sicherheitsrats der Vereinten Nationen enthält sowohl die Suspendierung der Hoheitsrechte Serbiens als auch die Begründung originärer Hoheitsgewalt in den Händen von NATO/KFOR und den Vereinten Nationen, letztere vertreten durch den Sonderbeauftragten des Generalsekretärs in seiner Eigenschaft als Leiter der Friedensmission UNMIK.

III Die Charakteristika der Lagebilder zu Beginn und im Verlauf von Friedensmissionen

Friedensmissionen heißen nicht Friedensmissionen, weil ihre Operationen in einem Gebiet stattfinden, in dem der Friedenszustand herrscht, sondern weil ihr Auftrag ist, zur Wahrung bzw. Wiederherstellung des Friedens in ihrem Einsatzgebiet beizutragen. Daher hat bereits in der Praxis des klassischen Peacekeeping zu keiner Zeit für die politische Entscheidungsfindung ausschlaggebende Bedeutung gehabt, ob im Einsatzgebiet der Friedensmission der Kriegszustand – gemildert durch einen Waffenstillstand – herrschte, ein noch nicht beendeter nicht-internationaler bewaffneter Konflikt – ggf. gemildert durch eine Waffenruhe – bestand oder ein förmlicher, gleichwohl fragiler Friedensschluss der bedeutendsten oder sogar aller Konfliktparteien erfolgt war. Das entspricht der Rechtslage, denn weder Kapitel VI noch Kapitel VII der Charta der Ver-

30 Die Frage, ob diese humanitäre Intervention völkerrechtlich gerechtfertigt war, ist nicht Gegenstand dieses Beitrags. Zur Position des Verf. vgl. Irak-Krieg und Völkerrecht, in NZWehrr 2004, 221.

31 Die Waffenstillstandsbedingungen ergeben sich aus dem Military Technical Agreement between the International Security Force ("KFOR") and the Governments of the Federal Republic of Yugoslavia and the Republic of Serbia.

einten Nationen stellen ausdrücklich auf die Existenz eines bestimmten Rechtszustands ab.[32]

Wie zumal die Praxis des Sicherheitsrats seit dem Ende des Kalten Kriegs bezeugt, hat die dogmatische Unterscheidung zwischen Krieg und Frieden in ihrer Eigenschaft als Rechtszuständen jedenfalls für die internationale Friedenssicherung jene ursprüngliche Bedeutung eingebüßt, die ihr in einer von absoluter, insbesondere durch das *ius ad bellum* geprägter, äußerer Souveränität der Staaten dominierten internationalen Ordnung zukam. Obschon die skizzierten Lagebilder in Bezug auf die klassische Unterscheidung von Krieg und Frieden deutliche Unterschiede aufweisen, hat der Sicherheitsrat der Vereinten Nationen für die militärischen Aspekte[33] beider Friedensprozesse in Ansehung ihrer Robustheit ähnliche Mandate angenommen; die NATO führt ihre Friedensmissionen auf dem Balkan im Rahmen eines einheitlichen strategischen Operationsplans durch.

Die Charakteristika der Lagebilder zu Beginn von IFOR/SFOR und KFOR zeigen, dass unbeschadet der bei formal juristischer Betrachtung bestehenden Unterschiede im Detail – jedenfalls aus strategischer Perspektive – vergleichbare Bedrohungsszenarien für Weltfrieden und internationale Sicherheit existierten. Jeweils bestand eine Gemengelage aus internationalem und nicht internationalem bewaffnetem Konflikt, wobei die Kriegführung insbesondere in Gestalt ethnischer Säuberungen gewisse Entartungstendenzen aufgewiesen hatte, die als Kriegsverbrechen und Verbrechen gegen die Menschlichkeit – in Bosnien-Herzegowina auch als Völkermordhandlungen[34] – Gegenstand internationaler Strafverfolgung wurden. Dieser äußeren Instabilität korrespondierte eine

32 Anknüpfungspunkt für Maßnahmen auf der Grundlage von Kapitel VI der Charta der Vereinten Nationen ist die Existenz einer "Streitigkeit, deren Fortdauer geeignet ist, die Wahrung des Weltfriedens und der internationalen Sicherheit zu gefährden" (Art. 33 der Charta), für Maßnahmen auf der Grundlage von Kapitel VII der Charta ist es die Feststellung des Sicherheitsrats, dass "eine Bedrohung oder ein Bruch des Friedens oder eine Angriffshandlung vorliegt" (Art. 39). Der Wortlaut von Art. 33 der Charta schließt Maßnahmen nach Kapitel VI zur Stabilisierung eines prekär gewordenen Waffenstillstands oder zur Herbeiführung eines solchen ebenso wenig aus wie Art. 39 der Charta bei bestehendem Friedenszustand die Feststellung einer Bedrohung des Friedens mit hieran anschließender Autorisierung von Zwangsmaßnahmen im Sinne von Art. 42 der Charta auf der Grundlage "der Auffassung, dass die in Artikel 41 vorgesehenen Maßnahmen [unter Ausschluss von Waffengewalt] unzulänglich sein würden", ausschließt. Dasselbe ergibt sich aus dem Gesichtspunkt, dass die Merkmale "Bedrohung oder Bruch des Friedens" keine aktuelle oder potentielle Völkerrechtsverletzung als Voraussetzung des Handelns des Sicherheitsrats implizieren (Frowein/Krisch, in: Simma (ed.), Charter of the United Nations, 2 ed (2003), Art. 39 Tz. 9). Die Entfesselung eines Angriffskriegs ist die typische Völkerrechtsverletzung, die den Übergang vom Friedens- zum Kriegszustand markiert. Zur Fortdauer der Verpflichtung zur friedlichen Streitbeilegung aus Kapitel VI der Charta auch nach Beginn von Feindseligkeiten Tomuschat, ebd., Art. 33 Tz. 14.

33 In Anlehnung an die Kategorienbildung im Friedensvertrag von Dayton wird generell zwischen den militärischen und zivilen Aspekten eines Friedensprozesses unterschieden. Für Bosnien-Herzegowina und Kosovo manifestiert(e) sich diese Unterscheidung insbesondere in dem Nebeneinander von NATO-Friedenstruppen (IFOR/SFOR bzw. KFOR) und einer zivilen Friedensmission der Vereinten Nationen (OHR nebst UNMIBH bzw. UNMIK).

34 Neben der einschlägigen ICTY-Rechtsprechung ist insoweit insbesondere das IGH-Urteil vom 26. Februar 2007 – Bosnien-Herzegowina./Serbien – hervorzuheben, in dem der Völkermordcharakter der ethnischen Säuberung Srebrenicas (vgl. Tz. 278-297) ebenso wie die völkerrechtliche Verantwortlichkeit Serbiens in seiner Eigenschaft als Rechtsnachfolger der Bundesrepublik Jugoslawien dafür, dass dieser weder verhindert noch bestraft worden ist (Tz. 438/449f), bestätigt wurde.

Instabilität im Innern, die durch eine schwache bis ineffektive Staatsgewalt bei gering ausgeprägter Kohärenz der Gesellschaft gekennzeichnet war. Neben eine insgesamt niedrig ausgeprägte Verankerung des Staats in der Gesellschaft trat hierbei sowohl ein erhebliches Vertrauensdefizit staatlicher Institutionen als auch eine überwiegend empfundene Rechtsunsicherheit, die vor allem auf die spezifischen Formen der Ausübung bzw. Nichtausübung staatlicher Hoheitsgewalt während der Konflikte 1992-1995 bzw. 1989-1999 zurückging. Ebenfalls dem jeweiligen bewaffneten Konflikt geschuldet war die gesteigerte Bereitschaft zur Selbsthilfe, die sich in Gestalt eines erheblichen Maßes privater – oft organisierter – Gewalt- und Konfliktbereitschaft niederschlug. Dabei waren zurückgelassene Waffen, Munitionsreste und Ruinen nicht die einzigen Kriegs- bzw. Konfliktrückstände; vielmehr waren derartige "Rückstände" auch in den vorherrschenden Mentalitäten deutlich feststellbar.

Im Verlauf von IFOR/SFOR/NHQ Sarajevo[35] und KFOR wurde zwar das Lagebild insgesamt Schritt für Schritt verbessert. Diese Verbesserung wirkte sich freilich nicht bei allen Parametern der Bedrohungslage in gleicher Weise aus. Erkennbar wird dies daran, dass beispielsweise in Bosnien-Herzegowina noch 2004 Kriegswaffen und Waffensysteme in vorbereiteten Stellungen gefunden wurden; so konnte SFOR eine Haubitze nebst zugehöriger Munition feststellen und neutralisieren. Im Kosovo bezeugen nicht nur die Märzunruhen des Jahres 2004 und die Februarunruhen des Jahres 2007 die Fortexistenz von auch paramilitärisch nutzbaren Mobilisierungsmechanismen – wobei nicht auszuschließen ist, dass bei Kenntnis der relevanten Nachrichtenlage sogar feststehen könnte, dass die paramilitärische Nutzung dieser Mobilisierungsmechanismen nicht nur Möglichkeit, sondern Realität ist. Auch die mit der Problematik des illegalen Holzeinschlags verbundenen Fälle von privater Gewalt[36] stehen dafür, dass es unverändert realistisch ist, im Kosovo Ansatzpunkte für paramilitärische Fähigkeiten zu vermuten, die nicht vollständig neutralisiert sind.

Die auf Kapitel VII der Charta der Vereinten Nationen gestützten Mandate der Friedensmissionen IFOR/SFOR (und OHR/UNMIBH) bzw. KFOR (und UNMIK) haben die sowohl die relevanten Rechtstatsachen als auch Lebenssachverhalte erfassende Gemengelage aus internationalem und nicht internationalem bewaffnetem Konflikt vom Zeitpunkt ihres Wirksamwerdens an mit für eine Übergangszeit übertragener Hoheitsgewalt überlagert: unbeschadet der Unterschiede in Einzelheiten haben sie die Ausübung der Gebiets- und Personalhoheit des eigentlich völkerrechtliche Jurisdiktion ausübenden Staats nebst dessen Organisationshoheit über die zur Ausübung der Staatsgewalt berufenen Organe in dem jeweils bestimmten Umfang suspendiert[37] und die NATO

---

35 Das SFOR-Mandat wurde durch Resolution 1575 (2004) gleichrangig auf EUFOR ALTHEA und das NATO Headquarters Sarajevo übertragen.

36 Vgl. dazu Verf., KFOR: Current Legal Issues, in: HuV-I 2007, 24/30f.

37 Hinsichtlich Resolution 1244 (1999) ergibt sich dies sowohl aus der Art der Begründung der den Friedensmissionen KFOR und UNMIK übertragenen Hoheitsgewalt als auch aus der Charakterisierung der im Kosovo für die internationale Zivilpräsenz eingerichteten Organe als "provisional democratic self-governing institutions" ("vorläufige demokratische Selbstverwaltungsinstitutionen") (Tz. 10). In diversen UNMIK-Resolutionen ist dann von "Provisional Institutions of Self-Government" die Rede. Resolution 1244 (1999) verwendet auch folgende Terminologie: "substantial autonomy and self-government" ("substantielle Autonomie und Selbstverwaltung") – Tz. 11(a); "provisional institutions for democratic and autonomous self-government" ("vorläufige Institutionen

und ihre Mitgliedstaaten sowie den Generalsekretär der Vereinten Nationen autorisiert, IFOR/SFOR bzw. KFOR sowie OHR/UNMIBH bzw. UNMIK originäre Hoheitsgewalt zu übertragen.[38]

IV Methodische Folgerungen

Die eingangs formulierte Prämisse, eine Rechtsordnung müsse den sozialen Realitäten gerecht werden, für die sie gelten soll, fordert für die völkerrechtswissenschaftliche Analyse der Praxis internationaler Friedensmissionen in ihren Einsatzgebieten, dass ein Geltungsanspruch bestimmter Rechtsmaterien und/oder Rechtssätze nur dann glaubwürdig postuliert werden kann, wenn sie hinreichenden Bezug zur Einsatzrealität hat. Diesem Anspruch vermögen hinsichtlich der Sachverhaltsfeststellung – in Ansehung ihres Präzisionsgrads ohnedies nicht immer über jeden Zweifel erhabene – "Ferndiagnosen" ebenso wenig gerecht zu werden wie hinsichtlich der Bestimmung des anwendbaren Rechts ein wohlmeinender Export der Grundsätze und Regeln, die im stabilen, in einer kohärenten Gesellschaft verwurzelten demokratischen Verfassungsstaat gelten.

Die völkerrechtswissenschaftliche Analyse der Praxis internationaler Friedensmissionen vermag daher nicht über das in ihren Einsatzgebieten omnipräsente Dilemma hinwegzuhelfen: Zwar haben zumal die aus zutiefst friedlichen heimatlichen Verhältnissen kommenden Angehörigen einer Friedensmission bestimmte Werte als Grundlage des eigenen Handelns verinnerlicht, indes sollen sie in einem Umfeld auf deren Verwirklichung drängen, das diesen Werten nicht den besten Nährboden bereitet. Sie stehen daher vor der Herausforderung, von den für das eigene Handeln maßgeblichen Werten

---

für eine demokratische und autonome Selbstverwaltung") – Tz. 11(c). Hierbei fällt auf, dass die deutsche Übersetzung von "self-government" mit "Selbstverwaltung" von der amtlichen deutschen Übersetzung desselben Begriffs in Art. 73 der Charta der Vereinten Nationen abweicht; dort ist "self-government" mit "Selbstregierung" übersetzt. Es kann davon ausgegangen werden, dass in Resolution 1244 (1999) das gemeint ist, was der deutsche Begriff "Selbstregierung" bezeichnet. Die Terminologie der Resolution läßt nämlich erkennen, dass eine Rückkehr des Kosovo unter volle serbische Souveränität gegen den Willen seiner Bevölkerung schon 1999 politisch nicht gewollt war. Dies ergibt sich daraus, dass als provisorisch die Institutionen bezeichnet werden, nicht der Zustand "Selbstregierung". Aus der Verweisung auf die Grundsätze des (gescheiterten) Friedensvertrags von Rambouillet (VN-Dokument S/1999/648) ergibt sich dasselbe. Dieser Friedensvertrag war mit "Interim Agreement for Peace and Self-Government in Kosovo" überschrieben; er sah nicht nur eine Begrenzung der Hoheitsrechte der Bundesrepublik Jugoslawien und Serbiens über das Kosovo (Kap. 1 Art. I Abs. 3 & 4), sondern auch die Schaffung eines Mechanismus zur Herbeiführung einer abschließenden Regelung in Bezug auf Kosovo nach Ablauf von drei Jahren (Kap. 8 Art. I Abs. 3) vor. Abschließend sei darauf hingewiesen, dass der Begriff "self-government" in Art. 73 der Charta der Vereinten Nationen Ausdruck eines Kompromisses ist, mit dem auf Betreiben Frankreichs und des Vereinigten Königreichs die Verwendung des Begriffs "independence" vermieden wurde. Gleichwohl sollte der Begriff "self-government" die Möglichkeit der Unabhängigkeit gerade nicht ausschließen. Dazu Fastenrath in Simma (ed.), Charter of the United Nations, 2 ed (2003), Art. 73 Tz. 4.

38 Hingegen kann Resolutionen 1031 (1995) und 1244 (1999) nicht entnommen werden, dass den genannten Friedensmissionen bestimmte Hoheitsrechte des jeweils gebietsverantwortlichen Staats zur treuhänderischen Wahrnehmung anvertraut worden seien. Weder lässt der Wortlaut der Resolutionen hierauf schließen noch wäre die Autorisierung, IFOR/SFOR und KFOR mit allen notwendigen Mitteln zur Wahrnehmung ihrer Verantwortlichkeiten zu errichten, erforderlich gewesen, wenn ihnen diese Mittel bereits aufgrund treuhänderischer Übertragung lokaler Hoheitsgewalt zur Verfügung gestanden hätten.

andere Grundsätze und Normen herzuleiten, als sie dies aus ihrem heimatlichen Umfeld als selbstverständlich gewohnt sind. Insbesondere neigt sich die Waage, mit der Freiheit und Sicherheit austariert werden, in einer Postkonfliktsituation deutlich stärker zur Seite der Sicherheit hin als in nachhaltig befriedeten demokratischen Verfassungsstaaten.

Dieser Herausforderung muss sich nicht nur derjenige – praktisch und analytisch – stellen, der als Angehöriger einer Friedensmission oder der sie leitenden internationalen Organisation arbeitet, es darf sie – intellektuell – auch derjenige nicht aus den Augen verlieren, der sich mit der Praxis internationaler Friedensmissionen völkerrechtswissenschaftlich befasst. Hierbei kommt, wie in den vorangegangenen Abschnitten veranschaulicht, hinsichtlich der Bewertung der relevanten Sachverhaltsfeststellung einer induktiven Methode besondere Bedeutung zu, zumal auch in jedem Einsatzgebiet eine andere Rechtslage herrscht. Die wichtigsten Kriterien zur Bestimmung der Rechtslage, auf welche die internationale Gemeinschaft mit der Mandatierung einer Friedensmission antwortet, ergeben sich aus den Fragen, ob noch ein internationaler oder nicht internationaler bewaffneter Konflikt herrscht, der ggf. durch einen Waffenstillstand oder eine Waffenruhe in seinen Wirkungen abgemildert ist bzw. ob ein etwa bestehender formaler Friedenszustand nur zwischen einigen oder zwischen allen Konfliktparteien herrscht. Hinsichtlich der Bedrohung von Weltfrieden und internationaler Sicherheit, deren nachhaltige Beseitigung die bedeutendste von der Friedensmission zu erzielende Wirkung ist, sind Faktoren wie Art und Zahl der Waffen und Waffensysteme in ihrem zugewiesenen Operationsraum,[39] insbesondere außerhalb staatlicher Kontrolle, der Grad der Bereitschaft zur Selbsthilfe mittels privater – oft organisierter – Gewalt, die Bedingungen für die insgeheime Fortexistenz paramilitärischer und/oder militärischer Strukturen und Mechanismen, das Maß der Stabilität und Kohärenz staatlicher Institutionen der Sicherheits- und Daseinsvorsorge (einschließlich offizieller Streitkräfte) nebst dem Vertrauen, das sie bei der Bevölkerung des Einsatzgebiets genießen, sowie die Möglichkeiten fortdauernder Einflussnahme des oft mit Kriegsverbrechen, Verbrechen die Menschlichkeit oder Völkermordhandlungen belasteten zivilen wie militärischen Führungspersonals der Konfliktzeit bestimmend.

Zutreffende Mandatsinterpretation ist ohne Analyse der Feststellungen zu den für die Bedrohung von Weltfrieden und internationaler Sicherheit relevanten Faktoren, die der Sicherheitsrat der Vereinten Nationen getroffen oder referenziert hat bzw. die bei einem konsentierten Mandat in den Übereinkommen mit dem Empfangsstaat nebst sonstigen relevanten Dokumenten enthalten sind, kaum denkbar. Weder der Charakter einer Friedensmission noch die ihr anvertrauten Verantwortlichkeiten ("responsibilities") und Einzelaufgaben ("tasks"), noch die zu deren Verwirklichung für eine Übergangszeit übertragene Hoheitsgewalt lassen sich ohne Ansehen des Zustands, den zu verändern die Friedensmission berufen ist, korrekt erfassen. Vielmehr gibt die in der dargestellten

39 Das NATO Glossary of Terms and Definitions (NATO-Dokument AAP-6(2007)), S. 2-A-17 definiert Area of Operations als: An operational area defined by a joint commander for land or maritime forces to conduct military activities. Normally, an area of operations does not encompass the entire joint operations area of the joint commander, but is sufficient in size for the joint force component commander to accomplish assigned missions and protect forces. Joint Commander für IFOR/SFOR/NHQ Sarajevo und KFOR ist der Befehlshaber JFC Naples, dessen JOA nicht auf Bosnien-Herzegowina und Kosovo räumlich beschränkt ist.

Weise zum Ausdruck gebrachte politisch-strategische Lagefeststellung maßgeblich Aufschluss über die Entscheidung, militärische Fähigkeiten zur Wahrnehmung der einer Friedenstruppe zugewiesenen Verantwortlichkeiten und Einzelaufgaben anzusetzen; sie ist daher der Schlüssel dazu, in der Wahrnehmung dieser Verantwortlichkeiten und Einzelaufgaben *als solche gewollte* militärische Handlungen zu erkennen.

C Geltungsgrund und Inhalt des Habeas Corpus-Rechts gegenüber internationalen Friedensmissionen

In der heutigen Zeit gehören der Schutz der Freiheit der Person und seine prozedurale Absicherung durch das *Habeas Corpus*-Recht mit Selbstverständlichkeit zu jedem umfassend angelegten Schutz subjektiver Rechte. Diese Feststellung enthebt Wissenschaft und Praxis freilich nicht der Notwendigkeit, für die jeweilige Situation festzustellen, aus welchem Rechtsgrund und mit welchem genauen Inhalt das Recht auf Schutz der Freiheit der Person gilt. Dies soll nunmehr dargestellt werden.

I Zum Geltungsgrund des Habeas Corpus-Rechts

Für Fälle der Ingewahrsamnahme von Personen durch internationale Friedensmissionen können dabei hinsichtlich des Geltungsgrunds nicht weniger als fünf mögliche Rechtsmaterien in Erwägung gezogen werden:

- der nationale Menschenrechtsschutz im Empfangsstaat,
- die Menschenrechte der Verfassung des relevanten truppenstellenden Staats,
- Völkergewohnheitsrecht, das aus der Allgemeinen Erklärung der Menschenrechte (1948) erwachsen ist,
- regionale und/oder universelle völkervertragliche Menschenrechtsstandards und
- das humanitäre Völkerrecht, insbesondere in Gestalt der relevanten Bestimmungen des III. und IV. Genfer Abkommens (1949) sowie der Zusatzprotokolle I und II (1977).

Welche dieser Rechtsmaterien dazu herangezogen werden können, den rechtlichen Rahmen für Handlungen von Friedensmissionen, die auf subjektive Rechte von Individuen einwirken, zu bestimmen, soll im folgenden erörtert werden. Gegenstand der Darstellung sind insoweit die Verpflichtungen internationaler Organisationen, die eine Friedensmission leiten; auf die rechtlichen Rahmenbedingungen des Handelns der Truppenstellerstaaten wird (zunächst) nur in Ansehung ihrer Rechtsbeziehung zu diesen internationalen Organisationen eingegangen.

1 Nationaler Menschenrechtsschutz im Empfangsstaat

Obschon gelegentlich erörtert, scheidet eine Bindung internationaler Friedensmissionen an die Menschenrechte des Empfangsstaats aus. Im Falle einer Mandatierung durch den Sicherheitsrat der Vereinten Nationen auf der Grundlage von Kapitel VII der Charta folgt dies aus der Verbindlichkeit der Mandatsresolution(en) (Art. 25 der Charta) gegenüber dem internen Recht des Empfangsstaats (Art. 27 der Wiener Übereinkommens über das Recht der Verträge[40]). Ein vom Empfangsstaat konsentiertes Mandat bindet eine Friedensmission (bzw. die sie leitende internationale Organisation) ebenso wenig an internes Recht des konsentierenden Staats, sofern dies nicht ausdrücklich vereinbart ist.[41] Auch die in vielen Truppenstatuten enthaltene Verpflichtung, lokales Recht zu respektieren ("respect for local law"), führt nicht zu einer Bindung der Friedensmission an dieses Recht.[42] Eine rechtliche Bindung internationaler Friedensmissionen an die Menschenrechte des Empfangsstaats scheidet daher grundsätzlich aus.

2 Menschenrechtsstandards des Verfassungsrechts der Truppenstellerstaaten

Eine extraterritoriale Geltung der Menschenrechtsstandards des Verfassungsrechts der Truppenstellerstaaten kann man insbesondere im Innenverhältnis der entsandten Kräfte hinsichtlich der Ausübung der in nationaler Verantwortlichkeit verbleibenden Aufgaben annehmen. Verallgemeinert setzt die Geltung heimischer Menschenrechtsstandards einerseits die Ausübung eigener Hoheitsgewalt des Truppenstellerstaats voraus, andererseits muss das maßgebliche Verfassungsrecht Geltung für extraterritoriale Sachverhalte beanspruchen. In Staaten, in denen die Prärogative der Exekutive im Bereich der Außenpolitik stark ausgeprägt ist, wird letzteres regelmäßig nicht der Fall sein.[43] Sind heimische Menschenrechtsstandards der Truppenstellerstaaten daher bereits grundsätzlich nicht geeignet, eine allgemeine Menschenrechtsbindung extraterritorial eingesetzter Streitkräfte zu begründen, so muss dies umso mehr gelten, wenn dieser Einsatz im Rahmen einer internationalen Friedensmission erfolgt und damit die Ausübung im internationalen Mandat wurzelnder Hoheitsgewalt in Rede steht.[44]

---

40 Diese Norm bestimmt, dass "[e]ine Vertragspartei ... sich nicht auf ihr innerstaatliches Recht berufen [kann], um die Nichterfüllung eines Vertrags zu rechtfertigen".

41 Oftmals wird dies durch ein Truppenstatut (Status of Forces Agreement – SOFA) bekräftigt; konstitutiv ist das SOFA insoweit aber nicht. Von der hier abgehandelten Frage des völkerrechtlichen Vorrangs des Mandats ist diejenige zu unterscheiden, wie dessen vorrangige Geltung im internen Recht des Empfangsstaats zu bewerkstelligen ist. Hierfür gelten hinsichtlich eines SOFA die allgemeinen Regeln des Rechts der Verträge; in Bezug auf Resolutionen des Sicherheitsrats ist deren unmittelbare Geltung auch gegenüber der Regierung des Empfangsstaats nachgeordneten Stellen und seinen Bürgern und/oder Einwohnern anzunehmen, soweit die einschlägigen Voraussetzungen erfüllt sind.

42 Adressat dieser Verpflichtung ist die internationale Organisation, unter deren Führung die Friedensmission steht; bei ihrer Verwirklichung – für gewöhnlich durch Befehlsgebung des verantwortlichen militärischen Kommandeurs – haben Gesichtspunkte der Auftragsdurchführung grundsätzlich Vorrang. Vgl. Verf., KFOR: Current Legal Issues, in: HuV-I 2007, S. 24/31f.

43 Dies zeigt sich noch deutlicher bei anderweitigen Auslandssachverhalten, etwa der Ausübung von Hoheitsrechten gegenüber Staatsangehörigen auswärtiger Staaten durch diplomatische oder konsularische Missionen. Bei alledem ist zwischen den Auswirkungen dieser Prärogative in den Bereichen des Staatsorganisationsrechts und des Schutzes von Grund- und Menschenrechten zu unterscheiden. Näher hierzu unten D I 1.

44 Besonderheiten gelten auch nicht im Bereich der NATO, deren Strategisches Konzept 1999 die Festlegung enthält, dass die Beteiligung der Mitgliedstaaten an Missionen mit dem Ziel der Konfliktverhütung und Krisenbewältigung von im Einklang mit den jeweiligen Verfassungen zu treffenden Entscheidungen abhänge: Taking into account the necessity for Alliance solidarity and cohesion, participation in any such operation or mission will remain subject to decisions of member states in accordance with national constitutions. (The Alliance's Strategic Concept 1999, Tz. 31 (NATO-Dokument NAC-S(99)65 – http://www.nato.int/docu/pr/1999/p99-065e.htm – eingesehen am 06. Dezember 2007.) Diese Formulierung dürfte sich vorrangig auf die verfassungsrechtlichen Vorgaben für das Abstimmungsverhalten im Nordatlantikrat beziehen, nicht jedoch auf die Aus-

3 Völkergewohnheitsrecht aus der Allgemeinen Erklärung der Menschenrechte

Anders als die Allgemeine Erklärung der Menschenrechte selbst, die in der Praxis zuweilen als politisch, nicht jedoch rechtlich verbindliches Referenzdokument in Befehlsgebung betreffend die Ingewahrsamnahme von Personen genannt wurde, ist aus ihr erwachsenes Völkergewohnheitsrecht bislang nicht als für Friedensmissionen maßstäblich behandelt worden. Da es sich hierbei um zwischen Staaten entstandenes Völkergewohnheitsrecht handelt, müsste seine Bindungswirkung gegenüber internationalen Organisationen dogmatisch glaubhaft aufgezeigt werden, wenn man eine solche Bindungswirkung ungeachtet fehlender Praxis annehmen wollte. Ein solcher Nachweis lässt sich indes nicht führen. Indes hat die Allgemeine Erklärung der Menschenrechte nicht einmal im internen Rechtsraum der Vereinten Nationen den Charakter von für die Organe der Organisation verbindlichen internen Rechts.[45] Insbesondere pflegt der Generalsekretär der Vereinten Nationen die Verbindlichkeit bestimmter Rechtsregeln für Friedensmissionen spezifisch anzuordnen.[46] Die Praxis der NATO ist vergleichbar.[47]

4 Völkervertragliche Menschenrechtsstandards

Sowohl auf regionaler als auch auf universeller Ebene wurden völkervertragliche Menschenrechtsstandards vereinbart, deren Schutz eigens hierfür geschaffenen Spruchkörpern anvertraut ist. Die menschenrechtliche Bewertung extraterritorialen Handelns von Streitkräften bzw. anderer Fälle extraterritorialer Ausübung von Hoheitsgewalt in der bisherigen Spruchpraxis hilft freilich nicht bei der Bestimmung des Geltungsgrunds des

führung dort gefasster Beschlüsse. Überdies können sich die Mitgliedstaaten der NATO, die allesamt auch Mitglieder der Vereinten Nationen sind, gegenüber Pflichten, die sich aus auf Kapitel VII der Charta der Vereinten Nationen gestützten Resolutionen des Sicherheitsrats ergeben, angesichts von Art. 27 des Wiener Übereinkommens über das Recht der Verträge auch dann nicht auf ihr nationales Verfassungsrecht einschließlich der dort verankerten Menschenrechtsstandards berufen, wenn diese Pflichten durch Entscheidungen des Nordatlantikrats – Billigung des strategischen Operationsplans (OPLAN) einschließlich der Rules of Engagement (ROE) sowie Freigabe von Zielkategorien und Wirkungsmöglichkeiten – konkretisiert werden.

45 Die Kompetenz der Generalversammlung, derartiges internes Recht zu setzen, steht außer Streit; beispielsweise hat das Dienstrecht diesen Charakter. Gerade die Dienstrechtsstreitigkeiten vor den Verwaltungsgerichten von Vereinten Nationen und Internationaler Arbeitsorganisation zeigen indes, dass die Allgemeine Erklärung der Menschenrechte für die personalbearbeitenden Stellen nicht maßgeblich ist: Fälle, in denen ein Bediensteter sich erfolgreich auf Menschenrechte berufen hätte, die nicht in einer Regelung des Personalstatuts kodifiziert wurden, sind nicht bekannt.

46 Siehe etwa das Bulletin "Einhaltung des humanitären Völkerrechts durch Truppen der Vereinten Nationen" (VN-Dokument SG/SGB/1999/13) hinsichtlich des humanitären Völkerrechts und das Bulletin "Special measures for protection from sexual exploitation and sexual abuse" (VN-Dokument SG/SGB/2003/13 – keine Übersetzung des deutschen Übersetzungsdiensts verfügbar) hinsichtlich des Schutzes vor sexuellen Übergriffen.

47 In der Praxis der NATO wurde bislang nie die rechtsverbindliche Geltung von Menschenrechten aus einer bestimmten Quelle ausdrücklich angeordnet; hingegen ist etwa die NATO Policy on Combating Trafficking in Human Beings (dazu Verf., Ensuring and Enforcing Human Security, Kap. 6.1.1 m.w.N.) politisch verbindlich. Wie die durch die NATO Policy geschützten Menschenrechte potentieller Opfer sexueller Ausbeutung und Gewalt können auch andere Menschenrechte durch Befehlsgebung der mit der Planung und Führung einer Operation beauftragten militärischen Befehlshaber und Kommandeure geschützt werden. Hierauf wird unter dem Gesichtspunkt der Command Responsibility noch einzugehen sein.

Habeas Corpus-Rechts gegenüber internationalen Friedensmissionen.[48] So sind die EGMR-Urteile in den Fällen *Loizidou, Öcalan* und *Issa*[49] hierfür ebenso unergiebig wie das IGH-Gutachten betreffend die rechtlichen Konsequenzen der Errichtung einer Mauer in den besetzten Palästinensergebieten.[50] In allen genannten Fällen war ein Staat die beklagte Partei; keine der angegriffenen hoheitlichen Handlungen war auf das internationale Mandat einer Friedensmission gestützt. Nichts anderes gilt für die von der Interamerikanischen Kommission für Menschenrechte begutachtete Sache *Coard et al v. The United States of America*[51].

In dem bisher einzigen relevanten Fall, dem des Europäischen Gerichtshofs für Menschenrechte in den verbundenen Rechtssachen Behrami & Behrami und Saramati,[52] hat sich der Gerichtshof nicht zur Hauptsache geäußert, sondern seine Gerichtsbarkeit verneint.[53] Auch die einschlägige Rechtsmeinung des Ausschusses für Menschenrechte führt, betrachtet man sie im Lichte der relevanten Praxis von Staaten und internationalen Organisationen, nicht zu einem eindeutigen Ergebnis. Zwar geht der Ausschuss davon aus, dass die Rechte aus dem Internationalen Pakt über bürgerliche und politische Rechte auch gelten, wenn Streitkräfte außerhalb des Gebiets eines Vertragsstaats Ho-

48 Ebenso hinsichtlich des sogleich anzusprechenden IGH-Gutachtens vom 09. Juli 2004 – Legal consequences of the construction of a wall in the Occupied Palestinian Territory – Norbert Berthold Wagner, Zu den Grenzen des Menschenrechtsschutzes bei Auslandsfriedenseinsätzen deutscher Streitkräfte, in NZWehrr 2007, S. 1/9.

49 Gegenstand des Falls Loizidou v. Turkey waren Hoheitsakte auf Nordzypern, die der Türkei als Besatzungsmacht zugerechnet wurden. Im Fall Öcalan v. Turkey wurde u.a. die Gefangennahme Abdullah Öcalans durch türkische Sicherheitskräfte in Kenia angegriffen. Der Fall Issa v. Turkey schließlich betraf eine türkische Militäraktion im Nordirak.

50 Gegenstand des IGH-Gutachtens vom 09. Juli 2004 – Legal consequences of the construction of a wall in the Occupied Palestinian Territory – waren Maßnahmen des Staates Israel zur Erhöhung der Sicherheit vor asymmetrischen Angriffen, die eine Rückgabe bestimmter Bereiche des nach dem Sechstagekrieg besetzten Gebiets unwahrscheinlich werden lassen.

51 In der Sache Coard et al v. The United States of America (Bericht Nr. 109/99 vom 29. September 1999 – Fall Nr. 10951) haben von US-Streitkräften während der Intervention in Grenada (1983) in Gewahrsam genommene Personen eine Überprüfung dieses Vorgehens und der Gewahrsamsbedingungen unter menschenrechtlichen Gesichtspunkten erstrebt. Überdies ging die Interamerikanische Kommission davon aus, dass die Intervention zum Schutz der demokratischen Regierung in Grenada durch die Vereinigten Staaten von Amerika den Charakter eines bewaffneten Konflikts hatte (Bericht Nr. 109/99, Tz. 44).

52 EGMR-Urteil vom 02. Mai 2007 – Fall Nr. 71412/01 – Agim Behrami and Bekir Behrami v. France und Fall Nr. 78166/01 – Ruzhdi Saramati v. France, Germany and Norway (künftig: Behrami & Saramati). In der Sache Behrami & Behrami v. France stand der Vorwurf im Raum, französische KFOR-Kräfte hätten es schuldhaft unterlassen, Blindgänger zu räumen und hierdurch den Tod eines Sohns des Hauptklägers verursacht. Die Sache Saramati v. France, Norway & Germany hatte eine Ingewahrsamnahme zum Gegenstand.

53 Allerdings wäre die Begründung hierfür überzeugender gewesen, wenn sie, statt in erster Linie auf Art. 103 der Charta der Vereinten Nationen abzustellen, angesichts der Zurechnung der entscheidungserheblichen hoheitlichen Handlungen zur Sphäre der Vereinten Nationen (EGMR-Urteil vom 02. Mai 2007 – Behrami & Saramati, Tz. 141 (UNMIK-Personal) bzw. 142-143 (KFOR-Personal)) vorrangig auf die Eigenschaft der Organisation als Nicht-Vertragspartei der Europäischen Menschenrechtskonvention gestützt worden wäre. Dasselbe hätte gegolten, wenn hinsichtlich der die Ingewahrsamnahme betreffenden Rechtssache Saramati – wie nach hier vertretener Auffassung vorzugswürdig (vgl. Verf., Regional Human Rights vs. International Peace Missions: Lessons Learned from Kosovo, in: Humanitäres Völkerrecht – Informationsschriften 2007, S. 238/240f.) - eine Zurechnung zur NATO erfolgt wäre.

heitsgewalt oder effektive Kontrolle über Personen ausüben; dies gelte auch für nationale Kontingente zu Friedensmissionen.[54] Indes sind bereits die Prämissen, die die Position des Ausschusses im Hinblick auf die extraterritoriale Geltung der Paktrechte gegenüber den Parteien des Pakts stützen sollen, auf Sand gebaut. Nicht nur zitiert der Ausschuss hinsichtlich der *erga omnes* geltenden Regeln betreffend die grundlegenden Rechte der menschlichen Person ("rules concerning the basic rights of the human person") den Internationalen Gerichtshof unvollständig[55], er formuliert auch die Essenz von Art. 2 des Pakts in einer von dessen Wortlaut abweichenden Weise[56]. Diese Argumentationstechnik vermittelt den darauf gestützten Rechtsbehauptungen hinsichtlich der Geltung der Paktrechte weder Glaubwürdigkeit noch Überzeugungskraft.

Auch die zur Durchsetzung seiner Rechtsauffassung vom Ausschuss verfolgte Praxis, einzelne Parteien des Internationalen Pakts über bürgerliche und politische Rechte zur Abgabe damit übereinstimmender Erklärungen aufzufordern,[57] hatte nur bedingt Erfolg. Die Bundesrepublik Deutschland hat eine Erklärung abgegeben, deren Quintessenz ist, dass Verpflichtungen aus der Charta der Vereinten Nationen von der Zusicherung der Gewährleistung der Paktrechte an im Zuge von Auslandseinsätzen deutscher Streitkräfte und Polizeikräfte deutscher Hoheitsgewalt unterstehende Personen unberührt bleiben.[58] Zwar hat sich Italien nach der Wahrnehmung des Ausschusses anders

54 General Comment Nr. 31 – Nature of the General Legal Obligation Imposed on States Parties to the Covenant – VN-Dokument CCPR/C/21/Rev.1/Add.13, Tz. 10. Eine Geltung für internationale Organisationen erörtert der Ausschuss insoweit ebensowenig wie er eine Zurechnung des Handelns der im Rahmen von Friedensmissionen eingesetzten Streitkräfte zu der diese leitenden internationalen Organisation in Betracht zu ziehen scheint.

55 General Comment Nr. 31, Tz. 2. Der Internationale Gerichtshof befaßte sich im Fall Barcelona Traction (IGH-Urteil vom 5. Februar 1970 – ICJ Rep. 1970, 3) generalisierend mit dem ius cogens (Tz. 33) und nannte hierfür exemplarisch das Aggressionsverbot und dasjenige des Völkermords, die Grundsätze und Regeln betreffend die grundlegenden Rechte der menschlichen Person einschließlich Schutz vor Sklaverei und Rassendiskriminierung (Tz. 34: "the outlawing of acts of aggression, and of genocide, as also from the principles and rules concerning the basic rights of the human person, including protection from slavery and racial discrimination").

56 Während im Pakt von allen im Gebiet eines Staats befindlichen und unter seiner Herrschaftsgewalt stehenden Personen die Rede ist ("all individuals within its territory and subject to its jurisdiction"), bezieht sich der Ausschuss einerseits auf alle möglicherweise im Gebiet eines Staats befindlichen Personen und alle unter seiner Herrschaftsgewalt stehenden Personen ("all persons who may be within their territory and [...] all persons subject to their jurisdiction") und andererseits auf Personen, die sich möglicherweise im Gebiet eines Staats oder unter dessen Herrschaftsgewalt wiederfinden ("who may find themselves in the territory or subject to the jurisdiction of the State Party") (beide Zitate aus General Comment Nr. 31, Tz. 10). Mit diesen Formulierungen wird eine schrittweise Nuancenverschiebung hinsichtlich des regelungstechnischen Zusammenhangs zwischen territorialem Moment und Herrschaftsgewalt vorgenommen.

57 Vgl. Concluding Observations responding to Germany's fifth periodic report, 30. März 2004 (VN-Dokument CCPR/CO/80/DEU), Tz. 11 und Concluding Observations concerning Belgium, 12. August 2004 (VN-Dokument CCPR/CO/81/BEL), Tz. 6.

58 Die deutsche Übersetzung der Mitteilung an den Ausschuss für Menschenrechte vom 05. Januar 2005 (VN-Dokument CCPR/CO/80/DEU/Add.1) lautet (zitiert aus BT-Drs. 16/6282, S. 9): Die Bundesrepublik Deutschland gewährleistet gemäß Artikel 2 Abs. 1 des IPBPR die Paktrechte allen in ihrem Staatsgebiet befindlichen und ihrer Hoheitsgewalt unterstehenden Personen. Bei Einsätzen seiner Streitkräfte im Ausland, insbesondere auch im Rahmen von Friedensmissionen, sichert Deutschland allen Personen, soweit sie seiner Herrschaftsgewalt unterstehen, die Gewährung der im Pakt anerkannten Rechte zu. Dies gilt ebenso für deutsche Polizeikräfte, die im Rahmen internationaler Friedenseinsätze einem Mandatsträger zugewiesen werden (dabei ist die Wahrnehmung eines

geäußert[59], was indes aus der zweiseitigen Antwort Italiens auf die Frage des Ausschusses, ob der Pakt auf Personen unter seiner Herrschaftsgewalt anwendbar sei, nicht hervorgeht.[60] Auch andere Staaten folgen der Auffassung des Ausschusses nicht.[61] Angesichts dessen ist derzeit eher unwahrscheinlich, dass die vom Ausschuss für Menschenrechte formulierte Auffassung hinsichtlich der Geltung der Paktrechte bei Friedensmissionen gegenüber den Truppenstellerstaaten in Völkergewohnheitsrecht erwächst.

Ebenso wenig rechtfertigt die Praxis, eine Geltung der Paktrechte bei Friedensmissionen gegenüber aus den Vereinten Nationen anzunehmen. Der Ausschuss für Menschenrechte hat UNMIK auf Vorschlag Serbiens darum gebeten, über die Menschenrechtssituation im Kosovo zu berichten[62]. UNMIK hat in seinem Bericht betont, dass es diesen aus eigenem, auf Resolution 1244 (1999) gestütztem Recht vorlege.[63] Im Hinblick auf Art. 4 IPBPR hat UNMIK ferner betont, dass es nicht Partei des Pakts ist:

> The procedure for derogation set forth in Article 4 does not apply to UNMIK because it is not a State Party to the International Covenant on Civil and Political Rights (ICCPR).[64]

In der Darstellung zu Art. 9 IPBPR hat sich UNMIK nicht zu Fällen der Ingewahrsamnahme von Personen durch KFOR geäußert,[65] woraus gefolgert werden kann, dass UNMIK nicht von einer völkerrechtlichen Zurechenbarkeit dieser Gewahrsamsfälle oder seiner Verantwortlichkeit hierfür ausgeht.[66] Der Ausschuss für Menschenrechte hat sich freilich mit der einschlägigen KFOR-Praxis befasst, Fälle der Ingewahrsamnahme aus operativen Gründen dabei aber – ob bewusst oder unbewusst mag hier dahinstehen – nicht betrachtet.[67] Selbst wenn man die erschreckenden handwerklichen Fehler des

---

exekutiven Mandates – bislang nur bei der VN-Mission UNMIK im Kosovo – die Ausnahme). Die internationalen Aufgaben und Verpflichtungen der Bundesrepublik Deutschland, insbesondere zur Erfüllung der Verpflichtungen aus der Charta der Vereinten Nationen, bleiben hiervon unberührt. Zu Einzelheiten vgl. den Beitrag von Dieter Weingärtner in diesem Band; zur völkerrechtlichen Bewertung siehe auch Verf., Ensuring and Enforcing Human Security (2007), S. 77.

59 Vgl. Concluding Observations betreffend den Staatenbericht Italiens, 24 April 2006 (VN-Dokument CCPR/C/ITA/CO/5), Tz. 3.

60 Der Staatenbericht Italiens vom 19. März 2004 (VN-Dokument CCPR/C/ITA/2004/5) enthielt keine Ausführungen zu Art. 2 IPBPR (Tz. 7). Hierauf reagierte der Ausschuss für Menschenrechte mit einer List of Issues (VN-Dokument CCPR/C/84/L/ITA), die das Italienische Außenministerium im September 2005 beantwortete. Alle Dokumente können auf http://www2.ohchr.org/english/bodies/hrc/hrcs85.htm abgerufen werden (eingesehen am 06. Dezember 2006).

61 Vgl. Norbert Berthold Wagner, Zu den Grenzen des Menschenrechtsschutzes bei Auslandsfriedenseinsätzen deutscher Streitkräfte, in NZWehrr 2007, S. 1/2 m.w.N.

62 Vgl. die Äußerung des serbischen Vertreters, der an der Erörterung des UNMIK-Menschenrechtsberichts im Ausschuss für Menschenrechte teilgenommen hat – Bericht über die 2383. Sitzung des Ausschusses am 19. Juli 2006, Tz. 3 (VN-Dokument CCPR/C/SR.2383/Add.1 – http://www2.ohchr.org/english/bodies/hrc/hrcs87.htm – eingesehen am 07. Dezember 2007).

63 Teil II Tz 1 des UNMIK-Menschenrechtsberichts (VN-Dokument CCPR/C/UNK/1).

64 Teil II Tz 6 des UNMIK-Menschenrechtsberichts (VN-Dokument CCPR/C/UNK/1).

65 Teil II Tz 35-42 des UNMIK-Menschenrechtsberichts (VN-Dokument CCPR/C/UNK/1).

66 Die Zusammenfassung des Vorbringens der Vereinten Nationen in dem Fall Behrami & Saramati durch den Europäischen Gerichtshof für Menschenrechte läßt nichts Gegenteiliges erkennen. Der Gerichtshof hat nur die Positionen der Vereinten Nationen hinsichtlich der völkerrechtlichen Ebenbürtigkeit von KFOR und UNMIK sowie der Frage der Verantwortlichkeiten für das Minenräumen wiedergegeben (Urteil vom 02. Mai 2007 – Behrami & Saramati, Tz. 118ff).

67 Der Ausschuss hat sich, vermutlich anknüpfend an den Bericht von Amnesty International, United Nations Interim Administration Mission in Kosovo (UNMIK): Briefing to the Human Rights Committee: 87th Session, July 2006 (AI-Dokument EUR 70/007/2006) zu Fällen der Ingewahrsamnah-

Ausschusses[68] außer Betracht lässt, zeigt die intensive Befassung mit der KFOR-Praxis ohne jede Beteiligung der NATO[69], dass der Ausschuss sowohl die rechtlich separate Mandatierung von KFOR und UNMIK[70] als auch die völkerrechtliche Ebenbürtigkeit dieser Missionen verkannt hat.[71]

Die Praxis der Zusammenarbeit von NATO und Europarat hingegen verdeutlicht, dass ein punktuelles Monitoring der Menschenrechtspraxis internationaler Friedensmissionen nur in Zusammenarbeit mit der internationalen Organisation erreicht werden kann, die die Friedensmission leitet. Die NATO hat dem Europarat aus eigenem Recht und ohne Anerkenntnis einer Rechtspflicht aus Art. 3 EMRK und/oder in Anlehnung an die das Verfahren des Antifolterkomitees regelnde Europaratskonvention zur Verhütung der Folter den Zugang seines Antifolterkomitees zu Einrichtungen zugesichert, in denen KFOR Personen in Gewahrsam hält.[72] Die Zusammenarbeit von NATO und Europarat beruht somit auf einer Regelung *sui generis*, die das aus dem zwingend-völkerrechtlichen Folterverbot, dessen Charakter von der NATO zu keiner Zeit in Zweifel gezogen wurde, hergeleitete materiell-rechtliche Schutzgut des Monitoring, Folter, unmenschliche und erniedrigende Behandlung von in Gewahrsam gehaltenen Personen zu verhindern, unter Berücksichtigung der Besonderheiten militärischer Friedensmissionen verfahrensmäßig ausgestaltet.

---

me von Personen mit Bezug zur Strafverfolgung geäußert. Der Ausschuss – notes with concern that criminal suspects have been arrested solely under a detention directive of the Commander of KFOR and under executive orders of the Special Representative of the Secretary-General (SRSG) without being brought before a judge promptly and without access to an independent judicial body to determine the lawfulness of their detention. Tz. 17 der Concluding Observations bezüglich UNMIK, 25. Juli 2006 (VN-Dokument CCPR/C/UNK/CO/1).

68 Beispielsweise zitiert der Ausschuss, insoweit die Darstellung von Amnesty International (AI-Dokument EUR 70/007/2006, S. 34) ungeprüft übernehmend, eine längst außer Kraft befindliche Fassung der COMKFOR Detention Directive (Tz. 17 der Concluding Observations bezüglich UNMIK – VN-Dokument CCPR/C/UNK/CO/1).

69 Vgl. dazu auch Verf., Ensuring and Enforcing Human Security, S. 142ff.

70 Tz. 7-9 und 10-11 der Resolution 1244 (1999).

71 Außer der Stellungnahme der Vereinten Nationen gegenüber dem Europäischen Gerichtshof für Menschenrechte (vgl. oben Anm. 66) kann für die völkerrechtliche Ebenbürtigkeit von KFOR und UNMIK beispielsweise auf die Gemeinsame Erklärung von COMKFOR und dem Sonderbeauftragten des Generalsekretärs der Vereinten Nationen betreffend die Rechtsstellung von KFOR und UNMIK (Joint Declaration on the status of KFOR and UNMIK and their personnel, and the privileges and immunities to which they are entitled, 17. August 2000) hingewiesen werden; besonders deutlich ist insoweit, dass UNMIK den Inhalt der Gemeinsamen Erklärung analog dem Verfahren bei der innerstaatlichen Umsetzung völkerrechtlicher Verträge in kosovarisches Recht transformiert wurde. Die Präambel der UNMIK Regulation 2000/47 enthält ausdrücklich die Feststellung, die Verordnung werde erlassen – "[f]or the purpose of implementing, within the territory of Kosovo, the Joint Declaration".

72 Die Zusicherung der NATO unterscheidet sich zudem inhaltlich sowohl von der zwischen UNMIK und dem Europarat geschlossenen vergleichbaren Vereinbarung – Agreement between the United Nations Interim Administration Mission in Kosovo and the Council of Europe on technical arrangements related to the European Convention for the Prevention of Torture and Inhuman or Degrading Treatment or Punishment vom 23. August 2004 – http://www.cpt.coe.int/documents/scg/2004-08-23-eng.htm (eingesehen am 28. Januar 2008) – und verdeutlich damit, dass die NATO sich nicht den im Rahmen des Europarats sonst üblichen Verfahrensregularien unterworfen hat. Vgl. auch Verf., KFOR: Current Legal Issues, in: HuV-I 2007, S. 24/26f.

5 Humanitäres Völkerrecht

Weder die NATO noch die Vereinten Nationen sind Parteien des vertraglich vereinbarten humanitären Völkerrechts. Eine unmittelbare Bindung von NATO und/oder Vereinten Nationen an das völkervertragliche humanitäre Völkerrecht wurde bislang – soweit ersichtlich – nirgends vertreten. Unabhängig hiervon verlangen beide Organisationen von Operationen unter ihrer Führung die Beachtung von Grundsätzen des humanitären Völkerrechts.[73] Einzelheiten ergeben sich aus der Befehlsgebung in den relevanten Operationsplänen einschließlich der Rules of Engagement (ROE) und standardisierten Verfahrensanweisungen (Standing Operating Procedures – SOP) sowie konkreten Befehlen für Einzeloperationen (Fragmentary Orders – FRAGO).

6 Eigener Lösungsvorschlag: Allgemeine Rechtsgrundsätze des humanitären Völkerrechts und des internationalen Menschenrechtsschutzes

Angesichts der Nichtgeltung völkervertraglicher Standards und an Staaten adressierter völkergewohnheitsrechtlicher Standards für das Handeln internationaler Organisationen einschließlich der von ihnen geführten Friedensmissionen kommen als insoweit relevante Rechtsquelle oberhalb des jeweiligen internen Rechts internationaler Organisationen insbesondere allgemeine Rechtsgrundsätze (Art. 38 lit. c des IGH-Statuts) einschließlich derjenigen, die zwingendes Völkerrecht verkörpern, in Betracht. Der dargestellten Koinzidenz von dem bewaffneten Konflikt und dem Frieden zuzurechnenden Verhaltensweisen der Akteure in den Einsatzgebieten internationaler Friedensmissionen werden hierbei nur solche allgemeinen Rechtsgrundsätze gerecht, die sowohl aus den relevanten Regeln des humanitären Völkerrechts als auch aus denen des internationalen Menschenrechtsschutzes im Wege der Induktion hergeleitet worden sind. Im Folgenden soll näher begründet werden, dass die Herleitung von allgemeinen Rechtsgrundsätzen des humanitären Völkerrechts und des internationalen Menschenrechtsschutzes sich harmonisch in die völkerrechtliche Dogmatik der Ära der Vereinten Nationen einfügt. Hierfür spricht die Geschichte des humanitären Völkerrechts und des internationalen Menschenrechtsschutzes nach 1945; die seitherige Praxis steht dem nicht entgegen. Das rechtfertigt eine Auslegung der Rechtsgrundlagen für das Handeln internationaler Friedensmissionen in Kapitel VII der Charta der Vereinten Nationen, welche die hieraus resultierende Hoheitsgewalt mittels allgemeiner Rechtsgrundsätze des humanitären Völkerrechts und des internationalen Menschenrechtsschutzes einhegt. Wie sich dies unter Berücksichtigung der Praxis in konkreter Weise in den rechtlichen Rahmenbedingungen der Ingewahr-

73 Die NATO geht, wie ein kürzlich geschlossenes Standardization Agreement (STANAG) belegt, davon aus, dass das Recht des bewaffneten Konflikts ("law of armed conflict") für Friedensmissionen nicht unmittelbar ("as a matter of law") gilt, jedoch aufgrund politischer Entscheidung der NATO seine Prinzipien und die ihnen zugrundeliegenden Wertungen ("the spirit and principles of law of armed conflict") zu beachten sind. Vgl. STANAG No. 2449 "Training in the Law of Armed Conflict" dated 29 March 2004 "NATO/PfP Unclassified". Dies wurde in allen dem Verfasser bekannten NATO-Operationsplänen – für NATO-geführte Operationen ebenso wie für NATO-Übungen – umgesetzt. Die Position der Vereinten Nationen ergibt sich aus dem Bulletin "Einhaltung des humanitären Völkerrechts durch Truppen der Vereinten Nationen" (VN-Dokument SG/SGB/1999/13).

samnahme von Personen niederschlägt, wird im Anschluss an die nun folgenden völkerrechtsdogmatischen Überlegungen dargestellt und analysiert.

Unbeschadet dessen, dass eine historische Interpretation geschriebener Völkerrechtsquellen nur begrenzten Erkenntniswert hat,[74] gibt die Entwicklung des Schutzes subjektiver Rechte durch das Völkerrecht nach dem Zweiten Weltkrieg Aufschluss darüber, in welcher Weise die Relevanz der genannten Rechtsmaterien für das Handeln internationaler Friedensmissionen zu bestimmen ist. Die seitherige Entwicklung des Völkerrechts ist u. a. von dem Bestreben der Staaten gekennzeichnet, menschliches Leid in dem Ausmaß, wie es durch die Kriegführung selbst, aber auch durch hierbei bzw. bei ihrer Gelegenheit begangene Kriegsverbrechen, Verbrechen gegen die Menschlichkeit und Völkermordhandlungen verursacht worden war, zu vermeiden. Unbeschadet des Gewaltverbots, das insbesondere ein Verbot des Angriffskriegs darstellt (Art. 2 Nr. 4, 39ff., 51 der Charta der Vereinten Nationen), wurden in zwei Schritten die als für Kriegsverbrechen, Verbrechen gegen die Menschlichkeit und Völkermord typisch identifizierten Handlungen spezifisch für die Zeit des Kriegs verboten.[75] Diese – im Hinblick auf schwere Verletzungen des humanitären Völkerrechts mit Strafe zu bewehrenden – Verbote ziehen der Ausübung von Hoheitsgewalt im gesamten Kriegsgebiet einschließlich des unter eigene effektive Kontrolle (Besatzungshoheit) gebrachten Gebiets auswärtiger Staaten Grenzen. Im Schwerpunkt gelten die betreffenden Regelungen dem Handeln von Streitkräften sowie der hierfür maßgeblichen politischen Entscheidungsfindung. Die Ausübung von Hoheitsgewalt durch Streitkräfte im Ausland wurde somit in der internationalen Vertragspraxis 1977 erneut als die Domäne des humanitären Völkerrechts angesehen.

Hinsichtlich des internationalen Menschenrechtsschutzes gestaltete sich die Konsensfindung schwieriger. Die Allgemeine Erklärung der Menschenrechte wurde 1948 lediglich als – nicht bindende (vgl. Art. 10 der Charta) – Resolution der Generalversammlung der Vereinten Nationen angenommen; erst 1966 wurden in Gestalt der Internationalen Pakte über bürgerliche und politische bzw. wirtschaftliche, soziale und kulturelle Rechte mit universellem Geltungsanspruch ausgestattete völkervertragliche Menschenrechtsdokumente angenommen. Der gewichtigste Grund für diese zögerliche Verrechtlichung des internationalen Menschenrechtsschutzes war die Befürchtung bestimmter Staaten, hiermit werde in ihre inneren Angelegenheiten eingegriffen bzw. anderen Staa-

74 Insbesondere haben die "vorbereitenden Arbeiten und die Umstände des Vertragsabschlusses" als "[e]rgänzende Auslegungsmittel" gegenüber dem im Lichte von Ziel und Zweck maßgeblichen Wortlaut und der nachfolgenden Praxis der Vertragsparteien subsidiäre Bedeutung (vgl. Art. 31, 32 des Wiener Übereinkommens über das Recht der Verträge).

75 Diese Verbote ergeben sich im Schwerpunkt aus der Konvention zur Verhütung und Bestrafung des Völkermords (1948) sowie den vier Genfer Abkommen (1949) und ihren beiden Zusatzprotokollen (1977). Während alle vier Genfer Abkommen die aus dem Zweiten Weltkrieg bekannten Kriegsverbrechen mit Ausnahme derjenigen, die unmittelbar durch Kampfhandlungen begangen werden, verbieten, enthält das IV. Genfer Abkommen in Gestalt der Schutzvorschriften für die Zivilbevölkerung auch wesentliche Verbote, die zur Abwendung von durch Kriegszustand und/oder Kriegführung begünstigten Verbrechen gegen die Menschlichkeit und Völkermordhandlungen notwendig sind. Diejenigen Kriegsverbrechen, die unmittelbar durch – unterschiedslose oder gar direkt gegen die Zivilbevölkerung gerichtete – Kampfhandlungen begangen werden, verbietet das Zusatzprotokoll I.

ten und der internationalen Gemeinschaft ein Vorwand für eine Einmischung in ihre inneren Angelegenheiten verschafft. Dies zeigt, dass zum gemeinsamen Nenner bei der Verrechtlichung des internationalen Menschenrechtsschutzes die Vorstellung zählt, es handle sich hierbei um innere Angelegenheiten der Staaten – also typischerweise um Angelegenheiten mit Bezug zum eigenen Staatsgebiet.[76] Auch aus der frühen Praxis des in Europa bereits 1950 verrechtlichten regionalen Menschenrechtsschutzes ist die Annahme einer Menschenrechtsbindung bei der Ausübung extraterritorialer – damals in der Erscheinungsform kolonialer – Hoheitsgewalt nicht bekannt.[77] Jedenfalls nach der ursprünglichen Regelungsintention ist Voraussetzung einer auf das Kernland der Konventionsstaaten bezogenen extraterritorialen Geltung der Europäischen Menschenrechtskonvention eine Unterwerfungserklärung des betreffenden Staats. Eine Erstreckung der Geltung der Konvention auf die Ausübung von Hoheitsrechten in nicht der vollen Souveränität des betreffenden Konventionsstaats unterliegendem – auswärtigem – Staatsgebiet ist von diesem Ansatz her nicht denkmöglich angesehen und daher auch heute noch grundsätzlich ausgeschlossen.

---

76 Diese Vorstellung tritt insbesondere im Entkolonialisierungsvölkerrecht deutlich zutage. Kraft der "Erklärung über Hoheitsgebiete ohne Selbstregierung" (Art. 73, 74 der Charta der Vereinten Nationen) war die Ausübung von Hoheitsgewalt bis zur Entkolonialisierung angesichts eher unverbindlicher Normsprache nicht ausdrücklich auf den Schutz dem Menschenrechte der Kolonialbevölkerungen verpflichtet (vgl. Fastenrath in Simma, Charter of the United Nations, 2 ed (2003), Art. 73 Tz. 18: "... legal guarantees are couched in very vague terms ..."). Auch die hinsichtlich des Treuhandsystems festgelegte Zweckbestimmung, "die Achtung vor den Menschenrechten und Grundfreiheiten für alle ohne Unterschied der Rasse, des Geschlechts, der Sprache oder der Religion zu fördern und das Bewusstsein der gegenseitigen Abhängigkeit der Völker der Welt zu stärken" (Art. 76 lit. c der Charta) reicht freilich nicht dazu aus, eine zwingende unmittelbare Menschenrechtsbindung der jeweiligen Verwaltungsmacht ("ein Staat oder eine Staatengruppe oder die Organisation selbst", Art. 81 der Charta) herzuleiten. Zwar soll die Förderungspflicht bereits eine Pflicht enthalten, Respekt für die Menschenrechte zu garantieren; eine solche Pflicht hat aber eher den Charakter einer Art Kontrahierungszwang, d.h. präjudiziert in einem gewissen Maße die mit den Vereinten Nationen gemäß Art. 75 der Charta zu schließenden Treuhandabkommen. In der Praxis wurde kein umfassender Menschenrechtskatalog in die Treuhandabkommen aufgenommen und scheint – soweit aus der Kommentierung ersichtlich – das habeas corpus-Recht keine erwähnenswerte Rolle gespielt zu haben. Vgl. Rauschning in Simma, Charter of the United Nations, 2 ed (2003), Art. 76 Tz. 32ff.

77 Insoweit sieht Art. 56 (früher Art. 63) der Europäischen Menschenrechtskonvention sogar ausdrücklich die Notwendigkeit der Abgabe einer Erstreckungserklärung vor, wenn die Konvention in Hoheitsgebieten Anwendung finden soll, die nicht zum Kernland des betreffenden Konventionsstaats gehören ("Hoheitsgebiete ..., für deren internationale Beziehungen [der Konventionsstaat] verantwortlich ist"). Einige europäische Kolonialmächte haben – freilich erst nach der Entkolonialisierung – derartige Erklärungen abgegeben: das Vereinigte Königreich von Großbritannien und Nordirland zuletzt mit Wirkung vom 01. April 2004 für das Gebiet der souveränen Basen of Akrotiri and Dhekelia auf Zypern; davor für Anguilla, Bermuda, die Britischen Jungferninseln, die Caymaninseln, Falkland, Gibraltar, die Bailiwick of Guernsey, die Isle of Man, die Bailiwick of Jersey, Montserrat, St. Helena, St Helena Dependencies, South Georgia and South Sandwich Islands, die Turks- and Caicos-Inseln, das Königreich der Niederlande mit Wirkung vom 01. September 1979 für die Niederländischen Antillen und mit Wirkung ab dem Unabhängigkeitstag 01. Januar 1986 für Aruba, die Französische Republik zeitgleich mit der Ratifikation der EMRK durch am 03. Mai 1974 hinterlegte Erklärung für ihre gesamten überseeischen Gebiete. Alle Angaben entstammen dem Internetauftritt des Europarats ("List of declarations, reservations and other communications" – abrufbar über http://conventions.coe.int, eingesehen am 13. Dezember 2007).

Von der aus alledem ersichtlichen grundsätzlichen Unterscheidung, dass extraterritoriale Fälle der Ausübung von Hoheitsgewalt insbesondere durch Streitkräfte dem humanitären Völkerrecht unterworfen sein sollen, während die Menschenrechte für die Ausübung von Hoheitsgewalt auf dem jeweils eigenen Staatsgebiet gelten, macht nur die Konvention zur Verhütung und Bestrafung des Völkermords eine eng umgrenzte Ausnahme. Der Völkermord ist durch die Konvention ausnahmslos verboten, wobei es weder auf einen Bezug zu einem bewaffneten Konflikt noch auf die inneren Angelegenheiten der Staaten ankommt[78]. Wie prekär der insoweit bestehende Staatenkonsens freilich ist, zeigt die düstere Prognose des Washingtoner Human Rights Watch Advocacy Directors vor dem Auswärtigen Ausschuss des US-Repräsentantenhauses am 07. Juli 2004, es werde erst zu einer eindeutigen Charakterisierung der Ereignisse in Darfur als Völkermord kommen, wenn hierfür genügend Beweise existierten – und es für die Betroffenen zu spät sei.[79] Gleichwohl zeigt die Konvention zur Verhütung und Bestrafung des Völkermords am deutlichsten, dass hinsichtlich des Schutzes subjektiver Rechte nicht nur die Überlappung der durch das humanitäre Völkerrecht und den internationalen Menschenrechtsschutz erfassten Sphären gedacht, sondern auch eine diese Sphären überwölbende rechtliche Regelung geschaffen werden kann. Entgegenstehende Praxis in anderen Bereichen, in denen die Sphären von humanitärem Völkerrecht und internationalem Menschenrechtsschutz überlappen, ist nicht ersichtlich.[80]

Der die dem klassischen Völkerrecht zuzurechnende dogmatische Trennlinie zwischen Krieg und Frieden überwölbende Ansatz der Formulierung allgemeiner Rechtsgrundsätze des humanitären Völkerrechts und des internationalen Menschenrechtsschutzes beruht auf demselben pragmatischen Ansatz, auf dessen Grundlage bereits in Weiterentwicklung des Gedankenguts der Völkerbundssatzung die Kapitel VI und VII der Charta der Vereinten Nationen und die Konvention zur Verhütung und Bestrafung des Völkermords formuliert wurden.[81] Er folgt zudem einem – jedenfalls aus europäi-

---

78 Artikel I der Konvention zur Verhütung und Bestrafung des Völkermords vom 09. Dezember 1948 ist insoweit eindeutig (Hervorhebung ergänzt): Die Vertragschließenden Parteien bestätigen, dass Völkermord, ob im Frieden oder im Krieg begangen, ein Verbrechen gemäß internationalem Recht ist; sie verpflichten sich zu seiner Verhütung und Bestrafung.

79 Die Stellungnahme ist wiedergegeben auf http://hrw.org/english/docs/2004/07/07/usint9009.htm (eingesehen am 13. Dezember 2007). Die relevante Äußerung lautet: There has been a lot of debate the last few weeks about whether to call what is happening in Darfur genocide. The problem is that the guardians of the international definition of genocide may not be satisfied until there is enough time to gather enough evidence, at which point it will be too late. Ende 2007 hat der mit Resolution 1593 (2005) angerufene Internationale Strafgerichtshof zwei Anklagen erhoben – wegen Kriegsverbrechen und Verbrechen gegen die Menschlichkeit; die Regierung Sudans verhält sich entgegen ihren Pflichten aus der auf Kapitel VII der Charta der Vereinten Nationen gestützten Resolution unverändert unkooperativ. Vgl. Human Rights Watch, Ten Steps for Darfur – Implementation Report, Tz. 3 und 8 – http://hrw.org/english/docs/2007/12/05/darfur17488.htm (eingesehen am 13. Dezember 2007).

80 In dem bislang einzigen entschiedenen relevanten Fall – Behrami & Saramati – wird, wie gezeigt, hinsichtlich der völkerrechtlichen Verantwortlichkeit zwischen den Sphären der Staaten und der internationalen Organisationen abgegrenzt; mit dem Gesichtspunkt der effektiven Kontrolle existiert ein taugliches Abgrenzungskriterium, dessen praktische Relevanz u a. durch die dargestellte Praxis des Europarats hinsichtlich des Zugangs seines Antifolterkomitees zu Einrichtungen, in denen UNMIK bzw. KFOR Personen in Gewahrsam halten, überzeugend demonstriert wird.

81 Dazu bereits oben Text bei und Anm. 34.

scher Perspektive – überzeugenden Präjudiz: demjenigen der Entwicklung des Schutzes der Menschenrechte gegenüber den Organen der Europäischen Gemeinschaft. Die Anerkennung des Gemeinschaftsrechts als aus einer selbständigen Rechtsquelle fließend und sein supranationaler Charakter, der sich in der Ausübung von Hoheitsgewalt sowohl gegenüber den Mitgliedstaaten als auch ihren Bürgern und/oder Einwohnern (als "Marktbürger", später "Unionsbürger") zeigt, haben neben anderen Faktoren einer ständigen Rechtsprechung des Europäischen Gerichtshofs Pate gestanden, kraft deren die zu schützenden, vor Annahme der Grundrechtecharta ungeschriebenen europäischen Grundrechte den Charakter allgemeiner Rechtsgrundsätze des Gemeinschaftsrechts haben[82], die aus den gemeinsamen Verfassungsüberlieferungen der Mitgliedstaaten und der Europäischen Menschenrechtskonvention hergeleitet werden[83]. Die flankierende Rechtsprechung zur Europäischen Menschenrechtskonvention zeigt hierbei die Meßlatte auf, die ein aus allgemeinen Grundsätzen des humanitären Völkerrechts und des internationalen Menschenrechtsschutzes (deduktiv) abgeleiteter Schutz subjektiver Rechte der von hoheitlichen Maßnahmen einer internationalen Friedensmission betroffenen Personen erreichen muss: er muss den geschriebenen Standards vergleichbar sein, anhand derer im Wege der Induktion die relevanten allgemeinen Grundsätze identifiziert werden.[84]

82 In der Rechtssache Stauder hat der Europäische Gerichtshof für Recht erkannt, dass das Handeln der Gemeinschaft "die in den allgemeinen Grundsätzen der Gemeinschaftsrechtsordnung, deren Wahrung der Gerichtshof zu sichern hat, enthaltenen Grundrechte der Person" beachten muss. EuGH-Urteil vom 12. November 1969, Rs. 29/69, Stauder/Stadt Ulm, Slg. 1969, 419 = Dänische Sonderausgabe 1969, 107 – Tz. 7. Diese Entscheidung hat der Gerichtshof später mehrfach bestätigt. Vgl. nur EuGH-Urteil vom 17. Dezember 1970 – Rs. 11/70 – Internationale Handelsgesellschaft/Einfuhr- und Vorratsstelle für Getreide und Futtermittel – Slg. 1970, 1125 = Dänische Sonderausgabe 1970, 235 – Tz. 4. Die übrigen Gemeinschaftsorgane haben diese Praxis des Gerichtshofs bereits lang vor der Annahme von Art. 6 Abs. 2 EUV implizit gebilligt. In einer Gemeinsamen Erklärung betreffend die Achtung der Grundrechte sowie der Europäischen Konvention zum Schutze der Menschenrechte und Grundfreiheiten haben Europäisches Parlament, Rat und Kommission festgehalten, dass sie – "[...] die vorrangige Bedeutung [unterstreichen], die sie der Achtung der Grundrechte beimessen, wie sie insbesondere aus den Verfassungen der Mitgliedstaaten sowie aus der Europäischen Konvention zum Schutz der Menschenrechte und Grundfreiheiten hervorgehen". ABl.EG 1977 C 103/1.

83 Diese Rechtsprechung wurde später in Art. 6 Abs. 2 EUV kodifiziert; die Vorschrift bestimmt: – Die Union achtet die Grundrechte, wie sie in der am 4. November 1950 in Rom unterzeichneten Europäischen Konvention zum Schutze der Menschenrechte und Grundfreiheiten gewährleistet sind und wie sie sich aus den gemeinsamen Verfassungsüberlieferungen der Mitgliedstaaten als allgemeine Grundsätze des Gemeinschaftsrechts ergeben.

84 Vgl. nur das EGMR-Urteil vom 30. Juni 2005 – application No 45036/98 – Bosphorus Airways v. Ireland – Tz. 155. Zur Position des EGMR hinsichtlich des Vergleichbarkeitserfordernisses im Hinblick auf die Ausübung von Hoheitsrechten durch KFOR und UNMIK im Urteil vom 02. Mai 2007 – Behrami & Saramati – Verf., Regional Human Rights vs. International Peace Missions: Lessons Learned from Kosovo, in: HuV-I 2007, S. 238/243f.

II Zum Inhalt des Habeas Corpus-Rechts

Das *Habeas Corpus*-Recht, historisch ein Recht des Staates, wird heute üblicherweise als Recht des Individuums verstanden, die "Inbesitznahme" seines Körpers durch Träger von Hoheitsgewalt – die Entziehung der Freiheit der Person – durch einen mit größtmöglicher Unabhängigkeit ausgestatteten Spruchkörper überprüfen zu lassen.[85] Es ist mit unterschiedlicher Schutzdichte sowohl im humanitären Völkerrecht[86] als auch im internationalen Menschenrechtsschutz – sowohl in einschlägigen völkerrechtlichen Verträgen[87] sowie ferner in (teilweise *opinio iuris* repräsentierenden) politischen Erklärungen[88] – verankert, allerdings nicht durchgängig.[89]

Als Recht auf Überprüfung einer hoheitlichen Maßnahme ist das *Habeas Corpus*-Recht ein subjektives Recht auf Durchführung eines Verfahrens. Das *Habeas Corpus*-Recht setzt also die Erheblichkeit des Rechts, dessen prozeduraler Absicherung es dient – das Recht auf Freiheit der Person – für den konkreten Fall voraus. Insoweit kann hinsichtlich der tatbestandlichen Seite des *Habeas Corpus*-Rechts gezeigt werden, dass sein Schutz nicht in jedem Fall in Anspruch genommen werden kann, in dem die Freiheit der Person durch eine hoheitliche Maßnahme beeinträchtigt wird. Bei der Bestimmung des Inhalts des *Habeas Corpus*-Rechts auf der Rechtsfolgenseite sind Art, Umfang und durchführendes Organ des dem Rechtsinhaber geschuldeten Verfahrens aufzuzeigen.

1 Zur Erheblichkeit der Freiheit der Person bei Fällen einer Ingewahrsamnahme von Personen aus operativen Gründen

Unbeschadet dessen, ob man den rechtlichen Maßstab für die Bewertung operativer Ingewahrsamnahmen entgegen der hier vertretenen Auffassung allein aus menschenrechtlichen Grundsätzen und Regeln entnimmt oder sich an allgemeinen Rechtsgrundsätzen des humanitären Völkerrechts und des internationalen Menschenrechts-

85 Vgl. statt vieler Jelana Pejic, Procedural principles and safeguards for internment/administrative detention in armed conflict and other situations of violence, in: IRRC 87 (2005), 375/379.

86 Nach humanitärem Völkerrecht hat eine in Gewahrsam einer Konfliktpartei geratene Person Anspruch auf eine Überprüfung ihres Status: Art. 5 GA III, Art. 45 Abs. 2 ZP I. Wer weder Kriegsgefangener ist noch die mit diesen Status verbundenen Rechte verwirkt hat oder als Geistlicher bzw. Angehöriger des Sanitätspersonals zurückgehalten wird (Art. 4C, 33 GA III), gilt als Zivilperson (vgl. Art. 50 Abs. 1 ZP I) und hat, sollte er interniert oder ihm ein Wohnsitz zugewiesen werden, gemäß Art. 43, 78 GA IV Anspruch auf eine erstmalige und später periodische Überprüfung dieser Entscheidung.

87 Art. 9 Abs. 3 des Internationalen Pakts über bürgerliche und politische Rechte (IPBPR) und Art. 5 Abs. 3 der Europäischen Menschenrechtskonvention (EMRK) bestimmen, dass im Zuge der Strafverfolgung in Gewahrsam genommene Personen dem Richter vorzuführen sind. Demgegenüber können Personen, die nicht im Zuge der Strafverfolgung in Gewahrsam genommen wurden, auf eigene Initiative den Richter anrufen: Art. 9 Abs. 4 IPBPR; Art. 37 lit. d der VN-Kinderrechtskonvention; Art. 5 Abs. 4 EMRK.

88 Allen voran steht insoweit Art. 10 der Allgemeinen Erklärung der Menschenrechte vom 10. Dezember 1948 (Recht, den Richter anzurufen).

89 Prinzipien 4, 11 Abs. 3 und 32 Abs. 1 des Body of Principles for the Protection of all Persons under any form of Detention or Imprisonment (angenommen mit Resolution 43/173 der VN-Generalversammlung vom 9. Dezember 1988) statuieren keine Pflicht, eine Gewahrsamsperson dem Richter vorzuführen.

schutzes orientiert, fällt es in den Anwendungsbereich des zweifelsfrei durch einen allgemeinen Rechtsgrundsatz geschützten[90] Rechts auf Freiheit der Person, wenn eine hoheitliche Maßnahme der von ihr betroffenen Person nicht lediglich bestimmte Aufenthaltsorte versagt, sondern ihr einen bestimmten Aufenthaltsort verbindlich vorgibt. Zu unterscheiden ist zwischen Einwirkungen auf die Möglichkeit einer Person, ihr Mobilitätsverhalten autonom zu bestimmen (Freizügigkeit), und derjenigen, überhaupt ein autonomes Mobilitätsverhalten an den Tag zu legen (Freiheit der Person).

Diese Differenzierung ermöglicht für die Vielzahl denkbarer Fallkonstellationen die Feststellung, ob und in welcher Intensität die Freiheit der Person durch die im humanitären Völkerrecht rezipierten und die in internationalen Friedensmissionen praktizierten Kriegs- bzw. Einsatzhandlungen berührt ist.[91] Die Erheblichkeitsschwelle, oberhalb derer gegen Einwirkungen internationaler Friedensmissionen auf die Freiheit der Person der Schutz des *Habeas Corpus*-Rechts in Anspruch genommen werden kann, wird nach allgemeinen Rechtsgrundsätzen des humanitären Völkerrechts und des internationalen Menschenrechtsschutzes maßstäblich freilich nur von denjenigen hoheitlichen Maßnahmen erreicht, welche die Betroffenen nicht nur kurzzeitig und vorübergehend daran hindern, einen bestimmten Ort zu verlassen. Das ergibt sich aus den Bestimmungen betreffend die Bestimmung des Status in Gewahrsam genommener Kämpfer (Art. 5 GA III) und die Überprüfung von Internierung und Zuweisung eines Zwangsaufenthalts (Art. 43, 78 GA IV). Diese Bestimmungen zeigen zweierlei. Einerseits kann der Betrof-

90 Die Freiheit der Person ist geschützt: gegen willkürliche Freiheitsentziehung durch Art. 9 Abs. 1 IPBPR, Art. 37 lit. b der VN-Kinderrechtskonvention, Art. 9 der Allgemeinen Erklärung der Menschenrechte, sowie indirekt durch Art. 75 Abs. 3 ZP I, in dem von "Umstände[n], welche die Festnahme, Haft oder Internierung rechtfertigen" (Hervorhebung ergänzt – das Erfordernis der Rechtfertigung (im Original "... circumstances justifying ...") schließt Willkür denknotwendig aus) die Rede ist, gegen Geiselnahme durch Art. 34, 137 GA IV, Art. 75 Abs. 2 lit. c ZP I, Art. 3 Abs. 1 lit. c GA I-IV, Art. 4 Abs. 2 ZP II, gegen Freiheitsentziehung ohne Rechtsgrundlage durch Art. 9 Abs. 1 IPBPR und Art. 5 Abs. 1 EMRK und durch die Begründungspflicht der Art. 75 Abs. 3 ZP I, Art. 9 Abs. 2 IPBPR, Art. 5 Abs. 2 EMRK. Die NATO hat in ihrem Glossary of Terms and Definitions (NATO-Dokument AAP-6(2007)) anerkannt, dass eine Ingewahrsamnahme eine Handlung ist, die zur Verwirklichung rechtmäßiger Zwecke oder anderweitig im Einklang mit der Rechtsordnung erfolge: "Detention" ist definiert als "The act of holding in custody for lawful purposes such as prosecution, maintenance of public safety, or pursuant to legal order" (S. 2-D-6). Zur Rechtsordnung gehören zweifelsfrei auch Rechtsakte des Sicherheitsrats der Vereinten Nationen, insbesondere Resolutionen, die das Mandat einer internationalen Friedensmission enthalten.

91 Nicht der Fall ist dies bei Maßnahmen wie der Anordnung der Evakuierung von einer bestimmten Stelle oder aus einem bestimmten Wohn- bzw. Aufenthaltsort. Dafür, ob die Durchführung solcher Maßnahmen die Freiheit der Person berührt, kommt es indessen auf die Modalitäten an: für eine zwangsweise Verbringung weg von einer bestimmten Stelle oder aus dem bisherigen Wohn- bzw. Aufenthaltsort ist dies regelmäßig zu bejahen. Des weiteren sind etwa die Evakuierung an einen bestimmten Ort oder die Zuweisung eines bestimmten Wohnorts geeignet, die Freiheit der Person zu berühren – insbesondere, wenn hiermit das Verbot verbunden ist, den zugewiesenen Ort bzw. Wohnort zu verlassen. Hinsichtlich der Durchführung kommt es auch hier auf die Modalitäten der Verbringung an den festgelegten Bestimmungsort an. Ferner vermag eine Ausgangssperre, jedenfalls wenn und soweit sie in ihren Wirkungen einem zeitweiligen Hausarrest entspricht, für die Dauer ihrer Wirksamkeit die Freiheit der Person zu berühren. Offensichtlich ist die Freiheit der Person berührt, wenn Menschen durch physische Mittel daran gehindert werden, einen bestimmten Ort zu verlassen. Dabei ist nicht notwendig, dass die Betroffenen in einen umschlossenen Raum eingesperrt werden; es genügt bereits, dass der Ort, an dem sie sich aufhalten, beispielsweise mit Stacheldraht oder durch Posten abgesperrt wird.

fene anders als bei öffentlich-rechtlicher Verwaltungs- oder Polizeitätigkeit nicht jede Kriegs- bzw. Einsatzhandlung, die auf die Freiheit seiner Person einwirkt, bereits aufgrund ihrer Eigenschaft als hoheitliche Maßnahme einer Überprüfung zuführen.[92] Andererseits unterliegen der formalisierten Überprüfung nur Maßnahmen, die zumal *ratione temporis* von einiger Intensität bzw. auf derartige Intensität angelegt sind. Übertragen auf den Kontext internationaler Friedensmissionen bedeutet dies, dass das *Habeas Corpus*-Recht nicht gegen jede Ingewahrsamnahme Schutz durch Verfahren gewährleistet. Nicht durch das *Habeas Corpus*-Recht geschützt sind insbesondere Personen, deren persönliche Freiheit lediglich durch von vornherein nur kurzzeitig angelegte Maßnahmen berührt wird. Hierzu zählen beispielsweise das vorübergehende Festhalten zum Zwecke der Eigensicherung von Truppen während einer Operation zur Nachrichtengewinnung und Aufklärung in einem Objekt, in welchem sich Personen aufhalten, oder einer gegen andere Personen gerichteten Zugriffsoperation, sowie die Evakuierung einer Person an einen Ort, an dem ohne Gefährdung ihres Lebens und ihrer Gesundheit und ohne Gefahren für die Auftragsdurchführung festgestellt werden kann, ob ihre Ingewahrsamnahme aus operativen Gründen veranlasst ist, einschließlich des vorübergehenden Festhaltens zu dem Zweck, diese Feststellung zu treffen.[93]

Zwischen dem Kriegsgefangenenrecht des Dritten Genfer Abkommens (1949) und dem Recht der Ingewahrsamnahme aus operativen Gründen besteht somit im Hinblick auf den Gegenstand der vorliegenden Untersuchung ein bedeutender Unterschied. Unbeschadet dessen, dass jeweils die faktische Gewahrsamsbegründung die materielle Pflichtenbindung der Gewahrsamsmacht hinsichtlich der Behandlung der Gewahrsamsperson bewirkt, ist hinsichtlich der Pflicht, der in Gewahrsam genommenen Person eine förmliche Überprüfung des Gewahrsams zu ermöglichen, zwischen den beiden genannten Formen des Gewahrsams zu unterscheiden. Bei einer Ingewahrsamnahme aus operativen Gründen kann das *Habeas Corpus*-Recht nur in Anspruch genommen werden,

---

92 Die ohne Veranlassung des Betroffenen mögliche Überprüfung im Rahmen der Dienstaufsicht dient mangels unmittelbarer Drittgerichtetheit der Dienstaufsichtspflicht nicht dem Schutz subjektiver Rechte, mag dieser auch ihr willkommener Nebeneffekt sein. Gegen eine unmittelbare Drittgerichtetheit der Dienstaufsichtspflicht spricht auch, dass die Strafbewehrung mangelhafter Dienstaufsicht in Gestalt der strafrechtlichen Haftung nach Maßgabe der Doktrin der Command Responsibility an ein von den mangelhaft beaufsichtigten Untergebenen begangenes materielles Verbrechen gegen das Völkerrecht geknüpft ist. Vgl. Art. 28 IStGH-Statut, §§ 4, 13 VStGB. Selbst die – drittschützende – Strafbewehrung bestimmter die Freiheit der Person berührender Verbrechen gegen das Völkerrecht ermöglicht dem Betroffenen nicht die Einleitung eines Verfahrens, innerhalb dessen die Wiederherstellung der ihm entzogenen Freiheit der Person bewirkt werden kann. Vgl. insoweit u.a. die Verbrechen des Verschwindenlassens, Art. 7 Abs. 1 lit. i IStGH-Statut, § 7 Abs. 1 Nr. 7 VStGB; schwerwiegende Freiheitsberaubung, Art. 7 Abs. 1 lit. e IStGH-Statut, § 7 Abs. 1 Nr. 9 VStGB; Geiselnahme, Art. 8 Abs. 2 lit. a (viii) / lit. c (iii) VStGB, § 8 Abs. 1 Nr. 2 VStGB; Gefangenhalten einer unter Anwendung von Zwang geschwängerten Frau, Art. 7 Abs. 1 lit. g i.V.m. Abs. 2 lit. f, Art. 8 Abs. 2 lit. b (xxii) / lit. e (vi) IStGH-Statut, § 8 Abs. 1 Nr. 4 VStGB; Verhängung oder Vollstreckung einer nicht in einem unparteiischen ordentlichen Gerichtsverfahren zustandegekommenen Todesstrafe oder Freiheitsstrafe, § 8 Abs. 1 Nr. 7 VStGB; rechtswidriges Gefangenhalten oder ungerechtfertigtes Verzögern der Heimschaffung einer geschützten Person, § 8 Abs. 3 Nr. 1 VStGB.

93 Selbstredend scheidet es aus, eine Person in der dargestellten Weise zu evakuieren, wenn der Wille zur Ingewahrsamnahme aus operativen Gründen bereits an dem Ort besteht, an welchem die Person betroffen wird. Hierfür wird es auf die zum jeweiligen Zeitpunkt maßgebliche Befehlsgebung ankommen.

wenn der Gewahrsam der Friedensmission (und damit die Einschränkung der Freiheit der Person) – sei es aufgrund einer förmlicher Anordnung im Einzelfall, sei es aufgrund der relevanten Befehlsgebung – nicht nur vorübergehend angelegt ist. Dies reflektiert die Wertung, die dem Recht auf Überprüfung des Status im Falle der Kriegsgefangenschaft zugrunde liegt: ist diese doch ihrer Eigenart nach stets von einiger Dauer, da sie bis zum Ende der Feindseligkeiten aufrechterhalten werden kann (Art. 118 GA III).

2 Zu Art, Umfang und durchführendem Organ des aus dem Habeas Corpus-Recht geschuldeten Überprüfungsverfahrens

Aus den völkervertraglichen Bestimmungen über das *Habeas Corpus*-Recht ergibt sich zwar, dass ein Verfahren stattzufinden hat, hingegen enthalten diese Bestimmungen keine der Verallgemeinerung fähigen Maßgaben hinsichtlich dessen Art und Umfang.[94] Die *Habeas Corpus*-Bestimmungen des internationalen Menschenrechtsschutzes enthalten ebensowenig detaillierte materielle Standards. Grund hierfür dürfte die Systematik der internationalen Menschenrechtsdokumente sein, die separate *Fair Trial*-Garantien einschließlich darauf bezogener gesetzgeberischer Handlungspflichten enthalten.[95] Demgegenüber kennt das humanitäre Völkerrecht – insoweit noch das klassische Verständnis reflektierend, dass die staatliche Souveränität den Erlass extraterritoriale Geltung beanspruchender Gesetzgebung außer in Ausübung der Personalhoheit nicht legitimiere – nicht einmal die Forderung nach Gesetzgebung.[96] Aus der aktuellen Praxis von Besatzungsregimes und Zivilverwaltungen der Vereinten Nationen kann nichts anderes hergeleitet werden.[97] Als allgemeiner Rechtsgrundsatz des humanitären Völkerrechts und des internationalen Menschenrechtsschutzes ergibt sich somit, dass das kraft des *Habeas Corpus*-Rechts bei Ingewahrsamnahme von Personen durch internationale

94 Insbesondere gelten die materiellen Verfahrensgarantien des humanitären Völkerrechts vorwiegend den von Straf- und Disziplinarverfahren betroffenen Kriegsgefangenen und geschützte Zivilpersonen. Art. 82ff. GA III, Art. 117ff. GA IV, Art. 75 Abs. 4 ZP I. Die Vorgabe in Art. 78 GA IV, dass "[d]ie Entscheidungen über den Zwangsaufenthalt oder die Internierung [...] in einem ordentlichen Verfahren getroffen werden [sollen], das von der Besetzungsmacht entsprechend den Bestimmungen des vorliegenden Abkommens festzulegen ist", hat nur begrenzte Bedeutung, weil das Vierte Genfer Abkommen in Teil III Abschnitt III, zu dem diese Bestimmung gehört, überwiegend Regelungen hinsichtlich der Strafverfolgung durch Gerichte der Besatzungsmacht enthält und für Verfahren eines Verwaltungsausschusses i.S.d. Art. 43 GA IV lediglich die Schaffung eines Rechtsmittels bzw. Rechtsbehelfs fordert. In letzterer Hinsicht klingt die amtliche Übersetzung ins Deutsche eindeutiger als das Original; der in der englischen Fassung des Vierten Genfer Abkommens verwendete Begriff "appeal" erfasst sowohl außergerichtliche Rechtsbehelfe als auch gerichtliche Rechtsmittel.

95 Freilich enthalten diese Garantien nur im Hinblick auf die Ausübung der staatlichen Strafgewalt detaillierte Vorgaben für die Gesetzgebung; im übrigen beschränken sie sich auf die Forderung nach der Existenz einschlägiger Gesetzgebung, ohne deren Mindestinhalte vorzugeben. Vgl. nur Art. 6 Abs. 1 EMRK einerseits, Art. 6 Abs. 2 und 3 EMRK andererseits.

96 Vgl. nur Art. 78 GA IV (oben Anm. 94).

97 Die zuletzt praktisch bedeutsamste Besatzungsorganisation – diejenige der Coalition Provisional Authority im Irak – bediente sich der Form der Anordnung ("Order") für ihre gesetzesvertretenden Rechtsvorschriften; die vom Sicherheitsrat der Vereinten Nationen eingesetzten Zivilverwaltungen im Kosovo (UNMIK) und in Timor-Leste (UNTAET) haben Verordnungen ("Regulations") erlassen. Besonders deutlich wird der terminologische Unterschied zwischen Gesetz und gesetzesvertretender Rechtsvorschrift in der UNMIK-Praxis, zu der gehört, jedes von der parlamentarischen Versammlung des Kosovo beschlossene und auch als solches bezeichnete Gesetz ("Law") durch Verordnung (UNMIK Regulation) zu verkünden und in Kraft zu setzen.

Friedensmissionen geschuldete Verfahren förmlich, aber nicht zwingend in Gesetzesform, festgelegt sein und einen Rechtsbehelf vorsehen muss. Aus der dem Schutz der Freiheit der Person dienenden Funktion dieses *Habeas Corpus*-Verfahrens folgt weiter, dass das Verfahren dazu ausreichen muss, eine effektive inhaltliche Überprüfung der kraft der Freiheit der Person mitzuteilenden Gewahrsamsgründe zu ermöglichen.[98]

Hinsichtlich des Organs, das das aus dem *Habeas Corpus*-Recht geschuldete Überprüfungsverfahren durchführt, kann nicht als Inhalt eines allgemeinen Rechtsgrundsatzes des humanitären Völkerrechts und des internationalen Menschenrechtsschutzes festgestellt werden, dass es sich hierbei um ein Gericht – insbesondere nicht im Sinne des deutschen Gerichtsverfassungsgesetzes – handeln müsse. Zwar verlangen die relevanten Menschenrechtsbestimmungen die Vorführung vor den Richter, indessen genügt nach humanitärem Völkerrecht, außer für Fälle der Freiheitsentziehung durch Kriminal- oder Disziplinarstrafe, die Entscheidung jedes geeigneten Spruchkörpers.[99]

III Zwischenergebnis

Für von einer internationalen Organisation geführte Friedensmissionen gelten von Staaten abgeschlossene rechtsetzende völkerrechtliche Verträge, da sie *pacta tertii* sind, ebensowenig wie für diese Organisationen selbst. Eine unmittelbare ausschließliche Geltung der Vertragswerke auf dem Gebiet entweder des humanitären Völkerrechts oder des internationalen Menschenrechtsschutzes für das Handeln internationaler Friedensmissionen kommt auch aus weiteren Gründen nicht in Betracht: in rechtstatsächlicher Hinsicht wegen der unbeschadet formaler Rechtszustände volatilen Gemengelage zwischen Krieg und Frieden, in rechtlicher Hinsicht wegen der Überwindung der völkerrechtsdogmatischen Trennlinie zwischen diesen Rechtszuständen qua durch den Sicherheitsrat der Vereinten Nationen. Gleichwohl finden internationale Friedensmissionen in einer Epoche, die Frieden durch Recht schaffen will, nicht in einem rechtsfreien Raum statt. Regeln für das Handeln internationaler Friedensmissionen sind daher nach den im Völkerrecht üblichen Methoden zu entwickeln. Hierzu gehört die Herleitung allgemeiner Rechtsgrundsätze, aus denen konkrete Normen abgeleitet werden können.

---

98 Bei an der Praxis orientierter Auslegung der im humanitären Völkerrecht für die nichtrichterlichen Organe, welche das Habeas Corpus-Verfahren durchführen, verwendeten Begriffe "tribunal" (Art. 5 GA III) und "administrative board" (Art 43 GAI IV) wird man auch aus diesen folgern können, dass es sich um Organe mit einer gewissen Verfasstheit, also nicht lediglich um zufällig zusammengewürfelte Personenmehrheiten ohne klare Handlungsvorgaben, handeln muß.

99 Die Entscheidung über den Kriegsgefangenenstatus obliegt – entgegen der insoweit falschen amtlichen Übersetzung ins Deutsche – einem "Tribunal", das nicht notwendig ein richterlicher Spruchkörper sein muß, diejenige betreffend Internierung bzw. Wohnsitzzuweisung steht der Überprüfung durch ein geeignetes Gericht oder einen geeigneten VerwaltungsAusschuss ("appropriate court or administrative board", Art. 43 GA IV) offen. In einem besetzten Gebiet aufhältige Personen, die gemäß Art. 5 GA IV als Spion oder Saboteur oder unter dem gerechtfertigten Verdacht festgenommen werden, eine der Sicherheit der Besetzungsmacht abträgliche Tätigkeit zu entfalten, verlieren nur die Mitteilungsrechte des GA IV, und dies auch nur, falls es aus Gründen militärischer Sicherheit unbedingt erforderlich ist. Auch sie haben also Anspruch darauf, dass im Falle der Internierung ihr Gewahrsamsstatus festgestellt bzw. im Falle einer Strafverfolgung eine Haftprüfung durchgeführt wird.

Das Recht auf Schutz der Freiheit der Person ergibt sich in Fällen der Ingewahrsamnahme durch eine Friedensmission als allgemeiner Rechtsgrundsatz des humanitären Völkerrechts und des internationalen Menschenrechtsschutzes. Dieser allgemeine Rechtsgrundsatz ist ebenso wie derjenige, kraft dessen die Freiheit der Person durch das *Habeas Corpus*-Recht verfahrensmäßig abgesichert ist, im Wege der Induktion aus den einschlägigen Vorschriften der universellen und regionalen völkervertraglichen Regelwerke, ergänzt um die in relevanten menschenrechtspolitischen Dokumenten formulierten Grundsätze, herzuleiten.

Auf dieser Grundlage wird der Fokus der vorliegenden Untersuchung nunmehr den durch internationale Friedensmissionen formulierten Regeln gelten. Hierbei kann gezeigt werden, dass die Praxis der Ingewahrsamnahme von Personen aus operativen Gründen durch die Friedensmissionen IFOR/SFOR und KFOR der Verallgemeinerung fähig ist: als Ausdruck der Auslegung und Anwendung der diesen Missionen übertragenen Autorität, zur Erfüllung ihrer militärischen Verantwortlichkeiten alle notwendigen Mittel anzuwenden bzw. alle notwendigen Maßnahmen zu ergreifen.[100] Sie hat in diesem Umfang, bezogen auf die Charta der Vereinten Nationen und ihr nachgeordnetes Sekundärrecht, den Charakter einer "spätere[n] Übung bei der Anwendung des Vertrags, aus der die Übereinstimmung der Vertragsparteien über seine Auslegung hervorgeht" (Art. 31 Abs. 3 lit. b des Wiener Übereinkommens über das Recht der Verträge). Die Differenzierung zwischen militärischen und polizeilichen Verantwortlichkeiten im Rahmen internationaler Friedensmissionen eingesetzter Streitkräfte zeigt am deutlichsten die Autorisierung der Friedensmission KFOR zur "Gewährleistung der öffentlichen Sicherheit und Ordnung, bis die internationale zivile Präsenz die Verantwortung für diese Aufgabe übernehmen kann",[101] wenngleich KFOR bislang als einziger militärischer Friedensmission eine derartige Verantwortlichkeit explizit übertragen wurde. Die auf dieser Verantwortlichkeit fußende "KFOR Law and Order Mission"[102] schließt ausweislich der Praxis die Autorität zur Ingewahrsamnahme von Personen in gewissermaßen polizeilicher Motivation ein. Das KFOR-Mandat verdeutlicht also, insoweit wiederum verallgemeinerungsfähig, dass zwischen einer Autorisierung aller notwendigen Mittel bzw. Maßnahmen zur Wahrnehmung militärischer Verantwortlichkeiten einerseits und polizeilicher Verantwortlichkeiten andererseits unterschieden werden kann und muss. Die Praxis internationaler Friedensmissionen schließlich zeigt, dass die

---

100 Der Sicherheitsrat der Vereinten Nationen autorisiert die Anwendung militärischer Gewalt, wiewohl er hierfür keine exakt identische Terminologie verwendet, auf der Grundlage eines einheitlichen konzeptionellen Ansatzes (vgl. auch Christine Gray, International Law and the Use of Force, 2. Aufl. 2004, S. 204f). Im einzelnen hat der Sicherheit autorisiert: alle notwendigen Mittel ("all necessary means") in Tz. 10 der Resolution 794 (1992) – UNOSOM II; Tz. 3 der Resolution 929 (1994) – Opération Turquoise; Tz. 4 der Resolution 940 (1994) – Multinational Force in Haiti; Tz. 7 der Resolution 1244 (1999) – KFOR; sowie alle notwendigen Maßnahmen ("all necessary measures") in Tz. 15/16/17 der Resolution 1031 (1995) – IFOR, Tz. 19/20/21 der Resolution 1088 (1996) – SFOR, Tz. 14/15/16 der Resolution 1575 (2004) – EUFOR ALTHEA, Tz. 3 der Resolution 1264 (1999) – INTERFET; Tz. 3 der Resolution 1386 (2001) – ISAF; Tz. 4 der Resolution 1484 (2003) – EUFOR ARTEMIS; Tz. 8 der Resolution 1676 (2006) – EUFOR R.D. Congo.

101 Tz. 9(d) der Resolution 1244 (1999) lautet im Original: "Ensuring public safety and order until the international civil presence can take responsibility for this task".

102 Vgl. Center for Law and Military Operations, Law and Military Operations in Kosovo (2001), S. 102ff.

Unterstützung von Polizeidienststellen durch Ingewahrsamnahme von Personen ebenfalls eine vom Mandat gedeckte polizeilich motivierte Handlung sein kann.

D Herleitung und Darstellung der Schranken des Habeas Corpus-Rechts

Die Praxis internationaler Friedensmissionen ist Ausdruck der jeweiligen Antwort der internationalen Gemeinschaft auf eine vom Sicherheitsrat der Vereinten Nationen verbindlich festgestellte Bedrohung von Weltfrieden und internationaler Sicherheit. Wenn internationale Friedensmissionen aus operativen Gründen Personen in Gewahrsam nehmen, begegnen sie einem der zu dieser Bedrohungslage gehörenden Szenarien. Die Ingewahrsamnahme aus operativen Gründen ist also Teil des militärischen Instrumentariums zur Wiederherstellung von Weltfrieden und internationaler Sicherheit.

Das Mandat einer jeden internationalen Friedensmission ist Ausdruck einer Entscheidung der internationalen Gemeinschaft, dass zur Wiederherstellung von Weltfrieden und internationaler Sicherheit militärische Fähigkeiten zum Ansatz gebracht werden sollen. Mit der Autorisierung der Friedensmission, in Wahrnehmung ihrer Verantwortlichkeiten alle notwendigen Maßnahmen zu ergreifen bzw. alle notwendigen Mittel zu ergreifen, wird dieser für eine Übergangszeit Hoheitsgewalt zur Ausübung im Einsatzgebiet übertragen. Diese Hoheitsgewalt ist in Ansehung ihres Umfangs supranationaler Hoheitsgewalt gleichzuachten: in ihrem sachlichen Umfang überlagert sie die Staatsgewalt des eigentlich *ratione loci* verantwortlichen Staats sowohl im Verhältnis zu dessen Organen als auch zu den seiner Hoheitsgewalt grundsätzlich unterworfenen Personen.[103] Zwar sind – anders als die Europäische Gemeinschaft – weder die Vereinten Nationen noch die NATO supranationale Organisationen. Sie können aber gleichwohl punktuell supranationale Hoheitsgewalt ausüben, wenn sie internationale Friedensmissionen mandatieren. Hierbei kommt insbesondere Kapitel VII der Charta der Vereinten Nationen (aber auch – allein oder ergänzend – ein Übertragungsakt des betroffenen Staats) als völkerrechtliche Rechtsgrundlage für die Begründung supranationaler Hoheitsgewalt in den Händen einer internationalen Friedensmission – genauer: der sie leitenden internationalen Organisation – in Betracht.

Neben der Ingewahrsamnahme von Personen gibt es andere Einwirkungen internationaler Friedensmissionen auf die Individualrechtssphäre. Jede dieser Einwirkungen auf subjektive Rechte im Einsatzgebiet aufhältiger Personen fußt auf dem internationalen Mandat der betreffenden Friedensmission als der Quelle der ihr zukommenden Hoheitsgewalt.[104] Die völkerrechtliche Legitimationskette beginnt in der Regel mit der

---

103 Näher zu diesen Wirkungsrichtungen der vorübergehenden Hoheitsgewalt internationaler Friedensmissionen Verf., Ensuring and Enforcing Human Security (2007), S. 63f, 64ff.

104 Hervorhebung verdienen hier zunächst die sog. Vetting-Entscheidungen in Bosnien-Herzegowina und im Kosovo. Vgl. Opinion no. 326/2004 of the Venice Commission of the Council of Europe on a possible solution to the issue decertification of police officers in Bosnia and Herzegovina – document CDL-AD(2005)024; Verf., Ensuring and Enforcing Human Security (2007), S. 99ff. Das hier nicht erörterte Beispiel der NATO-Friedensmission ISAF in Afghanistan zeigt, dass im Rahmen eines robusten Mandats des Sicherheitsrats der Vereinten Nationen sogar die letale Neutralisierung von Zielpersonen nicht nur praktisch möglich ist, sondern auch als völkerrechtlich legitim und legal angesehen werden kann. Bei der Bewertung zu berücksichtigen sind neben dem politischen Ermessen (beispielsweise) des Nordatlantikrats hinsichtlich der Frage, was als militärische Maß-

Feststellung einer Bedrohung von Weltfrieden und internationaler Sicherheit durch den Sicherheitsrat der Vereinten Nationen, die diesem die Anwendung von Kapitel VII der Charta ermöglicht. Hiermit verbunden ist die Festlegung, dass – auf höchstem Abstraktionsniveau – mit der Friedensmission die Wiederherstellung von Weltfrieden und internationaler Sicherheit im zugewiesenen Einsatzgebiet als politischer Endzustand angestrebt wird. Die definierten Zwecke der Friedensmission, aus denen sich ihre Verantwortlichkeiten ("responsibilities") und Einzelaufgaben ("tasks") ableiten lassen, sind hierauf orientiert. Soll eine Friedensmission über robuste Hoheitsgewalt verfügen, autorisiert der Sicherheitsrat, dass sie[105] alle notwendigen Maßnahmen ergreifen bzw. alle notwendigen Mittel anwenden darf, um ihr Mandat zu erfüllen.

Bei den Friedensmissionen IFOR/SFOR und KFOR ergibt sich aus dem internationalen Mandat sodann die Autorisierung der NATO, diese einzurichten, zu entsenden und zu führen; diese Übertragung von Hoheitsrechten an die NATO zeigt deutlich, dass die von NATO-geführten Friedensmissionen ausgeübte Hoheitsgewalt sich von genuin staatlicher Hoheitsgewalt, d. h. der Ausübung in der eigenen Souveränität wurzelnder Hoheitsrechte durch die Organe eines Staates, wesensmäßig unterscheidet. Der kraft des Nordatlantikvertrags zuständige Nordatlantikrat übt die ihm übertragene Hoheitsgewalt aus, indem er entscheidet, welche Einsatzhandlungen als notwendige Maßnahmen bzw. Mittel grundsätzlich in Betracht kommen; die Konkretisierung dieser Entscheidung in der militärischen Kommandostruktur der NATO ist ebenfalls Teil der Ausübung dieser der NATO übertragenen Hoheitsgewalt.[106]

Die Untersuchung gilt somit einerseits den politischen Entscheidungen über die mögliche Notwenigkeit bestimmter Arten von Einsatzhandlungen, andererseits der Umsetzung dieser Entscheidungen auf der Arbeitsebene. Darzustellen ist, dass der Nordatlantikrat im Einklang mit Kapitel VII der Charta der Vereinten Nationen und den hierauf gestützten Resolutionen des Sicherheitsrats IFOR/SFOR/NHQ Sarajevo bzw. KFOR zur Ausübung von Hoheitsgewalt in typisch militärischen Formen ermächtigt. Dies bedingt, dass die Schranken der nach Maßgabe allgemeiner Rechtsgrundsätze des humanitären

---

nahme bzw. militärisches Mittel notwendig sein kann, um nachhaltig zur Verwirklichung des erstrebten politisch-strategischen Endzustands "Wiederherstellung von Weltfrieden und internationaler Sicherheit im betreffenden Einsatzgebiet" beizutragen, die Kenntnis des Sicherheitsrats von der Praxis der Friedensmission zum Zeitpunkt der Mandatsverlängerung und – im Fall von ISAF – die in Kenntnis ebendieser Praxis ausdrücklich formulierte Bitte der Regierung der Islamischen Republik Afghanistan an den Sicherheitsrat, das Mandat zu verlängern (VN-Dokument S/2007/494). – Es sei darauf hingewiesen, dass bei Manuskriptabschluss (Januar 2008) nach der Rechtsauffassung des Bundesministeriums der Verteidigung ein letales Vorgehen gegen besonders ausgewählte Zielpersonen im Rahmen der Friedensmissionen, an denen sich die Bundesrepublik Deutschland zu diesem Zeitpunkt beteiligte, als nicht mandatskonform anzusehen war.

105 Der Sicherheitsrat mandatiert entweder die Friedensmission selbst – insbesondere, wenn es sich um eine VN-Friedensmission, also ein Nebenorgan der Vereinten Nationen handelt – oder er ermächtigt die Mitgliedstaaten und/oder relevante internationale Organisationen, die Friedensmission mit der übertragenen Hoheitsgewalt auszustatten. Da letzteres in erster Linie dazu dient, getreu dem Rechtsgedanken des Interventionsverbots eine Einmischung in die Angelegenheiten der Mitgliedstaaten oder der betroffenen internationalen Organisationen zu unterlassen, hat es darauf, dass die Hoheitsgewalt auf der Grundlage von Kapitel VII der VN-Charta durch den Sicherheitsrat übertragen wird, keine Auswirkungen.

106 Hierzu näher Verf., Regional Human Rights vs. International Peace Missions: Lessons Learned from Kosovo, in: HuV-I 2007, S. 238/240f.

Völkerrechts und des internationalen Menschenrechtsschutzes gewährleisteten subjektiven Rechte vorrangig aus den Wertungen des humanitären Völkerrechts herzuleiten sind, womit zugleich ein der volatilen Situation in den Einsatzgebieten angemessenes Rechtsregime geschaffen wird.

I Zur Herleitung der Schranken subjektiver Rechte gegenüber internationalen Friedensmissionen aus den Wertungen des humanitären Völkerrechts

Wie das KFOR-Mandat zeigt, kann der Sicherheitsrat der Vereinten Nationen internationalen Friedenstruppen Hoheitsgewalt zur Wahrnehmung sowohl militärischer als auch polizeilicher Verantwortlichkeiten übertragen. Beide Arten von Verantwortlichkeiten können Einzelaufgaben einschließen, zu deren Verwirklichung die Ingewahrsamnahme von Personen geboten sein kann. Daher kommt nicht in Betracht, in der Ingewahrsamnahme von Personen durch internationale Friedensmissionen stets und ausschließlich eine polizeiliche Maßnahme zu sehen. Da überdies die Unterscheidung zwischen militärischen und polizeilichen Verantwortlichkeiten einer Friedensmission in der Völkerrechtsordnung wurzelt, scheidet ebenso aus, insoweit auf Kategorienbildungen des innerstaatlichen Rechts – sei es des Empfangsstaats, sei es eines oder mehrerer Truppensteller – zu rekurrieren.

1 Das polizeirechtliche Missverständnis im (insbesondere) deutschen Rechtsdiskurs über internationale Friedensmissionen

Die Frage, welche rechtlichen Rahmenbedingungen für die Ingewahrsamnahme von Personen durch internationale Friedensmissionen gelten sollen, wird verschiedentlich aufgrund von Annahmen über die Rechtsnatur derartiger Maßnahmen beantwortet. Obschon von militärischem Personal ausgeführt, werden Zugriffe häufig als "administrative"[107] oder als – der Durchsetzung von öffentlicher Sicherheit und Ordnung dienend – polizeiliche ("law enforcement"[108] bzw. "executive policing"[109]) Maßnahmen verstanden.[110] Dem steht eine Selbstwahrnehmung internationaler Friedensmissionen gegen-

107 Der Titel des Beitrags von Jelana Pejic, Procedural principles and safeguards for internment/ administrative detention in armed conflict and other situations of violence, in: IRRC 87 (2005), 375 (Kursiv ergänzt) mag insoweit als repräsentatives Beispiel ausreichen.

108 Beispielsweise erörtert Colette Rausch sub specie der Durchsetzung von öffentlicher Sicherheit und Ordnung im Kosovo, und dies ohne spezifische Bezugnahme auf die KFOR Law and Order Mission, dass die internationale zivile Polizei insoweit zwar vorrangig tätig sei, KFOR aber gelegentlich an der Wahrnehmung von Aufgaben wie Festnahme und Durchführung von Ermittlungen beteiligt sei (The assumption of authority in Kosovo and East Timor: legal and practical implications, in: Renata Dwan (Hrsg.), Executive Policing: Enforcing the Law in Peace Operations, SIPRI Research Report No. 16 (2003), S. 11/27). Dem ähnelt die Wahrnehmung von Annika S. Hansen, dass KFOR als "force multiplier" für die zivile Polizei im Kosovo tätig gewesen sei, die sie allerdings ausdrücklich auf die KFOR Law and Order Mission in Tz. 9(d) der Resolution 1244 (1999) des Sicherheitsrats der Vereinten Nationen bezieht (Civil-military cooperation: the military, paramilitaries and civilian police in executive policing, ebd., 67/75).

109 Zur Definition des Begriffs exekutiver Polizeitätigkeit ("executive policing") D. Christopher Decker, Enforcing Human Rights: The Role of the UN Civilian Police in Kosovo, in: International Peacekeeping 13 (2006) 502/504f und Renata Dwan, Introduction, in: dies. (Hrsg.), Executive Policing: Enforcing the Law in Peace Operations, SIPRI Research Report No. 16 (2003), 1.

110 Allerdings wird selbst hinsichtlich der Wahrnehmung der KFOR Law and Order Mission gesagt: "Although NATO troops were initially tasked to uphold law and order, many contingents were

über, die den militärischen Charakter von Gewahrsamsoperationen hervorhebt.[111] Diese Selbstwahrnehmung steht in Einklang mit auf Kapitel VII der Charta der Vereinten Nationen gestützten Mandaten, die einer Friedensmission die Autorität übertragen, zur Erfüllung ihrer Verantwortlichkeiten alle notwendigen Mittel anzuwenden bzw. alle notwendigen Maßnahmen zu ergreifen.

Weder das geschriebene Völkerrecht noch internationale Dokumente, die entweder völkerrechtspolitische Positionen oder eine noch nicht durch Praxis von Staaten und/oder internationalen Organisationen bestätigte *opinio iuris* formulieren, enthalten ausdrückliche Hinweise darauf, wie die Ingewahrsamnahme von Personen durch im Rahmen internationaler Friedensmissionen eingesetzte Streitkräfte zu charakterisieren sei.[112] Häufig wird der Ansatz verfolgt, nicht nur wie im innerstaatlichen Recht zwischen Polizeiaufgaben und militärischen Aufträgen zu unterscheiden, sondern auch die dort verwendeten Differenzierungskriterien für Auslegung und Anwendung der dem Völkerrecht zugehörigen internationalen Mandate heranzuziehen. Das Beispiel bestimmter Beiträge zum deutschen Rechtsdiskurs ist besonders geeignet dafür, aufzuzeigen, weswegen – anders als die Differenzierung als solche – die hierfür innerstaatlich verwendeten Kriterien nicht der Verallgemeinerung fähig sind. Geboten ist vielmehr, für die Charakterisierung von Fällen der Ingewahrsamnahme von Personen durch internationale Friedensmissionen auf völkerrechtliche Gesichtspunkte abzustellen. Im Lichte der aus dem jeweiligen Mandat hergeleiteten Zwecke der Ingewahrsamnahme von Personen ergibt sich, dass diese nur dann nicht der Erfüllung der als militärisch zu charakterisierenden Verantwortlichkeiten zuzuordnen ist, wenn internationalen Friedensmissionen eine "Law and Order Mission" wie bei KFOR aufgegeben ist oder sie im Einklang

---

reluctant to take on a policing role." D. Christopher Decker, Enforcing Human Rights: The Role of the UN Civilian Police in Kosovo, in: International Peacekeeping 13 (2006) 502/504 im Anschluß an David Marshall & Shelley Inglis, The Disempowerment of Human Rights-Based Justice in the United Nations Mission in Kosovo, in: 16 Harvard Human Rights Law Journal 95/109 (2003). Im Ergebnic ähnlich, wenngleich anders nuanciert ("To some extent the military have overcome their reluctance to be engaged in policing ...") auch Annika S. Hansen, die sich insoweit freilich nicht nur auf KFOR, sondern auch auf SFOR bezieht (Civil-military cooperation: the military, paramilitaries and civilian police in executive policing, in: Renata Dwan (Hrsg.), Executive Policing: Enforcing the Law in Peace Operations, SIPRI Research Report No. 16 (2003), S. 67/70). Dieser Darstellung liegt die unausgesprochene Prämisse zugrunde, dass beispielsweise die Ingewahrsamnahme von Personen stets eine polizeiliche Handlung sei.

111 Beispielhaft sei auf die Ausführungen des SFOR-Presseoffiziers hingewiesen, dass SFOR keine Verhaftungen durchführe, weil die Friedensmission keine Polizei sei: SFOR is not in the business of arresting anyone. We are not a police force ... We can detain [individuals] if they pose a threat to that stability that we are here to make possible. Transkript der International Community Press Conference vom 17. Januar 2002, http://www.nato.int/sfor/trans/2002/t020117a.htm (eingesehen am 20. Januar 2006).

112 Im Code of Conduct for Law Enforcement Officials, angenommen durch Resolution 34/169 der Generalversammlung der Vereinten Nationen vom 17. Dezember 1979, ist von Staaten die Rede, in denen militärische Dienststellen Polizeigewalt ausüben ("countries where police powers are exercised by military authorities"); insoweit werden Angehörige der Streitkräfte für die Zwecke des Code of Conduct auch als mit der Durchsetzung der öffentlichen Sicherheit und Ordnung beauftragte Amtswalter ("law enforcement officials") bezeichnet (Kommentar (b) zu Art. 1 des Code of Conduct). Hieraus kann freilich nicht mehr gefolgert werden, als dass die internationale Gemeinschaft für ihre bekannten Fälle, in denen Streitkräfte im eigenen Land Polizeiaufgaben wahrnehmen, in gewissem Umfang Verhaltensregeln postulieren will.

mit den maßgeblichen politischen Entscheidungen Polizeidienststellen – sei es der internationalen Gemeinschaft wie etwa die UNMIK-Polizei im Kosovo, sei es lokale Polizeien wie z. B. den Kosovo Police Service (KPS) – unterstützen.[113]

Einige deutsche Beiträge zum Rechtsdiskurs über die Rolle der Streitkräfte in internationalen Friedensmissionen fußen erkennbar auf Wertungen des Grundgesetzes, aus denen einhellig ein Gebot der Unterscheidung polizeilicher und militärischer (aber auch nachrichtendienstlicher) Aufgaben und Befugnisse hergeleitet wird, das zugleich eine strikte institutionelle Trennung zwischen Streitkräften und Polizei (sowie den Nachrichtendiensten) bedingt. Ausdruck findet dies in Beiträgen im deutschen rechtswissenschaftlichen Schrifttum, denen zufolge die Handlungen (nicht nur) deutscher Streitkräfte im Rahmen internationaler Friedensmissionen als "Polizeiaktionen" bzw. "polizeitypische Aktionen" begriffen oder gar bezeichnet werden.[114] Ein deutliches Indiz für die auch praktische Relevanz dieser Position sind Analogien zu polizeirechtlichen Denkmodellen und Rechtsgrundsätzen[115] sowie die Feststellung, das "Kriegsvölkerrecht [trage] den neuen Aufgaben der Streitkräfte nur bedingt Rechnung" nebst der hieraus abgeleiteten Forderung, "deutsche Streitkräfte benötig[t]en – vor allem im Rahmen von friedenswahrenden UNO-Einsätzen – nicht nur ihre militärische Ausrüstung und Ausbildung, sondern neben den militärischen auch polizeiliche Qualitäten".[116] Ob eine "Verpolizeirechtlichung" des Rechts des bewaffneten Konflikts praxisgerechte Lösungen trägt, darf freilich bezweifelt werden.

Unbeschadet dessen, dass militärische, polizeiliche und nachrichtendienstliche Tätigkeit in ihrer Eigenschaft als spezifische Fälle der Ausübung von Hoheitsgewalt abstrakte, insbesondere strukturelle, Gemeinsamkeiten aufweisen, ist diese Position nur schwer mit den relevanten Prämissen selbst des deutschen Verfassungsrechts in Einklang zu bringen. Die ständige Rechtsprechung des Bundesverfassungsgerichts betreffend die Auslandseinsätze der Bundeswehr ordnet diese der Sphäre der Außen- und Sicherheitspolitik zu.[117] Polizeiliche Tätigkeit gehört demgegenüber nach deutschem Ver-

113 Die Unterstützung lokaler Sicherheitskräfte weist spezifische rechtliche Implikationen u. a. hinsichtlich der Gewahrsamsinhaberschaft auf, die jedenfalls dann von Anfang an bei den lokalen Sicherheitskräften liegt, wenn diese nicht der Friedenstruppe taktisch unterstellt sind. Vgl. die Ausführungen von Amnesty International in Bezug auf die von der NGO vermutete dahingehende Praxis von ISAF: Afghanistan – Detainees transferred to torture: ISAF complicity? (AI-Dokument ASA 11/011/2007), S. 21 in Anm. 60.

114 Vgl. Kay Waechter, Polizeirecht und Kriegsrecht, in JZ 2007, S. 61/62.

115 Vgl. Stephan Weber, Rules of Engagement – Ein Paradigmenwechsel für Einsatz und Ausbildung?, in: HuV-I 2001, 76ff, der in Anm. 30 ausdrücklich betont, dass "[i]n den deutschen Taschenkarten ... die Regeln über das Anrufverfahren, die Abgabe von Warnschüssen, den Schusswaffeneinsatz ohne Ankündigung, die Vermeidung der Gefährdung Dritter und das Verhalten nach dem Waffeneinsatz stark an die Regeln des UZwGBw [Gesetz über die Anwendung unmittelbaren Zwangs durch Soldaten der Bundeswehr und zivile Wachpersonen] angelehnt" seien und "der Soldat bei der Erlernung des Umganges mit der Taschenkarte auf dem aufbauen [könne], was er in der Wachausbildung eingeübt hat". Die momentan maßgeblichen, vom Völkerrechtsreferat des Bundesministeriums der Verteidigung herausgegebenen Taschenkarten für die Soldaten der deutschen Einsatzkontingente folgen unverändert diesem Modell.

116 Vgl. Kay Waechter, Polizeirecht und Kriegsrecht, in JZ 2007, S. 61/62.

117 Ausdruck findet dies unbeschadet des Erfordernisses parlamentarischer Zustimmung zu bestimmten Handlungen insbesondere in der Bestätigung der entsprechenden Prärogativen der Bundesregierung, zuletzt im sog. Tornado-Urteil des BVerfG vom 3. Juli 2007 – 2 BvE 2/07 – NZWehrr 2007, S. 203.

ständnis vorrangig in die Sphäre der Innenpolitik. Auch wird außerhalb des militärischen Bezugsrahmens zwischen Inlands- und Auslandsnachrichtendiensten, für den Militärischen Abschirmdienst zwischen Inlands- und Auslandsaufgaben unterschieden. Dieser verfassungsgerichtlich bestätigten Trennung der innen- und außenpolitischen Sphären korrespondieren voneinander abweichende rechtliche Rahmenbedingungen dieser unterschiedlichen Formen exekutiven Handelns. Besonders deutlich wird dies in dem Unterschied zwischen den in Art. 20 Abs. 3 GG i.V.m. den Grund- und Menschenrechten des Grundgesetzes angelegten strikten Vorgaben für die Ausübung von Hoheitsgewalt im Inland und der Möglichkeit der Einwilligung in die Beschränkung von Hoheitsrechten im Rahmen der internationalen Zusammenarbeit durch Art. 24 Abs. 2 GG. Für den Umgang der Exekutive mit Inlandssachverhalten müssen grundsätzlich klare Aufgaben definiert sein, die nur im Einklang mit Befugnisnormen sowie Zuständigkeits- und Verfahrensvorschriften wahrgenommen werden dürfen, wobei sich grundrechtswesentliche Aspekte der Aufgaben, Befugnisse, Zuständigkeiten und Verfahren aus einem Parlamentsgesetz ergeben müssen.[118] Für Auslandssachverhalte kann demgegenüber um der Wahrung des Friedens (Art. 24 Abs. 2 GG) willen für die Beteiligung an internationalen Einsätzen von Streitkräften in integrierten Strukturen sogar das Hoheitsrecht des Bundesministers der Verteidigung zur Ausübung der Befehls- und Kommandogewalt (Art. 65a GG) beschränkt sein. Insbesondere bewirkt die Übertragung von Operational Control über zu einer internationalen Friedensmission entsandten Streitkräften auf eine internationale Organisation eine derartige Beschränkung; dem entspricht die völkerrechtliche Zurechnung der operativen Handlungen der Friedensmission zu der betreffenden Organisation.[119] Auch der Grundrechtsschutz unterliegt anderen Kuratelen.

Kann danach bereits das Handeln deutscher Streitkräfte im Einsatz bei internationalen Friedensmissionen nicht wie dasjenige einer unteren Verwaltungsbehörde rechtlich erfaßt werden, muss dies für dasjenige der Streitkräfte anderer Staaten, deren Rechtsordnungen andere staatsorganisations-, verfahrens- und materiell-rechtliche Differenzierungs-, Handlungs- und Überprüfungsmaßstäbe formulieren als das Grundgesetz, *a fortiori* gelten.[120]

---

118 Sofern man Art. 20 Abs. 3 GG auf unter der Führung einer internationalen Organisation in einer von den Vereinten Nationen mandatierten Friedensmission überhaupt anwenden wollte, müsste diese verfassungsrechtliche Vorschrift daher hinsichtlich der Wahrnehmung der mandatierten Autorität völkerrechtsfreundlich ausgelegt werden. Vorzugswürdig ist allerdings die Überlegung, dass die Charakterisierung der Streitkräfte als solche in Art. 87a GG zugleich impliziert, dass sie sich wie Streitkräfte verhalten, insbesondere solange und soweit sie nicht nach Maßgabe von Art. 35 GG Amtshilfe oder amtshilfeartige Unterstützung leisten. Folgt man dieser Überlegung, überlagert Art. 87a GG dann für streitkräftetypische – militärische – Verhaltensweisen Art. 20 Abs. 3 GG. An die Stelle der Bindung an Gesetz und Recht, wie sie der Polizei aufgegeben ist, tritt dann eine Bindung an das spezifisch für militärische Operationen geltende Recht, d.h. das humanitäre Völkerrecht, ihm komplementäre Rechtsmaterien einschließlich relevanter allgemeiner Grundsätze des internationalen Menschenrechtsschutzes und das Völkerstrafrecht.

119 Zu Fragen der Zurechnung Verf., Regional Human Rights vs. International Peace Missions: Lessons Learned from Kosovo, in: HuV-I 2007, S. 238/241f; Ensuring and Enforcing Human Security (2007), S. 53ff., 144.

120 Beispielsweise dürfen die Streitkräfte der Vereinigten Staaten in erheblich größerem sachlichem Umfang als etwa die Bundeswehr innerstaatlich eingesetzt werden. Vgl. dazu Center for Law and

Die Nichteignung der nationalen Rechtsordnungen der Truppenstellerstaaten für die Herleitung der rechtlichen Rahmenbedingungen des Handelns internationaler Friedensmissionen ergibt sich auch daraus, dass diese – jedenfalls, soweit die Truppensteller von IFOR/SFOR/NHQ Sarajevo und KFOR in Rede stehen – für die nachhaltig befriedete, von hoher Stabilität gekennzeichnete, Situation in demokratischen Verfassungsstaaten formuliert sind. Demgegenüber sind bei einer internationalen Friedensmissionen eingesetzte Streitkräfte ebenso wie in einem bewaffneten Konflikt mit einer volatilen Lage konfrontiert, die zu beherrschen weitestgehend ein hohes Operationstempo erfordert, weil der Einsatzerfolg oftmals auf Faktoren wie beispielsweise der Überraschung der Gegner des Friedensprozesses oder der blitzschnellen Nutzung einer als günstig erkannten taktischen Lage beruht. Schließlich wäre bei Herleitung der rechtlichen Rahmenbedingungen der Beiträge der Truppenstellerstaaten internationaler Friedensmissionen aus ihren jeweiligen internen Rechtsordnungen die Interoperabilität mit den Streitkräften der Verbündeten und Partner mit der Tendenz zur Unmöglichkeit erschwert, zumal wenn der Beachtung umfangreicher, verwaltungsrechtlichem Denken entspringender Vorgaben der Vorrang vor auch in zeitlicher Hinsicht effektiver und effizienter Operationsführung gegeben werden müsste.

2 Der grundsätzlich militärische Charakter der Einzeloperationen internationaler Friedensmissionen

Der Sicherheitsrat hat sich bei der Differenzierung zwischen militärischen und polizeilichen Einsatzhandlungen von im Rahmen einer internationalen Friedensmissionen eingesetzten Streitkräften von einem zeitgemäßen Verständnis seiner Kompetenzen aus Kapitel VII der Charta der Vereinten Nationen leiten lassen. Der vernetzte Sicherheitsbegriff, der dem Konzept "Human Security" zugrunde liegt, erfasst sowohl militärisch als auch polizeilich einzudämmende Bedrohungen für Weltfrieden und internationale Sicherheit. Anders als viele nationale Rechtsordnungen stellt die Charta es freilich in das Ermessen des Sicherheitsrats, mit welcher Art von Fähigkeiten welchen Bedrohungen entgegengetreten werden soll. Die Kompetenz, "mit Luft-, See- oder Landstreitkräften die zur Wahrung oder Wiederherstellung des Weltfriedens und der internationalen Sicherheit erforderlichen Maßnahmen durch[zu]führen" (Art. 42 der Charta), trägt somit sowohl eine von nationalen Kriterien abweichende Definition des "Militärischen" und des "Polizeilichen" als auch die Zuweisung polizeilicher Verantwortlichkeiten an die eingesetzten Streitkräfte. Angesichts dessen kann lediglich aus dem äußeren Erscheinungsbild der von Friedenstruppen durchgeführten Einzeloperationen[121] nichts für deren völkerrechtlichen Charakter gefolgert werden. Jedenfalls bei robusten Friedensmissionen müssen sich Streitkräfte, denen militärische Verantwortlichkeiten zugewiesen sind,

---

Military Operations, Domestic Operational Law (DOPLAW) Handbook for Judge Advocates (2006).

121 Zu denken ist im gegenständlichen Kontext insbesondere an geplante Zugriffsoperationen und ad hoc-Zugriffe beispielsweise im Rahmen von Patrouillen, Checkpoints, Cordon and Search Operations, sowie Crowd and Riot Control (CRC). Unbestrittenermaßen können derartige Einzeloperationen unbeschadet ihres Zwecks – der Erfüllung entweder militärischer oder polizeilicher Verantwortlichkeiten – äußerliche Ähnlichkeiten aufweisen und ihre taktische Planung und Durchführung nach ähnlichen oder identischen Gesichtspunkten erfolgen.

stets auf die Durchführung genuin militärischer Operationen einstellen und bei Planung und Durchführung ihrer Einzeloperationen daher bereits auf der taktischen Ebene andere Erwägungen anstellen als Polizeikräfte. Sie haben aus einem viel größeren – und anders konturierten – Repertoire von Handlungsmöglichkeiten auszuwählen,[122] zu denen – legt man die Praxis zugrunde – je nach Mandatslage sogar ein letales Vorgehen gegen besonders ausgewählte Zielpersonen zählen kann.[123] Auch werden sich die bei Polizei und Streitkräften angewendeten Gesichtspunkte für die Auswahl von Zielpersonen regelmäßig unterscheiden. Darüber hinaus ist das Handeln von Streitkräften in einen an den militärischen Spezifika der Unterstützung eines Friedensprozesses orientierten operativen und strategischen Rahmen eingebunden. Ein etwa polizeiähnliches äußeres Erscheinungsbild bestimmter Einzeloperationen von Streitkräften im Rahmen einer Friedensmission ändert nichts daran, dass diese nach militärstrategischen und/oder militärisch-operativen Kriterien definierten Zielen dienen.[124]

Streitkräfte werden in der Regel eingesetzt, weil sie – häufig ausschließlich – über Fähigkeiten verfügen, die als dazu notwendig erachtet werden, im Hinblick auf einen erstrebten politisch-strategischen Endzustand bestimmte Wirkungen zu erzielen. Im internationalen Mandat einer Friedensmission findet dies darin seinen Ausdruck, dass der Sicherheitsrat der Vereinten Nationen einerseits seine sicherheitspolitische Lagefeststellung in der Bewertung zusammenfasst, Weltfrieden und internationale Sicherheit seien bedroht, und dass er andererseits die Bewältigung der militärischen Aspekte dieser Bedrohungslage Streitkräften anvertraut. Zu den militärischen Aspekten einer Bedrohung von Weltfrieden und internationaler Sicherheit gehören etwa die Gefahr des Wiederaufflammens von Feindseligkeiten[125] oder der Verletzung von Bedingungen eines Waffenstillstands[126] bzw. Friedensvertrags,[127] die zu unterdrücken bzw. durchzusetzen typische Verantwortlichkeiten von Friedenstruppen sind. Viele internationale Mandate weisen Friedenstruppen zudem die Verantwortlichkeit für ein sicheres Umfeld zu, in dem bestimmte zivile Stellen (z. B. staatliche Organe, Hilfsorganisationen der internationalen Gemeinschaft, humanitäre Nichtregierungsorganisationen) ihrer Tätigkeit nachgehen können. Da zu den staatlichen Organen, die von dem durch die Friedenstruppe hergestellten und bewahrten sicheren Umfeld profitieren sollen, auch die lokale und/oder internationale Polizei gehört, kann nicht bezweifelt werden, dass die Verant-

122 Der Kreis der taktischen Handlungsmöglichkeiten von Landstreitkräften ist Gegenstand der Lehre von der Truppenführung, einem der bedeutendsten Gebiete der Militärwissenschaft. Es sei angemerkt, dass auch auf See zwischen militärischer und polizeilicher Taktik, Operationsführung und Strategie unterschieden werden muss. Wenngleich auch auf See Zugriffsoperationen (z.B. im Zusammenhang mit Boardings) durchgeführt werden, liegt Schwerpunkt der Darstellung auf Landoperationen. Auf See in Gewahrsam genommene Personen müssen ohnedies grundsätzlich an Land verbracht und dort festgehalten werden (vgl. Art. 22 GA III, dem zufolge Kriegsgefangene nur in Anlagen interniert werden dürfen, die auf dem Festland liegen).

123 Dazu bereits oben Anm. 104.

124 Für die Frage, ob (und ggf. inwieweit) deutsche Streitkräfte in ihrer Eigenschaft als Streitkräfte und mit ihren spezifischen Fähigkeiten im Rahmen internationaler Friedensmissionen eingesetzt werden, ist das jeweilige nationale Mandat – die vom Deutschen Bundestag konsentierte Entscheidung der Bundesregierung – maßgeblich.

125 Vgl. Tz. 9(a) der Resolution 1244 (1999) des Sicherheitsrats der Vereinten Nationen.

126 Vgl. Tz. 9(a) der Resolution 1244 (1999) des Sicherheitsrats der Vereinten Nationen.

127 Vgl. Tz. 15 der Resolution 1031 (1995) des Sicherheitsrats der Vereinten Nationen.

wortlichkeit der Friedenstruppe sich spezifisch auf militärische und paramilitärische Gefahren für die Sicherheit des Umfelds bezieht. Auch die Verantwortlichkeit für das sichere Umfeld trägt also militärische Einsatzhandlungen. Ist der Friedensmission die Autorität übertragen, zur Erfüllung ihrer militärischen Verantwortlichkeiten alle notwendigen Mittel anzuwenden bzw. alle notwendigen Maßnahmen zu ergreifen, darf sie also auch Personen aus operativen Gründen in Gewahrsam nehmen, von denen Gefahren für die Sicherheit des Umfelds ausgehen.

Nach alledem kommt eine Vielzahl möglicher militärischer Zwecke der Ingewahrsamnahme von Personen durch im Rahmen einer Friedensmission eingesetzte Streitkräfte in Betracht. Zu denken ist zunächst an die Schwächung von Einzelpersonen und Verbänden mit militärischen oder paramilitärischen Fähigkeiten einschließlich bewaffneter ziviler Gruppen,[128] wozu neben im Untergrund fortbestehenden Privatarmeen von Warlords in der Regel auch mutmaßliche Kriegsverbrecher und ihre Unterstützungsnetzwerke zählen.[129] Des weiteren dient die Erfüllung von Einzelaufgaben wie derjenigen der Entwaffnung und Auflösung bewaffneter Gruppierungen sowie der Reintegration ihres Personals ("disarmament, demobilisation, and reintegration") sowie der Abwendung von Gefahren von um des Erfolgs des Friedensprozesses willen dem Schutz der Friedensmission anbefohlenen Personen und Sachwerten[130] militärischen Zwecken. Schließlich ist die Abwendung von Gefahren für Personal, Material und die Bewegungsfreiheit einer Friedensmission als Bedingung der Möglichkeit erfolgreicher Durchführung, ggf. Durchsetzung des Auftrags ein legitimer militärischer Zweck der Ingewahrsamnahme von Personen aus operativen Gründen. Hierbei macht es von Völkerrechts wegen keinen Unterschied, ob die Ingewahrsamnahme von Personen im Rahmen des Vorgehens gegen Zielpersonen mittels geplanter Zugriffsoperationen – beispielsweise der Spezialkräfte – oder von *ad hoc*-Zugriffen – auch der herkömmlichen Kräfte – erfolgt.[131]

---

128 Vgl. Art. II Abs. 1 des Anhangs 1A zum Friedensvertrag von Dayton (zitiert oben Anm. 28).

129 Beispielsweise gehört zu den Handlungsmöglichkeiten von IFOR/SFOR/NHQ Sarajevo, wegen Kriegsverbrechen angeklagte Personen in Gewahrsam zu nehmen, die Personal der Friedenstruppe bei Gelegenheit der Auftragserfüllung begegnen. Geplante Zugriffsoperationen wurden demgegenüber für gewöhnlich außerhalb des Mandats der Friedenstruppe in Umsetzung der Pflicht zur Unterstützung des Jugoslawientribunals gemäß Resolution 827 (1993) des Sicherheitsrats der Vereinten Nationen durchgeführt.

130 In Rules of Engagement werden diese üblicherweise als Persons with Designated Special Status – PDSS – bzw. Property with Designated Special Status – PRDSS – bezeichnet. Zur Bedeutung etwa des Schutzes bestimmter Kulturgüter für den Erfolg eines Friedensprozesses näher Verf., KFOR: Current Legal Issues, in: HuV-I 2007, S. 24/27ff.

131 In der Praxis ist gleichwohl denkbar, dass Spezialkräfte größere Handlungsmöglichkeiten haben als in demselben Einsatzgebiet präsente herkömmliche Kräfte. Grund hierfür ist, dass Streitkräften für gewöhnlich durch politische Entscheidung und/oder militärische Führungsentscheidung innerhalb des von Rechts wegen gezogenen Handlungsrahmens weitgehende Auflagen gemacht werden, der rechtliche Rahmen also nicht in vollem Umfang ausgeschöpft wird. Spezialkräften weniger restriktive Auflagen zu machen als herkömmlichen Kräften, um ihre Effektivität und Effizienz auf die besonderen – über das Normalmaß deutlich hinausgehenden – Gefährdungslagen hin, denen sie im Zuge der Erfüllung ihrer Aufträge ausgesetzt sind, zu optimieren, ist weder völkerrechtlich verboten noch impraktikabel. Bei nationaler deutscher Betrachtungsweise kommt hinzu, dass es im Sinne der Fürsorge der politischen Leitung und militärischen Führung für ihre Soldaten (§§ 31, 10 Abs. 3 SG) sogar geboten sein kann, auf der taktischen Ebene eingesetzten Kräften einen der Lage – insbeson-

Bei alledem darf nicht übersehen werden, dass die Charakterisierung der Ingewahrsamnahme von Personen zu den dargestellten Zwecken als militärische, nicht polizeiliche Handlungen nicht ausschließt, dass die Verhaltensweisen, die eine Ingewahrsamnahme rechtfertigen, nicht nur Weltfrieden und internationale Sicherheit im jeweiligen Einsatzgebiet, sondern auch die öffentliche Sicherheit und Ordnung gefährden. Beispielsweise kann die Fähigkeit, spontan eine Demonstration zu initiieren, Ausdruck der Fortexistenz des Mobilisierungsmechanismus einer im Untergrund bestehenden paramilitärischen Organisation sein – die Demonstration kann nachgerade zu dem Zweck initiiert worden sein, das Funktionieren des Mobilisierungsmechanismus in scheinbar unverfänglicher Weise zu üben. Ähnliches gilt etwa für illegalen Waffenschmuggel und -handel, wenn Überschneidungen zwischen organisierter Kriminalität und klandestinem Nachschubwesen im Untergrund befindlicher Privatarmeen von Warlords bestehen. Mutmaßliche Kriegsverbrecher schließlich erfreuen sich oftmals als ehemalige oder sogar noch amtierende politische bzw. militärische Führer der Zeit des bewaffneten Konflikts fortdauernder Loyalitäten und sind daher in der Lage, mittels ihrer fortbestehenden Unterstützungsnetzwerke das Gelingen des Friedensprozesses zu gefährden. Ob in derartigen und anderen Überlappungsfällen tatsächlich eine Gefährdung von Weltfrieden und internationaler Sicherheit im jeweiligen Einsatzgebiet – maßgebliche Kriterien für die Bewertung sind insoweit insbesondere aus dem Mandat der jeweiligen Friedensmission herzuleiten – besteht, wird aufgrund der Erkenntnisse des militärischen Nachrichtenwesens sowie der Nachrichtengewinnung und Aufklärung durch die Friedenstruppe, ggf. unter Berücksichtigung der fachlichen Bewertung des Rechtsberaters, entschieden.

3 Zur prioritären Bedeutung des humanitären Völkerrechts für die Bewertung des Handelns internationaler Friedensmissionen

Für gewöhnlich definiert das internationale Mandat einer Friedensmission nicht nur Verantwortlichkeiten, zu deren Erfüllung die Ingewahrsamnahme von Personen in Betracht kommt, sondern gibt zugleich die hierfür in Betracht kommenden Mittel bzw. Maßnahmen vor. Die rechtliche Bedeutung der Autorisierung aller notwendigen Mittel bzw. Maßnahmen ist nicht auf die Delegation der Entscheidung über die Notwendigkeit konkreter Mittel und Maßnahmen auf die internationale Organisation, unter deren Führung die Friedensmission steht, beschränkt. Sie enthält auch eine Aussage zum anwendbaren Recht in Gestalt einer impliziten Verweisung auf die Wertungen des humanitären Völkerrechts, da zumal die Formulierung "all necessary means" die im humanitären Völkerrecht untrennbar zusammengehörende Einhegung der Handlungsmöglichkeiten durch den Grundsatz der militärischen Notwendigkeit und die Beschränkung der Mittel

dere der Gegnerlage – angemessenen Handlungsspielraum zu eröffnen. Ob das gebotene Maß an Fürsorge gewährt wird, wenn eingesetzte Kräfte ihren Auftrag mit den ihnen eingeräumten Handlungsmöglichkeiten nur unter unzumutbarer Eigengefährdung ausführen können, darf bezweifelt werden. Ist die politische Entscheidung für einen Auftrag gefallen, kann bei der Abwägung zwischen politischen Gesichtspunkten, die Anlass für rechtlich nicht zwingende Auflagen sein können, und dem Grundrecht jedes einzelnen eingesetzten Soldaten auf Leben und körperliche Unversehrtheit nur in seltenen Ausnahmefällen das Grundrecht nachrangig sein.

und Methoden der Kriegführung (im Kontext von Friedensmissionen: Operationsführung) in einer griffigen Formel zusammenfasst.[132]

Die Annahme, dass die Autorisierung aller notwendigen Mittel bzw. Maßnahmen eine Entscheidung zugunsten der Anwendbarkeit der Wertungen des humanitären Völkerrechts einschließe, bedarf "all necessary means/measures" daher auch eine implizite Verweisung auf die Wertungen allein des internationalen Menschenrechtsschutzes enthalten könnte. Indessen zeigen sowohl die Praxis als auch systematische Überlegungen, dass von der Anwendbarkeit der Wertungen des humanitären Völkerrechts auszugehen ist.

Soweit nachvollziehbar, hat der Sicherheitsrat die Formel "all necessary means" erstmals im Kontext der Befreiung Kuwaits (Operation DESERT STORM[133]) – und dort zur Stärkung der Legitimitätsbasis des Schreitens zum internationalen bewaffneten Konflikt – verwendet. Später hat er die Mandate verschiedener internationaler Friedensmissionen, die diese Formel – und ebenso die Formel "all necessary measures" – als Autorisierung militärischer freilich der Überprüfung, da das Kriterium der Notwendigkeit auch in der im internationalen Menschenrechtsschutz verbreiteten Wendung, bestimmte Menschenrechte dürften eingeschränkt werden, wenn dies in einer demokratischen Gesellschaft notwendig ("necessary in a democratic society") sei, Verwendung findet und die Formulierung Gewaltanwendung ohne vorgegebene Obergrenze des Eskalationsniveaus und somit denknotwendig zugleich im Sinne einer Verweisung auf die Wertungen des humanitären Völkerrechts ausgelegt und angewendet haben, in Kenntnis dieser Praxis wiederholt verlängert und damit die sie zu Völkergewohnheitsrecht im Rahmen der Charta verstärkende *opinio iuris* demonstriert.

Für die Interpretation der Autorisierung von "all necessary means" bzw. "all necessary measures" als eine Verweisung auf das humanitäre Völkerrecht implizierend spricht neben dieser Praxis auch, dass der Sicherheitsrat beide Formeln durchgängig für die Mandatierung von Friedensmissionen mit militärischem Schwerpunkt, nicht jedoch für Friedenskonsolidierung (peace-buildung) durch zivile Friedensmissionen verwendet hat.[134] Die Entsendung einer Friedenstruppe mit robustem Mandat ist die logische Konsequenz aus der Lagebeurteilung, es seien militärische Fähigkeiten notwendig, um bestimmte für das Gelingen des Friedensprozesses insgesamt als erforderlich erachtete Wirkungen zu erzielen. Solange und soweit die internationalen Mandate nicht das Gegenteil nahelegen, ist es folgerichtig, davon auszugehen, dass die eingesetzten militäri-

132 Die Vorgabe des humanitären Völkerrechts, dass Mittel und Methoden der Kriegführung nicht unbegrenzt sind (Art. 23 HLKO, Art. 35 ZP I), ist nichts anderes die negatorische Formulierung der Grundprinzipien der militärischen Notwendigkeit ("military necessity") und der Verhältnismäßigkeit ("proportionality").

133 Vgl. Tz. 2 der Resolution 678 (1990) des Sicherheitsrats der Vereinten Nationen: "Authorizes Member States co-operating with the Government of Kuwait ... to use all necessary means to uphold and implement resolution 660 (1990) and all subsequent relevant resolutions, and to restore international peace and security in the area" (Kursiv im Original).

134 Beispielsweise enthält die Autorisierung des VN-Generalsekretärs zur Errichtung von UNMIK (Tz. 10 der Resolution 1244 (1999)) keine derartige Formulierung. Das UNTAET-Mandat enthält zwar die Autorisierung aller notwendigen Maßnahmen (Tz. 4 der Resolution 1272 (1999)), indessen war die militärische Komponente mehr als fünfmal so stark wie die zivile Komponente (Tz. 3 a.a.O.); insoweit hatte UNTAET einen militärischen Schwerpunkt.

schen Fähigkeiten innerhalb des rechtlichen Rahmens für die Nutzung solcher Fähigkeiten zum Einsatz gebracht werden sollen, d.h. vorrangig nach Maßgabe der Wertungen des humanitären Völkerrechts.

Demgegenüber hat der Sicherheitsrat die in Menschenrechtsdokumenten verwendete Formel "necessary in a democratic society" zu keiner Zeit in ein Mandat einer internationalen Friedensmissionen aufgenommen, obwohl dies in einer Formulierung wie z. B. "all means/measures necessary in a democratic society" unschwer möglich gewesen wäre. Überdies sind Zweifel daran gerechtfertigt, dass diese Formulierung geeignet ist, die Situation der Ausübung quasi-supranationaler Hoheitsgewalt für eine Übergangszeit durch eine Friedensmission zutreffend tatbestandlich zu erfassen.[135]

Das dargestellte Ergebnis gerät schließlich auch nicht in Widerspruch zur völkerrechtlichen Methodenlehre. Zwar stellt der Internationale Gerichtshof, indem er das humanitäre Völkerrecht als *lex specialis* gegenüber dem Recht des internationalen Menschenrechtsschutzes charakterisiert,[136] die in dieser Rechtsmaterie enthaltenen Schranken der Menschenrechte implizit unter die Kuratelen der methodischen Regel *singularia non sunt extendenda.* Indessen entfaltet diese Regel nicht die ihr grundsätzlich zukommende Wirkung, den als Ausnahmeregeln bezeichneten Normen die Analogiefähigkeit – und damit die für die Induktion allgemeiner Rechtsgrundsätze zentrale Verallgemeinerungsfähigkeit – zu nehmen, wenn der Sicherheitsrat mittels robuster Mandatierung einer Friedensmission eine Entscheidung zugunsten der Anwendbarkeit der Wertungen des humanitären Völkerrechts trifft.

Aus alledem folgt, dass die Schranken des einen allgemeinen Rechtsgrundsatz des humanitären Völkerrechts und des internationalen Menschenrechtsschutzes verwirklichenden Rechts auf Schutz der Freiheit der Person nebst seiner verfahrensrechtlichen Absicherung durch das *habeas corpus*-Recht gegenüber einer internationalen Friedensmission vorrangig aus den Wertungen des humanitären Völkerrechts herzuleiten sind. Dieser Befund impliziert weder die Schutzlosigkeit in Gewahrsam genommener Perso-

135 Zunächst impliziert diese Formulierung eine Autoreferenz auf die Gesellschaften der betroffenen Staaten. Hier legt der Entstehungszeitpunkt insbesondere der EMRK nahe, dass mit der Selbstcharakterisierung der (damals westeuropäischen) Gesellschaften als "demokratisch" ein bewusster Kontrapunkt zu den Gesellschaften des gerade aufwachsenden Ostblocks gesetzt werden sollte, denen ihre totalitären politischen Führungen den demokratischen Geist austreiben wollten. Selbst wenn man, ähnlich wie hinsichtlich der Formel von den zivilisierten Völkern im IGH-Statut, in dem Attribut "democratic" heute keine Höherstellung der eigenen Gesellschaften erkennen mag (wofür auch der Umstand spricht, dass dieses Attribut im Internationalen Pakt über bürgerliche und politische Rechte erscheint, dem auch Staaten ohne im westlichen Sinne demokratische Gesellschaft beigetreten sind), bleibt der Umstand, dass ein Staat eingedenk des völkerrechtlichen Interventionsverbots diese Charakterisierung nur jeweils für sich selbst authentisch vornehmen kann und zudem das Attribut "demokratisch" auch etymologisch auf die Selbstregierung der jeweiligen Gesellschaft bzw. des jeweiligen Volks verweist. Die "Fremdregierung" durch die internationale Gemeinschaft ist hierzu ebenso ein aliud wie die Ausübung supranationaler Hoheitsgewalt insbesondere durch die EU, mögen beide auch in demokratisch legitimierten Übertragungsakten wurzeln. Bereits daher ist die Formulierung "necessary in a democratic society" nicht geeignet, um als Schranke für die Ausübung der vorübergehenden Hoheitsgewalt internationaler Friedensmissionen herangezogen werden zu können.

136 IGH-Gutachten vom 09. Juli 2004 – Legal Consequences of the Construction of a Wall in the Occupied Palestinian Territory – Tz. 106 im Anschluß an IGH-Gutachten vom 08. Juli 1996 – Legality of the Threat or Use of Nuclear Weapons – Tz. 25.

nen noch öffnet er ein Einfallstor für Willkür der gewahrsamsinhabenden Friedensmission, sondern bekräftigt die in der Charta der Vereinten Nationen auffindbare Wertentscheidung,[137] dass auf abstrakt-genereller Ebene die Abwägung zu einem Vorrang des Interesses der internationalen Gemeinschaft, Weltfrieden und internationale Sicherheit zu wahren bzw. wiederherzustellen, gegenüber dem subjektiven Recht am Schutz der Freiheit der Person nebst ihrer verfahrensrechtlichen Absicherung durch das *habeas corpus*-Recht führt. Wenn und soweit – zugleich in Verwirklichung der *responsibility to protect* – zur Wiederherstellung von Weltfrieden und internationaler Sicherheit militärische Zwangsmaßnahmen mandatiert sind, gilt im Recht der internationalen Friedensmissionen also wie im humanitären Völkerrecht anstelle der Zweifelsregel *in dubio pro libertate* deren Umkehrung *in dubio pro securitate.*

Die für die Schrankenziehung einschlägigen Wertungen ergeben sich insbesondere aus Art. 5 GA III, Art. 5, 41ff, 78 GA IV, Art. 44f, 75 ZP I, Art. 5 ZP II. Aus den genannten Normen lassen sich zwei Schranken induzieren, die den genannten allgemeinen Rechtsgrundsätzen immanent sind. Internationale Friedensmissionen dürfen Personen mit paramilitärischen oder militärischen Fähigkeiten, insbesondere im Fall der Zugehörigkeit zu entsprechenden (auch Untergrund-)Verbänden, unabhängig von etwaigen strafrechtlichen Vorwürfen, zur Schwächung dieser Verbände und – oftmals damit einhergehend – zur Gewährleistung von Sicherheit und Stabilität (d. h. des sicheren Umfelds) in Gewahrsam nehmen. Auch dürfen sie jeden geeigneten Spruchkörper mit der Überprüfung der Ingewahrsamnahme und – periodisch – der Fortdauer des Gewahrsams betrauen; dieser braucht kein Gericht zu sein. Andererseits haben sie hinsichtlich der Gewahrsamsbedingungen Mindeststandards zu beachten, die diejenigen für die Behandlung von Kriegsgefangenen und Zivilinternierten nicht unterschreiten dürfen.

Hinsichtlich der zeitlichen Obergrenze des Gewahrsams ist bei alledem danach zu differenzieren, ob es sich um Gewahrsam aus operativen Gründen – zur Verwirklichung militärischer Zwecke in Wahrnehmung militärischer Verantwortlichkeiten – oder um zwecks Wahrnehmung originärer Polizeiaufgaben (wie bei der "KFOR Law and Order Mission") bzw. im Rahmen der Unterstützung lokaler Polizeikräfte begründeten Gewahrsam handelt. Nur für Gewahrsam aus operativen Gründen ist – unbeschadet der Pflicht zur periodischen Überprüfung – die maximale Dauer durch die Bedrohungslage – relevant ist insbesondere jede Bedrohung des Friedensprozesses, der Friedensmission einschließlich ihres Personals und der ihrem Schutz anvertrauten Personen und Sachgüter (PDSS/PRDSS) – indiziert; eine nur hypothetische Gefährdung von Weltfrieden und internationaler Sicherheit im Einsatzgebiet rechtfertigt die Fortdauer einmal begründe-

137 Auch insoweit enthält das Recht der Entkolonialisierung wertvolle Anhaltspunkte für die in der Charta der Vereinten Nationen verkörperten Wertentscheidungen. Art. 73 der Charta ordnet dem Wohl der Einwohner von Hoheitsgebieten, deren Völker noch nicht die volle Selbstregierung erreicht haben, einen Platz innerhalb des durch sie errichteten Systems des Weltfriedens und der internationalen Sicherheit zu. Nach der hier – in der Verallgemeinerung fähiger Weise – zum Ausdruck kommenden Systematik sind daher Wahrung und Wiederherstellung von Weltfrieden und internationaler Sicherheit die notwendige Bedingung des Wohls der Menschen in ihrer jeweiligen Heimat. Rechtslogisch bedeutet dies einen Vorrang von Weltfrieden und internationaler Sicherheit gegenüber dem "Wohl" einzelner Menschen, solange und soweit Einschränkungen des "Wohls" einzelner Menschen das Wohl der Allgemeinheit in dem betreffenden Hoheitsgebiet nicht beeinträchtigen.

ten Gewahrsams nicht. Für in Wahrnehmung von Polizeiaufgaben begründeten Gewahrsam ist die Orientierung an der Dauer typischer Fälle von Polizeigewahrsam angezeigt; in solchen Fällen ist – ebenfalls wie bei Polizeigewahrsam – die frühestmögliche Einschaltung eines mindestens quasi-richterlichen Gremiums zur Bestätigung der Legalität der Ingewahrsamnahme geboten. Hierdurch kann insbesondere gewährleistet werden, dass bei Straftatverdacht der materielle Schutz vor einer "Polizeihaft" anstelle eigentlich einzig statthafter Untersuchungshaft und vor überlanger Dauer von Untersuchungshaft nicht umgangen wird. Absolute Obergrenze für die Dauer des Gewahrsams einer Friedensmission ist das Ende der Geltung ihres internationalen Mandats.[138]

II Die Bedeutung der Command Responsibility Doctrine für die Gewährleistung des Habeas Corpus-Rechts

Wie das Völkerrecht im allgemeinen ist auch das Recht der internationalen Friedensmissionen nicht *eo ipso* unmittelbar anwendbar, sondern bedarf grundsätzlich der Transformation im Rechtsraum der beteiligten Staaten und internationalen Organisationen. Das gilt sowohl für das internationale Mandat als auch die allgemeinen Grundsätze des humanitären Völkerrechts und des internationalen Menschenrechtsschutzes, deren Beachtung jeder Friedensmission aufgegeben ist. Gleichwohl ist eine unmittelbare Geltung ohne Transformation möglich. Einerseits können Bestimmungen des internationalen Mandats *self-executing* sein, wenn und soweit sie auch ohne Umsetzung in Ansehung ihres Bestimmtheitsgrads den Prinzipien der Rechtsklarheit und Rechtssicherheit genügende subjektive Rechte oder Pflichten statuieren, und wenn im Wege der Auslegung die Intention der Rechtsetzenden festgestellt werden kann, dass sie auch ohne Umsetzung unmittelbar gelten sollen. Andererseits können allgemeine Grundsätze des humanitären Völkerrechts und des internationalen Menschenrechtsschutzes, die hinreichend bestimmte Normierungspflichten von Völkerrechtssubjekten begründen, auch ohne Transformation durch deren politische Organe auf allen militärischen Hierarchieebenen umgesetzt werden, wenn das interne Recht des betreffenden Völkerrechtssubjekts dies nicht ausschließt. Damit ist insbesondere Raum für Befehlsgebung mit dem Ziel, in Übereinstimmung mit der *Command Responsibility Doctrine* schwerwiegenden Verletzungen der allgemeinen Grundsätze des humanitären Völkerrechts und des internationalen Menschenrechtsschutzes durch die erforderlichen und angemessenen Maßnahmen entgegenzutreten.

So unteilbar militärische Führungsverantwortung ist, so umfassend ist angesichts der Einheit von Führung und Recht der rechtliche Anspruch an den Vorgesetzten, Verstöße gegen die relevanten allgemeinen Grundsätze des humanitären Völkerrechts und des internationalen Menschenrechtsschutzes zu verhindern, abzustellen und zu ahnden. Zwar bedingt das Unterstellungsverhältnis Operational Control, dass für eine Operation verantwortliche militärische Führer in der Regel lediglich die Wahrnehmung der Disziplinierungs- und Bestrafungsbefugnis durch denjenigen Vorgesetzten fordern können, der mit der Wahrnehmung der in nationaler Verantwortlichkeit verbleibenden Führungsaufgaben betraut ist. Indessen bleiben ihm vielfältige Möglichkeiten, der Ver-

138 Zur insoweit bestehenden Regelungskompetenz des Sicherheitsrats der Vereinten Nationen Verf., Ensuring and Enforcing Human Security (2007), S. 136f.

pflichtung zur Verhinderung und Unterbindung von Verstößen gerecht zu werden. Neben der im Zentrum der mit dem Unterstellungsverhältnis Operational Control stehenden verbundenen Autorität zur Planung konkreter Operationen, auf deren zentrale Bedeutung auch einschlägige Rechtspflichten nach humanitärem Völkerrecht hinweisen,[139] ist hier insbesondere an die routinemäßige Entwicklung taktischer Verfahren (die üblicherweise in Standing Operating Procedures[140] niedergelegt werden) und die Formulierung von Eventualfallplänen (Contingency Plans[141]) zu denken, deren Vorgaben – soweit möglich – während der einsatzbegleitenden Ausbildung, besser bereits im Rahmen der Einsatzvorbereitung, eingeübt werden. Auch darüber hinaus kann der mit Operational Control betraute militärische Führer Aus- und Weiterbildungen mit dem Ziel befehlen, vorhandene Kenntnisse zu vertiefen und Handlungssicherheit zu schaffen, wozu der Rechtsberater durch Unterweisungen mit dem Schwerpunkt Recht und ROE beitragen kann. Dies kann – und muss – durch geeignete Dienstaufsicht überprüft werden, um somit die Wahrscheinlichkeit von Verstößen soweit möglich zu minimieren.[142] Im Rahmen seines Dienstaufsichtsrechts kann der verantwortliche militärische Führer eines multinationalen Truppenkörpers schließlich auch Vorgänge untersuchen und sich Meldungen erstatten lassen, solange und soweit er hierdurch nicht die disziplinar- und strafrechtliche Prärogative der truppenstellenden Staaten verletzt, ferner kann er die Ablösung ihm unterstellten Personals – üblicherweise bis zu einem bestimmten Dienstgrad – betreiben. Insgesamt stehen dem militärischen Führer eines multinationalen Truppenkörpers zwar nicht alle diejenigen Handlungsmöglichkeiten offen, die im Rahmen der *Command Responsibility Doctrine* den Rechtsgrund der Verhinderungs- und Bestrafungspflicht ("prevent and punish")[143] bilden; wo indes entsprechende Handlungsmöglichkeiten fehlen, besteht surrogativ eine Pflicht, über Mängel zu berichten und geeignete Maßnahmen zu beantragen ("report and request").[144]

---

139 Vgl. z.B. die Pflicht, durch vorsorgliche Maßnahmen menschliche und sächliche Kollateralschäden gering zu halten aus Art. 57 Abs. 2 lit. a ZP I oder die Pflicht zur Warnung der von einer beabsichtigten Operation voraussichtlich betroffenen Zivilbevölkerung gemäß Art. 57 Abs. 2 lit. c ZP I

140 Das NATO Glossary of Terms and Definitions (NATO-Dokument AAP-6(2007), S. 2-S-11) definiert Standing Operating Procedures wie folgt: A set of instructions covering those features of operations which lend themselves to a definite or standardized procedure without loss of effectiveness. The procedure is applicable unless ordered otherwise.

141 Das NATO Glossary of Terms and Definitions (NATO-Dokument AAP-6(2007), S. 2-C-14) definiert Contingency Plan wie folgt: A plan which is developed for possible operations where the planning factors have been identified or can be assumed. This plan is produced in as much detail as possible, including the resources needed and deployment options, as a basis for subsequent planning.

142 Vgl. Art. 26 lit. a IStGH-Statut, der unter bestimmten Voraussetzungen eine Strafbarkeit an Versäumnisse bei der Ausübung ordnungsgemäßer Kontrolle über der tatsächlichen Befehls- beziehungsweise Führungsgewalt und Kontrolle eines militärischen oder faktischen Befehlshabers unterstehende Truppen knüpft, sowie Art. 26 lit. b IStGH-Statut, der eine vergleichbare Regelung für sonstige Vorgesetzten- und Untergebenenverhältnisse – d.h. z.B. solche innerhalb einer zivilen Polizei oder eines zivilen Nachrichtendienstes – enthält.

143 Näher Gerhard Werle, Völkerstrafrecht, 2. Aufl. (2007), Tz. 472ff.

144 Dazu Verf., Command Responsibility in Combined Environments, in: 44 The Military Law and the Law of Armed Conflict Review 143-167 (2005). Das Maß der Handlungsmöglichkeiten ist ein bedeutsames Indiz dafür, ob ein militärischer Vorgesetzter den für die rechtliche Verantwortlichkeit hinreichenden Grad der tatsächlichen Kontrolle (Gerhard Werle, Völkerstrafrecht, 2. Aufl. (2007), Tz. 480) ausgeübt hat.

Bei alledem korrespondiert die rechtliche Dimension der militärischen Führungsverantwortung der im Vergleich zu Parlamentsgesetzgebung größeren Flexibilität und geringeren Verfahrensgebundenheit militärischer Entscheidungen. Wo im innerstaatlichen Rechtsraum die Verfassung – auch unter grund- und menschenrechtlichen Gesichtspunkten – detaillierte gesetzgeberische Regelungen verlangt, ist von Völkerrechts wegen für militärisches Handeln eine Befehlsgebung durch den für die praktische Umsetzung des maßgeblichen Operationsplans verantwortlichen Vorgesetzten zwar grundsätzlich notwendig, aber auch ausreichend. Grund hierfür ist, dass der Verlauf militärischer Operationen aller Planung zum Trotz unvorhersehbar ist und oftmals der aus dem Augenblick geborene kreative Umgang mit einer unklaren Lage für den Erfolg entscheidende Bedeutung hat.

Die Einheit von Operationsführung und Recht äußert sich danach auf allen militärischen Führungsebenen darin, dass jeder in Führungsverantwortung stehende militärische Vorgesetzte dazu verpflichtet ist, die materielle Übereinstimmung der Kriegs- bzw. Einsatzhandlungen mit dem geltenden Völkerrecht sicherzustellen. Dafür, ob sein Handeln gerechtfertigt ist, kommt es nicht darauf an, ob er sich hierfür auf einen Befehl, eine Weisung, einen Auftrag, eine Auflage oder andere Vorgaben von übergeordneter Stelle zu stützen vermag. Vielmehr hat er, um den ihm obliegenden Pflichten aus allgemeinen Grundsätzen des humanitären Völkerrechts und des internationalen Menschenrechtsschutzes zu genügen, entweder die auf Vermeidung von Verstößen zielende Befehlsgebung der ihm übergeordneten Stellen ebenengerecht zu konkretisieren oder, sofern und soweit solche Befehlsgebung fehlt, in Übereinstimmung mit den ihn persönlich treffenden Pflichten aus der *Command Responsibility Doctrine* zur Umsetzung der bestehenden völkerrechtlichen Pflichten aus eigener Initiative derartige Befehlsgebung zu erlassen. Gefordert ist also die ebenengerechte Wahrnehmung delegierter Autorität, was beispielsweise auch der in Deutschland für die taktische Truppenführung formulierten Militärdoktrin ("Auftragstaktik" bzw. "Führen mit Auftrag") entspricht.[145]

145 Ganz allgemein verträgt sich Mikromanagement nur bedingt mit militärischem Führen; Vorgesetzte der militärstrategischen und operativen Ebene beschränken sich daher in der Regel (tunlichst) darauf, in vergleichsweise abstrakter Manier die aus ihrer Sicht zentralen Vorgaben zu machen und deren Umsetzung in konkrete, an der jeweiligen Lage orientierte Befehlsgebung auf taktischer Ebene zu fordern. Dies gilt insbesondere (aber nicht nur) dann, wenn ein militärischer Führer auf strategischer oder operativer Ebene – wie beispielsweise hinsichtlich der NATO-Operationen auf dem Balkan der Joint Force Commander Neapel – für mehrere Einsatzgebiete verantwortlich zeichnet und in allen diesen Einsatzgebieten unbeschadet der abweichenden Lagebilder dieselben Mindeststandards durchsetzen will.

E Zur Gewährleistung des Habeas Corpus-Rechts durch interne Regelwerke und Befehlsgebung von Friedensmissionen

Wie im nationalen Rechtsraum unterliegt auch in internationalen Organisationen die militärische Operationsführung dem Primat der Politik. Viele interne Regelwerke und erhebliche Anteile der Befehlsgebung von Friedensmissionen sind daher durch politische Entscheidungen der internationalen Organisationen, die sie leiten, vorbestimmt oder im Detail geregelt. Die Wahrnehmung militärischer Führungsverantwortung erfordert somit die Integration rechtlicher, politischer und militärischer Gesichtspunkte zu widerspruchsfreier Befehlsgebung. Dies gilt in besonderem Maß im Hinblick auf Einsatzhandlungen, deren Vornahme – wie bei der Ingewahrsamnahme von Personen aus operativen Gründen – für den Erfolg der Operation von zentraler Bedeutung sein kann und die zugleich unter erheblichem Legitimationsdruck stehen. Die hieraus abzuleitenden Anforderungen an interne Regelungswerke von und Befehlsgebung für Friedensmissionen auf den unterschiedlichen Führungsebenen sowie deren praktische Durchsetzung werden nunmehr dargestellt.

I Regelungen auf politisch-strategischer und militärstrategischer Ebene

Jenseits der bereits erwähnten Billigungserfordernisse entscheiden die politischen Organe der internationalen Organisationen insbesondere darüber, ob und in welcher Weise Zusammenarbeit mit anderen Völkerrechtssubjekten stattfindet. Im Bereich der NATO ist insbesondere eine intensive Zusammenarbeit mit dem Internationalen Komitee vom Roten Kreuz gängige Praxis, ferner gestattet die NATO dem Antifolterkomitee des Europarats den Besuch von Einrichtungen, in denen KFOR im Kosovo Personen in Gewahrsam hält. Auch mit Sonderorganisationen der Vereinten Nationen arbeitet die NATO, teils aus eigener Inititative,[146] teils in Umsetzung der Mandate der von ihr geführten Friedensmissionen,[147] zusammen. Hierbei ist davon auszugehen, dass auch eine Zusammenarbeit von Friedensmissionen mit anderen Friedensmissionen – jeweils in ihrer Eigenschaft als Nebenorgane der internationalen Organisation, die ihre Führung innehat – grundsätzlich der Billigung auf militärstrategischer und politisch-strategischer Ebene bedarf.[148] Im Rahmen einer solchen Zusammenarbeit können auch mit Gewahrsamsoperationen zusammenhängende Fragen geregelt werden, was insbesondere hinsichtlich der Abgrenzung zwischen der KFOR Law and Order Mission und den Verantwortlichkeiten von UNMIK-Polizei und Kosovo Police Service (KPS) in Betracht kommt.

Insbesondere die ausdrücklich zwischen internationalen Organisationen geschlossenen Übereinkünfte lassen erkennen, dass die betreffenden Organisationen bei der Führung internationaler Friedensmissionen ihre eigene völkerrechtliche Handlungsfreiheit nutzen und somit aus eigenem Recht ihnen zuzurechnende Handlungen vornehmen.

146 Beispielsweise arbeitet die NATO, vertreten durch das Allied Command Europe (SHAPE), mit der International Organisation for Migration (IOM) zusammen.

147 Dies gilt etwa für die Unterstützung des UNHCR bei der Rückführung von Flüchtlingen.

148 Zu denken ist insoweit u. a. an die Zusammenarbeit von IFOR/SFOR/NHQ Sarajevo mit dem Büro des Hohen Repräsentanten des Generalsekretärs der Vereinten Nationen in Bosnien-Herzegowina (OHR) und von KFOR mit UNMIK.

Was insoweit für die politischen Organe gilt, hat gleichermaßen für die als Nebenorgane anzusehenden Friedensmissionen Gültigkeit: Einsatzhandlungen werden nicht automatisch den Truppenstellerstaaten zugerechnet, sondern den internationalen Organisationen, die darüber effektive Kontrolle ausüben.

Ob eine – nach allgemeinen Rechtsgrundsätzen des humanitären Völkerrechts und des internationalen Menschenrechtsschutzes nicht von Rechts wegen erforderliche[149] – Überprüfung durch internationale Spruchkörper ermöglicht wird, ist ebenfalls politisch zu entscheiden.[150]

II Regelungen auf operativer und taktischer Ebene

Von größerer praktischer Bedeutung sind freilich die auf der operativen, vor allem aber der taktischen Führungsebene erlassenen Regelwerke (Verfahrensregelungen) und Befehle. Schließlich indiziert die Autorität, Personen in Gewahrsam zu nehmen, ebenso wenig die rechtliche Unbedenklichkeit der Gewahrsamsbedingungen, wie ein Unterschreiten der Mindeststandards für den Umgang mit in Gewahrsam gehaltenen Personen auf Legalität und Legitimität der Ingewahrsamnahme durchschlägt. Jenseits dieser Differenzierung freilich besteht ein enger normativer Zusammenhang von Ingewahrsamnahme und Gewahrsamsbedingungen. Wer die Autorität besitzt, Personen in Gewahrsam zu nehmen, muss die tatsächlichen und rechtlichen Voraussetzungen für eine Beachtung der Mindeststandards für den Umgang mit in Gewahrsam gehaltenen Personen schaffen, wenn er von dieser Autorität Gebrauch machen will. Anderenfalls hat er die in seinen Gewahrsam geratenen Personen unverzüglich zum frühesten praktikablen Zeitpunkt freizulassen.[151]

Um dem Anspruch an ebenengerechte Wahrnehmung von Führungsverantwortung zu entsprechen, müssen interne Regelwerke internationaler Friedensmissionen betreffend den Gewahrsam an Personen so gestaltet sein, dass sie effektiv für die Vermeidung von Verstößen gegen relevante allgemeine Rechtsgrundsätze des humanitären Völkerrechts und des internationalen Menschenrechtsschutzes im Rahmen von Gewahrsamsoperationen Sorge tragen. Hierzu müssen sie alle wesentlichen Aspekte vom Antreffen potentieller Gewahrsamspersonen bis zur Freilassung tatsächlich in Gewahrsam genommener Personen einschließlich der jeweils relevanten Dokumentations- und Belehrungspflichten befehlen.

1 Antreffen, Evakuierung, Gewahrsamsbegründung

Eine Standing Operating Procedure betreffend Fragen des Gewahrsams an Personen sollte Vorgaben für den Umgang mit an bestimmten Stellen (z. B. einem Checkpoint) oder während bestimmter Einsatzhandlungen (z. B. einer Patrouille) angetroffenen Per-

149 Dazu Verf., Ensuring and Enforcing Human Security (2007), S. 142ff.

150 Vgl. dazu auch oben Text bei Anm. 62ff.

151 Dies folgt unbeschadet der Art des von Streitkräften begründeten Gewahrsams an Personen aus Art. 19 i.V.m. Art. 13 GA III. Danach sollen Kriegsgefangene "nach ihrer Gefangennahme möglichst bald in Lager gebracht werden, die von der Kampfzone so weit entfernt sind, dass sie sich außer Gefahr befinden" und ist "[j]ede unerlaubte Handlung oder Unterlassung seitens des Gewahrsamsstaates, die den Tod oder eine schwere Gefährdung der Gesundheit eines in ihrem Gewahrsam befindlichen Kriegsgefangenen zur Folge hat, […] verboten".

sonen enthalten, deren Ingewahrsamnahme in Erwägung gezogen wird. Insbesondere empfiehlt es sich, zu regeln, ob in bestimmten taktischen Lagen lediglich die Freizügigkeit, nicht die Freiheit der Person eingeschränkt werden soll und ob das handelnde Personal die Autorität hat, statt einer vorübergehenden Beschränkung die Entziehung der Freiheit der Person auszusprechen.[152] Häufig werden spezifische Regelungen für geplante und nicht geplante Gewahrsamsoperationen und betreffend die Pflicht des vor Ort verantwortlichen Vorgesetzten, sich über das Vorliegen legitimer Gewahrsamsgründe zu vergewissern bzw. bei Nichtvorliegen solcher Gründe die Gewahrsamsoperation abzubrechen, gelten. Regelungsbedürftig ist auch der Umgang mit im Eigentum oder Besitz der betroffenen Personen stehenden Gegenständen, insbesondere wenn diese – etwa aus Gründen des Eigenschutzes – weggenommen und ggf. zerstört werden müssen oder – wie möglicherweise ein Kraftfahrzeug an einem Checkpoint – zurückgelassen werden. Für den Fall der Gewahrsamsbegründung sind die hierbei zu beachtenden taktischen Verfahren sowie die Modalitäten der Verbringung von Gewahrsamspersonen zu einer Gewahrsamseinrichtung einschließlich ihrer Behandlung während des Transports (Fluchtverhinderung,[153] medizinische Versorgung, Verpflegung – Nahrung/ Flüssigkeit) festzulegen. Erforderlich ist regelmäßig auch eine Eingangsuntersuchung ("Gewahrsamstauglichkeit"). Auch eine förmliche Prüfung der Frage, ob die Freiheit der Person aus operativen Gründen entzogen wird, kann (und sollte) vorgesehen werden. Üblich ist das Erfordernis einer Bestätigung der Ingewahrsamnahme durch einen höheren militärischen Führer (im Regelfall den Kommandeur der Friedensmission) innerhalb 72 Stunden nach Ingewahrsamnahme.

2 Gewahrsamsdurchführung und Freilassung

Vorzusehen ist ferner, dass in jedem Fall, in dem die Freiheit der Person aus operativen Gründen entzogen wird, die betroffene Person hierüber ebenso wie über Gewahrsamsgründe und ihre Rechte während bestehenden Gewahrsams in einer ihr verständlichen, möglichst ihrer eigenen Sprache zu unterrichten ist. Regelungsbedarf besteht des weiteren im Hinblick auf die Gewahrsamsbedingungen, d.h. insbesondere die Mindestbedingungen der Unterbringung (Möblierung, Heizung, Klimatisierung), Verpflegung und Hygiene, medizinische Versorgung, ferner die Möglichkeit des Besuchs von Familienangehörigen und der Verbindungsaufnahme mit einem Rechtsanwalt oder anderen Bevollmächtigten – allgemein: Kontakte mit der Außenwelt – sowie das Zugangsrecht des IKRK (bei KFOR auch des Antifolterkomitees des Europarats). Auch der Umgang mit bei der Gewahrsamsperson sichergestellten Gegenständen sollte geregelt werden. Besondere Regelungen sind ferner erforderlich für eine etwaige Verlegung von Gewahrsamspersonen per Kraftfahrzeug und/oder Luftfahrzeug. Hinsichtlich der Freilassung ist insbesondere der ggf. erforderliche Rücktransport an den Ort des Zugriffs oder den Wohnort vorzusehen (vgl. Art. 118 GA III – Freilassung und Heimschaffung).

152 Dazu bereits oben C II 1.

153 Aus Rules of Engagement kann sich ergeben, ob und ggf. unter welchen Voraussetzungen und Auflagen Schusswaffengebrauch zur Fluchtverhinderung oder die Fesselung der betroffenen Person in Betracht kommen.

3 Nachrichtengewinnung und Aufklärung

Aus operativen Gründen in Gewahrsam genommene Personen verfügen gewöhnlich über Informationen, die für die Friedensmission von taktischem Wert sein können. Insoweit sind die Voraussetzungen und Rahmenbedingungen einer taktischen Befragung ebenso zu regeln wie die Frage, ob und durch wen eine nachrichtendienstliche Befragung stattfinden darf. Es empfiehlt sich, klare Vorgaben dafür zu machen, ob bei einer Befragung durch Dritte der Friedensmission angehörendes Personal anwesend zu sein hat und/oder ob eine zeitweilige Übergabe an Dritte in Betracht kommt. Einmal begründeter Gewahrsam in den Händen der Friedensmission bedingt entsprechend Art. 12 GA III eine fortdauernde völkerrechtliche Verantwortlichkeit für das Schicksal der Gewahrsamsperson.

4 Zusammenarbeit mit Strafverfolgungsorganen

Wird eine Person, die aus operativen Gründen in Gewahrsam genommen wurde, zugleich einer strafbaren Handlung verdächtigt, kommt in Betracht, eine Vernehmung durch den zuständigen Staatsanwalt oder hierzu befugtes lokales Vollzugspersonal zu ermöglichen. Auch hier sollte geregelt werden, ob während einer Vernehmung Personal der Friedensmission anwesend zu sein hat. Wird eine Gewahrsamsperson auf Dauer an lokale Strafverfolgungsbehörden übergeben, tritt ebenfalls eine fortdauernde völkerrechtliche Verantwortung für ihr Schicksal ein, wobei im Hinblick auf die Frage, ob hierbei der Grundsatz des *non-refoulement* zu beachten ist,[154] weder eine eindeutige *opinio iuris* noch eine gefestigte Praxis existiert.

5 Überprüfung und Überprüfungsmechanismen

Unbeschadet dessen, ob eine fixe zeitliche Obergrenze des Gewahrsams befohlen wird, ist, um insoweit Willkür auszuschließen, dessen periodische Überprüfung innerhalb bestimmter Fristen ohne Antrag der Gewahrsamsperson sowie die Überprüfung auf deren besonderen Antrag vorzusehen. Insoweit bestimmen die internen Regelwerke internationaler Friedensmissionen betreffend den Gewahrsam an Personen auch die Zusammensetzung der Beratungsgremien, die die Entscheidungsfindung der in Führungsverantwortung stehenden militärischen Führer über Gewahrsamsfragen vorbereiten. In der Praxis hat sich eine Zusammensetzung aus dem Rechtsberater sowie dem Abteilungsleiter Militärische Sicherheit und dem ranghöchsten Vertreter der Militärpolizei (Provost Marshal) im jeweiligen Stab als zweckmäßig herausgestellt. Das ermöglicht die Zusammenfassung der rechtlichen Expertise, der Erkenntnisse von militärischem Nachrichtenwesen und/oder Nachrichtengewinnung und Aufklärung sowie des in den Streitkräften organisch vorhandenen polizeilichen Sachverstands in einem nach dem Vorbild eines Schöffengericht mit einem Berufsrichter und zwei sachverständigen Laienrichtern besetzten Organ. Dem in der *Command Responsibility Doctrine* und ihren Kodifizie-

154 Eine entsprechende Rechtsbehauptung hat Amnesty International aufgestellt, wobei die NGO sich nicht auf die Praxis der Regierungsabkommen einiger ISAF-Truppenstellerstaaten mit der Islamischen Republik Afghanistan, sondern auf den ihrer Auffassung nach zwingend-völkerrechtlichen Charakter dieses Grundsatzes berufen hat. Afghanistan – Detainees transferred to torture: ISAF complicity? (AI-Dokument ASA 11/011/2007), S. 9f.

rungen rezipierten Grundsatz folgend, dass militärische Führungsverantwortung im übertragenen Umfang unteilbar ist, hat sich der verantwortliche militärische Führer – in der Praxis ein Offizier mit mindestens dem Dienstgrad eines Brigadegenerals oder Flottillenadmirals – die abschließende Entscheidung vorzubehalten, die für gewöhnlich in der Bestätigung des Spruchs des quasi-Schöffengerichts bestehen wird. – Unbeschadet dessen, dass diese Regelung sachgerecht aus den relevanten allgemeinen Rechtsgrundsätzen des humanitären Völkerrechts und des internationalen Menschenrechtsschutzes abgeleitet ist,[155] spricht vieles dafür, im Fehlen institutionell unabhängiger Spruchkörper der NATO ein institutionelles Defizit zu sehen, das durch politische Entscheidung behoben werden sollte. Entschlösse sich die NATO dazu, eigene Spruchkörper zur Überprüfung von Gewahrsamsangelegenheiten und ggf. anderen Fragen der Beachtung allgemeiner Rechtsgrundsätze des humanitären Völkerrechts und des internationalen Menschenrechtsschutzes zu schaffen, könnte sie die Legitimität der Einsatzhandlungen der von ihr geführten Friedensmissionen stärken, selbst wenn der betreffende Spruchkörper die Legalität von Einsatzhandlungen im Einzelfall verneinen sollte. Die Schaffung von Spruchkörpern der NATO hätte zugleich den Vorteil, dass diese die Möglichkeit des Zugangs zu eingestuften Informationen hätten und somit den im Sinne des Einsatzerfolgs bestehenden Geheimhaltungsbedürfnissen angemessen Rechnung getragen würde.[156] Dies entspricht der auch im EGMR-Urteil Behrami & Saramati festgestellten Hauptverantwortung der internationalen Organisationen, die die völkerrechtliche Verantwortung für eine Friedensmission tragen, für Ingewahrsamnahmen.[157]

155 Vgl. Verf., Regional Human Rights vs. International Peace Missions: Lessons Learned from Kosovo, in: HuV-I 2007, S. 238/241f.

156 Ohne gewisse Einschränkungen bei der Öffentlichkeit der Verfahren sowie der Auswahl der Mitglieder des Spruchkörpers sowie der Wahl des Bevollmächtigten auf zum Umgang mit eingestuften Informationen berechtigte Personen wird man nicht auskommen. Hierbei bestünde keine zwingende Notwendigkeit, den Kreis der in Betracht kommenden Personen ausschließlich auf im Bereich der Streitkräfte tätige Juristen zu beschränken. Gleichwohl wäre eine solche Beschränkung angesichts des hohen professionellen Ethos dieser Juristen, beispielhaft demonstriert durch die US-Rechtsberater (Judge Advocats), die vor den Militärkommissionen angeklagte mutmaßliche Terroristen verteidigen und u.a. das Urteil des United States Supreme Court in der Sache Hamdan v. Rumsfeld (Urt. v. 29. Juni 2006 – case no. 05-184 – 548 U.S. (2006) = 126 S.Ct. 2749 (2006)) erstritten haben, dem Schutz subjektiver Rechte nicht eo ipso schädlich.

157 Eine Verantwortlichkeit der Truppenstellerstaaten besteht demgegenüber vorrangig im Hinblick auf ihr Verhalten innerhalb der Gremien der internationalen Organisationen, die die Hauptverantwortung tragen. Darüber hinaus haben sie ggf. die Verpflichtung, eine sachgerechte Wahrnehmung der Command Responsibility durch in Führungsverantwortung stehende Offiziere zu unterstützen. In vollem Umfang sind die Truppenstellerstaaten lediglich in der Pflicht, wenn das relevante interne Regelungswerk einer Friedensmission ihnen die Wahrnehmung bestimmter Maßnahmen in eigener Verantwortung überträgt (analog der Wahrnehmung des Vollzugs von Gemeinschaftsrecht durch nationale Stellen mit nach nationalem Recht auszuübendem Ermessen, wie das dem EGMR-Urteil vom 22. Oktober 1996 – application no. 17862/91 – Cantoni v. France – RJD 1996-V, 1614 – zugrunde lag).

Die nach der *Command Responsibility Doctrine* mit der militärischen Führungsverantwortung verbundene Verhinderungs- und Bestrafungspflicht ("prevent and punish") bzw. Pflicht, über Mängel zu berichten und geeignete Maßnahmen zu beantragen ("report and request"), impliziert die Notwendigkeit praktischer Maßnahmen, mittels deren die tatsächlichen und rechtlichen Voraussetzungen für eine Beachtung der Mindeststandards für den Umgang mit in Gewahrsam gehaltenen Personen geschaffen werden können. Insbesondere die auf der taktischen Ebene verantwortlichen militärischen Führer müssen hierzu die Ausbildung nicht nur derjenigen Soldaten, welche ggf. geplante Zugriffsoperationen durchführen würden oder regelmäßigen Umgang mit in Gewahrsam gehaltenen Personen hätten, sicherstellen. Hierzu gehören die Berücksichtigung einschlägiger Wertungen des humanitären Völkerrechts und des internationalen Menschenrechtsschutzes sowie in Umsetzung hiervon ergangener Befehle und Weisungen in der Unterweisung Recht und ROE durch den jeweiligen Rechtsberater, die Durchführung praktischer Ausbildung, spezifische Ausbildung von Personal, das taktische oder nachrichtendienstliche Befragungen durchführt,[158] und der Vorgesetzten, die Gewahrsamsoperationen planen und deren Durchführung leiten. Soweit angezeigt, sollte die Ausbildung auch das Bewusstsein dafür schärfen, dass im Umgang mit Gewahrsamspersonen besondere interkulturelle Kompetenz gezeigt werden muss, sofern dies ohne Risiken für die Durchführung des Auftrags und/oder Eigengefährdung möglich ist.[159] Des weiteren ist, u. a. durch ein geeignetes Meldewesen, eine hinreichende Überwachung des bei Ingewahrsamnahmen und Gewahrsamsdurchführung eingesetzten Personals, im Falle erheblicher Verstöße – unbeschadet einer Disziplinierung durch die Stelle, welche für die Erledigung der in nationaler Verantwortung verbleibenden Aufgaben zuständig ist – die Reduzierung der Wiederholungsgefahr durch Ablösung vom (multinationalen) Dienstposten sicherzustellen. Im multinationalen Kontext kommt ferner ggf. eine nichtförmliche Disziplinierung (insbesondere durch Lob oder Zurechtweisung beispielsweise im Zuge der Dienstaufsicht bei Ausbildungsvorhaben) in Betracht.

Hingegen kann eine Publizität interner Regelwerke zum Zweck der Verbesserung ihrer Durchsetzbarkeit nur eingeschränkt in Betracht kommen. Der eingangs erwähnte Umstand, dass vielfach Geheimhaltungsbedürfnisse einer Bekanntgabe von Regelwerken internationaler Friedensmissionen an die Öffentlichkeit entgegenstehen, ist als der operativen Notwendigkeit geschuldet völkerrechtlich vertretbar. Zwar besteht im demokratischen Verfassungsstaat grundsätzlich das rechtsstaatliche Gebot der Publizität menschenrechtsbeschränkender Gesetze; im Grundgesetz für die Bundesrepublik

158 Für die völkerrechtliche Bewertung ist zu berücksichtigen, dass nicht alle Truppenstellerstaaten internationaler Friedensmissionen Streitkräfte und Nachrichtendienste einschließlich etwa bestehender militärischer Nachrichtendienste in derselben Weise institutionell trennen wie die Bundesrepublik Deutschland.

159 Insoweit kann beispielsweise auch eine Lagefeststellung hinsichtlich der Standards in lokalen Justizvollzugseinrichtungen o.ä. angezeigt sein. Der Verfasser war 2006 selbst an einer derartigen Lagefeststellung in der Justizvollzugsanstalt Prizren im Rahmen der Eventualfallplanung der KFOR Multinational Task Force South beteiligt. Vgl. auch D. Christopher Decker, Enforcing Human Rights: The Role of the UN Civilian Police in Kosovo, in: International Peacekeeping 13 (2006) 502/506f.

Deutschland ist dieses Erfordernis durch das Zitiergebot des Art. 19 Abs. 2 GG auch formal abgesichert. Für den Anwendungsbereich des humanitären Völkerrechts bzw. seiner allgemeinen Grundsätze müsste man, wenn man von der Geltung eines vergleichbaren Gebots ausginge, dessen Beachtung in den relevanten Prinzipien und Regeln des Genfer Rechts, die das Recht zur Ingewahrsamnahme bestimmter Personen bestätigen, verkörpert sehen. Sofern das internationale Mandat einer Friedensmission – insbesondere eine Resolution des Sicherheitsrats der Vereinten Nationen – die Anwendung aller notwendigen Mittel oder das Ergreifen aller notwendigen Maßnahmen autorisiert, hat auch diese Formulierung als ausreichend zu gelten, um die Publizität der Grenzen des *habeas corpus*-Rechts im Kontext der jeweiligen Friedensmission zu gewährleisten. Die vergleichsweise Unbestimmtheit dieser Formeln ändert hieran nichts, da man vom Sicherheitsrat der Vereinten Nationen hinsichtlich seiner Beschlussfassung nicht dasselbe Maß an deutscher Gründlichkeit verlangen kann wie von den durch das Grundgesetz konstituierten innerstaatlichen Gesetzgebungskörperschaften.

Dem rechtsstaatlichen Erfordernis der Publizität menschenrechtsbeschränkender Gesetze ist hinsichtlich der Ingewahrsamnahme von Personen durch Streitkräfte aus operativen Gründen, sofern man es auf für Konflikt- und Postkonfliktsituationen anwendbar hält, danach auch ohne öffentliche Bekanntmachung der einschlägigen Detention Policy Genüge getan. Überdies hat der dargestellte Verzicht auf Publizität der ins Detail gehenden internen Regelungswerke in der Praxis – soweit bekannt – nie bedeutet, dass dem Internationalen Komitee vom Roten Kreuz als der berufenen Schutzmacht für von Streitkräften in Gewahrsam gehaltene Personen neben dem Zugang zu Gewahrsamseinrichtungen und Gewahrsamspersonen nicht auch Zugang zu den einschlägigen Regelungswerken gegeben wurde. Vielmehr arbeitet insbesondere die NATO in allen Einsatzgebieten, in denen durch das jeweilige Mandat die Ingewahrsamnahme von Personen aus operativen Gründen durch von ihr geführte Friedenstruppen legitimiert ist, mit dem Internationalen Komitee vom Roten Kreuz zusammen.

F Ergebnis

Die Bereitschaft, zur Wahrung oder Wiederherstellung von Weltfrieden und internationaler Sicherheit beizutragen, bedingt angesichts der Eigenart heutiger Konflikte oftmals eine Auseinandersetzung mit dem Dilemma, bestimmte Werte als Grundlage des eigenen Handelns verinnerlicht zu haben und in einem Umfeld auf deren Verwirklichung drängen zu wollen (und zu sollen), das diesen Werten nicht den besten Nährboden bereitet. Dies schließt die Herausforderung ein, im Einsatz bei einer internationalen Friedensmission von gewohnten heimischen Standards lagegerecht gewisse Abstriche zu machen, ohne die Basis der Werte zu verraten, die das eigene Handeln leiten.

Die Untersuchung hat gezeigt, dass im Rahmen einer internationalen Friedensmission, der ein auf Kapitel VII der Charta der Vereinten Nationen gestütztes Mandat zugrunde liegt, legitimerweise Personen in Gewahrsam genommen werden dürfen. Als Rechtfertigung kommen – je nach Mandatslage – sowohl operative Gründe (militärische Zwecke) als auch eine polizeiliche Motivation in Betracht. Entscheidend ist, dass aus den im Mandat definierten Verantwortlichkeiten und Einzelaufgaben Gewahrsamsgründe hergeleitet werden können und das Mittel bzw. die Maßnahme der Ingewahrsamnahme der Friedensmission nicht vorenthalten ist. Insofern sind das Recht auf Freiheit der Person und das *habeas corpus*-Recht, geschützt als allgemeine Rechtsgrundsätze des humanitären Völkerrechts und des internationalen Menschenrechtsschutzes, durch das Mandat eingeschränkt. Bei der Behandlung der in Gewahrsam befindlichen Personen dürfen die auf den Grundsatz der Menschlichkeit zurückgehenden Mindeststandards für Kriegsgefangene und internierte Zivilpersonen keinesfalls unterschritten werden; ihre Beachtung ist durch entsprechende Befehlsgebung der verantwortlichen militärischen Führer sicherzustellen. Eine Überprüfung des Gewahrsams und der Gewahrsamsbedingungen muss mindestens durch ein internes Überprüfungsgremium möglich sein, mit der Schaffung institutionell unabhängiger Spruchkörper könnten die internationalen Organisationen, die – wie insbesondere die NATO – die Führung robuster Friedensmissionen übernommen haben, ihrer Gewahrsamspraxis zusätzliche Legitimität verschaffen.

Habeas-Corpus-Akte im Rahmen von Auslandseinsätzen dargestellt am Beispiel KFOR im Kosovo

Gert Both

I Festnahme und Inhaftierung in Auslandseinsätzen

Im Rahmen friedensschaffender oder robuster friedenskonsolidierender Missionen sind Festnahmen und Ingewahrsamnahmen unverzichtbare freiheitseinschränkende Maßnahmen zur Mandatserfüllung und zum Selbstschutz der internationalen militärischen und zivilen Präsenzen. Festnahmen und Inhaftierungen erfolgen als in „Rules of Engagement" (ROE's) geregelte Jedermann-Befugnisse oder zur Durchsetzung des Auftrags. Ein Konflikt mit der Habeas-Corpus-Akte (Art. 9 VN-Zivilpakt bzw. Art. 5 Europäische Menschenrechtskonvention) war und ist insoweit nicht zu befürchten. Aus oben angeführten Gründen Festgenommene werden nämlich unverzüglich lokalen Sicherheits- oder Justizbehörden überstellt oder die Festnahme wird nach Beendigung der Störung wieder aufgehoben.

Allenfalls sehen sich „Interventionstruppen" bei Überstellungen von Festgenommenen an lokale Sicherheitsbehörden mit den Rechten der Festgenommenen auf körperliche Unversehrtheit und auf Leben konfrontiert. Die Überstellung an lokale Sicherheitsbehörden könnte für die Überstellten Tod, Verschwinden oder körperliche Misshandlung bedeuten.

In Afghanistan war jeder Festgehaltene sofort zur Aussage bereit, wenn er vor die Alternativen entweder Aussage und Freilassung oder Überstellung an den afghanischen NSD[1] gestellt wurde. Festgehaltene wussten, was sie bei afghanischen Sicherheitsbehörden zu erwarten hatten.

Anders ist die Inhaftierung zum Eigenschutz einer internationalen Präsenz zu beurteilen. Zum Schutz der internationalen Präsenz sind Festnahmen und länger andauernde Ingewahrsamnahmen in Einrichtungen der internationalen Präsenz ohne richterliche Anhörung zulässig. Die Einschaltung lokaler Institutionen oder die Beachtung lokalen Rechts ist in neueren Stationierungsabkommen[2] bisweilen ausdrücklich ausgenommen, wenn es um den Eigenschutz der internationalen Präsenzen geht. Ermächtigungsgrundlagen für Inhaftierungen sind die aus der jeweiligen Sicherheitsratsresolution abgeleiteten Eingriffsermächtigungen, zum Beispiel ROE's in Verbindung mit dem entsprechenden SOFA.

SOFA's oder MTA's werden heute in der Regel nicht mehr ohne eine sog. "Silver Bullet" festgeschrieben, wonach alle Maßnahmen, einschließlich von Inhaftierungen, zum Schutz der Truppe und unabhängig vom lokalen Recht erlaubt sind. Die "Silver Bullet" ermächtigt zu längerer Ingewahrsamnahme. Über die Handhabung von Haft, insbesondere die Dauer einer Inhaftierung, entscheiden die Kommandeure der „Inter-

1 National Security Directorate.
2 Status of Forces Agreement (SOFA) bzw. Military Technical Agreement (MTA).

ventionstruppen" unter Beachtung menschenrechtlicher Mindeststandards und des Grundsatzes der Verhältnismäßigkeit.

Für deutsche Kontingente gilt nichts anderes. Ziffer 208 und Ziffer 211 des Handbuchs Humanitäres Völkerrecht[3] verpflichten deutsche Kontingente, die völkerrechtlichen Mindeststandards zu beachten. Was immer „völkerrechtlicher Mindestschutz" in Ziffer 211 dabei heißen mag, die Habeas-Corpus-Akte sind meiner Auffassung nach nicht „Tatbestandsmerkmal" von menschenrechtlichem Mindestschutz. Gemeinhin zählt zu dem erga omnes wirkenden menschenrechtlichen Mindestschutz: Leben und körperliche Unversehrtheit, Verbot der Sklaverei, Folter- und Diskriminierungsverbot.

II Das „Protektorat" Kosovo

Die Verantwortung der internationalen Gemeinschaft im Kosovo ist umfassender als etwa in Bosnien-Herzegowina, wie eine Lektüre der ermächtigenden Resolution 1244 des VN-Sicherheitsrates vom 10. Juni 1999 deutlich macht. Die internationale Gemeinschaft hat nach der Sicherheitsratsresolution 1244 umfassende Regierungsgewalt. Sie übt – meiner Ansicht nach – Staatsgewalt ungeteilt aus einer Hand aus. Die internationale Gemeinschaft hat die alleinige legislative, exekutive und judikative Verantwortung über das Kosovo. Welche Bedeutung soll bei dieser Ausgestaltung von Regierungsgewalt die Habeas-Corpus-Akte haben?

Die Sicherheitsratsresolution 1244 installiert eine dualistische „Protektoratsstruktur" mit UNMIK[4], verantwortlich für die zivile Umsetzung der Resolution, und KFOR[5], verantwortlich für die militärische Umsetzung des VN-Mandats. Die Resolution 1244 übernimmt den Inhalt des „Military Technical Agreement" (MTA) und des „Undertaking of Demobilisation" (Undertaking) als Aufgabe der militärischen Sicherheitspräsenz in die Resolution.

Das MTA von Kumanovo mit der Nato beendete seinerzeit die Luftoperationen der Nato in Ex-Jugoslawien. Nach dem MTA übernahm NATO die militärische Verantwortung für die Gewährleistung eines sicheren Umfeldes und behielt sich alle Maßnahmen vor, die KFOR zum Eigenschutz der Truppe für notwendig und zweckmäßig hält ("Silver Bullet"). Nach dem später zwischen der Nato und der ethnisch albanischen Befreiungsarmee vereinbarten "Undertaking" oblag KFOR die Durchsetzung eines allgemeinen Waffenverbots.

Die Aufrechterhaltung von Sicherheit und Ordnung ist nicht Gegenstand des Abkommens von Kumanovo und wurde als ziviler polizeilicher Aufgabenbereich für die internationale Zivilpräsenz im Kosovo in der Sicherheitsratsresolution 1244 geregelt. Da der VN-Sicherheitsrat davon ausging, dass das Eintreffen der Polizeibeamten im Kosovo Zeit brauchen würde, übertrug die Sicherheitsratsresolution 1244 die Verantwortung für die Aufrechterhaltung von Sicherheit und Ordnung KFOR, und zwar so lange, bis die zivile Präsenz in der Lage sein würde, diese Aufgabe voll zu übernehmen.

---

3 Entsprechend: Zentrale Dienstvorschrift (ZDv) 15/2 („Humanitäres Völkerrecht in bewaffneten Konflikten – Handbuch") des BMVg, Bonn 1992.

4 United Nations Interim Administration Mission in Kosovo.

5 Kosovo Forces.

Die Sicherheitsratsresolution 1244 beruht zwar auf Kapitel VII der VN-Charta, mandatiert gleichwohl aber keinen friedensschaffenden Einsatz, da der Frieden im Kosovo bereits am 10. Juni 1999 durch das Kumanovo-Abkommen zwischen NATO und Serbien hergestellt worden war. Der VN-Sicherheitsrat rechnete aber mit erheblichen Obstruktionen der Konfliktparteien. Störer-Aktivitäten waren von allen Seiten zu erwarten. Den Serben wurden als Verlierern die Bedingungen „diktiert", und sie mussten die „Wiege der serbischen Nation", über die sie seit 1912 ununterbrochen die Kontrolle ausgeübt hatten, de facto wieder aufgeben. Albaner waren an der Friedensverhandlung in Kumanovo nicht beteiligt worden. Die UCK[6] erschien nicht demokratiefähig und musste demobilisiert werden. Racheakte der Albaner waren zu befürchten. Insofern war es weitsichtig, die Friedenskonsolidierung im Kosovo durch eine Kapitel-VII-Resolution zu mandatieren.

III Sicherheitspräsenz im Kosovo

KFOR war am 12. Juni 1999 von der EJR Mazedonien[7] und von Albanien aus in das Kosovo eingerückt. Ein Stationierungsabkommen gab es nicht. Das war auch nicht notwendig, da KFOR als „Protektor" im Kosovo allein in „Charge" war. UNMIK war am 12. Juni 1999 noch nicht einsatzbereit. Im dem dann abgeschlossenen MTA ist die Vereinbarung eines SOFA's auf „später" vertagt worden.

Das serbische Einverständnis zur Stationierung der internationalen Sicherheitspräsenz im MTA war Grundlage der Sicherheitsratsresolution 1244. Die Kosovaren waren auch nicht an den Friedensverhandlungen in Kumanovo beteiligt gewesen, haben also kein Einverständnis zur Nato-Präsenz im Kosovo gegeben.

Ermächtigungsgrundlagen für Maßnahmen zur Durchführung des militärischen und des temporären zivilen Auftrages Aufrechterhaltung der Sicherheit und Ordnung waren für KFOR die Sicherheitsratsresolution 1244, das MTA und das „Undertaking", für die KFOR-Soldaten der Nato Operationsplan mit angehängten ROE's, Standing Operating Procedures (SOP's) und Fragmental Orders (FRAGO's) des Kommandeurs von KFOR. Das deutsche Kontingent war zusätzlich mit Regelungen in einer sog. „weißen" Taschenkarte ausgestattet.

IV Sicherheitslage bei Einrücken KFOR in das Kosovo

Beim Einrücken in das Kosovo herrschte verbreitete Rechtsunsicherheit. UNMIK war als legislatives und exekutives Organ noch nicht einsatzbereit. Für die einrückenden KFOR-Angehörigen stellte sich die Frage: Welches Recht gilt für lokale Kosovaren, für die Sicherheitspräsenz oder für die zivile VN-Präsenz? Gilt lokales Recht weiter oder gilt Ortsrecht aus der Zeit vor 1989? Das allgemeine Umfeld sowie die öffentliche Sicherheit und Ordnung im Kosovo waren weder stabil noch ruhig. Die abgerückten Serben hatten ein Machtvakuum hinterlassen.

6 Ushtria Çlirimtare e Kosovës (Befreiungsarmee des Kosovo).
7 Ehemalige Jugoslawische Republik Mazedonien.

Ab 1989 hatten die Serben alle Albaner aus Staatsstellen gedrängt und die Posten mit Serben besetzt. Es gab daher in der AOR MNB South[8] mit dem Abrücken der Serben keine Polizei oder Streitkräfte. Es gab weder Verwaltung noch Justiz. Die UCK hatte entgegen den Vereinbarungen im „Undertaking“ die aufgegebenen Militärstellungen der Serben eingenommen. So war zum Beispiel vereinbart worden, nicht vor KFOR in Prizren oder Pristina einzurücken. Als KFOR in Prizren schließlich einrückte, war die UCK aber schon in der Stadt. Die UCK unterhielt in Prizren ein Gefängnis, in dem Serben und Roma gefoltert wurden. Menschenrechtsbeobachter berichteten von einem Fall in Dacovica, wo die UCK auch ein Gefängnis unterhielt. Auf offener Straße wurde ohne ersichtlichen Grund ein junger Roma entführt und ins Gefängnis gesteckt, der bis heute nie wieder gesehen wurde.

Die UCK etablierte eine Parallelverwaltung zur UNMIK. Der Einfluss der albanischen Befreiungsarmee war und ist beachtlich. Ohne jede rechtliche Grundlage wurden Steuern eingetrieben, Verordnungen erlassen, Menschen aus ihren Häusern vertrieben und Festnahmen veranlasst. Faktisch maßen sich im Kosovo bis heute frühere UCK-Mitglieder Verwaltungsbefugnisse an. UCK und Mafia schüchterten Serben und insbesondere Roma und angebliche albanische Kollaborateure massiv ein und vertrieben sie aus ihren Wohnungen - ethnische Säuberung mit umgekehrten Vorzeichen. In den ersten Wochen wurden KFOR 450 Morde gemeldet, über 200 Serben, 150 Romas und der Rest war keiner ethnischen Zugehörigkeit klar zuzuordnen, möglicherweise Personen unter Verdacht der Kollaboration. In Nähe von Suva Reka am Dulje Pass bekämpften sich abrückende Serben und Befreiungsarmee mit schweren Waffen. Im Rahmen dieser Rückzugsgefechte wurden zwei Reporter einer deutschen Zeitschrift und ihr Übersetzer ermordet. Über 150 Fälle von Kidnapping wurden gemeldet. Alle Häuser von Serben wurden geplündert und abgebrannt. Die UCK requirierte Häuser von Serben und übertrug sie Albanern. Alle nicht bewachten orthodoxen Kirchen wurden verwüstet oder gesprengt. KFOR war von der Stärke her nicht in der Lage, Kulturgüter umfassend zu bewachen und zu schützen.

Ist KFOR an der Schwierigkeit des Auftrags von Aufrechterhaltung der Sicherheit und Ordnung gescheitert? Man darf nicht übersehen, dass KFOR keine Polizei war und ist. Letztlich kann nur Polizei dieser Aufgabe gerecht werden. Eine optimale Polizei ist 24 Stunden vor Ort und kennt Land und Leute. Die Bevölkerung muss auch ein Bewusstsein von einer Dauerpräsenz von Polizei vor Ort haben. Das alles können Streitkräfte nicht leisten. KFOR war immer nur als Patrouille kurzfristig vor Ort und dann wieder aus dem Blickfeld der Bevölkerung verschwunden. Die Patrouillenführer befragten zwar Ortsvorsteher nach Besonderheiten. Diese lobten regelmäßig die Anwesenheit von KFOR, und es sei alles in bester Ordnung. Von Vertreibung, Einschüchterung, Mord und Totschlag an Minderheiten und Serben erfuhr die Truppe nichts. Welcher albanische Kosovare wollte sich auch mit der UCK anlegen?

Verantwortlich für die instabile innere Sicherheitslage war die internationale Gemeinschaft. Sie hat von den von den Vereinten Nationen geforderten 6.000 Polizei-

8 Area of Responsibility Multinational Brigade South

beamten lediglich 4.800 zugesagt. Die Polizeibeamten kamen zu spät. Nach einem Jahr war nicht einmal die Hälfte der zugesagten Anzahl von Beamten im Kosovo.

V Etablierungsphase der Sicherheitspräsenz vom 12. Juni bis 18. Oktober 1999

Wie hat das deutsche KFOR-Kontingent KFOR versucht, in der Etablierungsphase dem militärischen und polizeilichen Auftrag gerecht zu werden? Im Jahresbericht 2001 der von den VN eingesetzten internationalen Beobachter zum Schutz der Menschenrechte im Kosovo steht u. a. folgendes:

„Internationales Personal, Polizeibeamte und Soldaten, die der UNMIK und der KFOR unterstellt waren, haben Untersuchungshäftlinge in ihren Rechten verletzt. Darüber hinaus wurden sie in einigen Fällen beschuldigt, Misshandlungen begangen zu haben. Die Mitglieder der KFOR-Truppen sollen wiederholt Menschen erschossen haben. In mindestens einem der Fälle bestanden Zweifel an der Rechtmäßigkeit des Vorgehens."

Abgesehen davon, dass die Behauptungen unsubstantiiert sind und blieben, kann ich Misshandlungen an Gefangenen durch KFOR ausschließen. KFOR stand unter ständiger Beobachtung von Vertretern des Internationalen Roten Kreuzes. Alle Vorgänge sind durch Rechtsberater überprüft worden. Auf den wöchentlichen Rechtsberater-Treffen in Pristina war die Frage der Beachtung der Menschenrechte zentrales Thema unserer Besprechungen. Die Angehörigen des deutschen KFOR-Kontingent haben lediglich zwei Serben in eindeutiger Notwehrlage erschossen. Zur Untersuchungshaft heißt es in dem erwähnten Bericht:

„UNMIK-Polizisten und Soldaten der KFOR ignorierten oftmals gesetzliche Vorschriften und internationale Menschenrechtsstandards, die verlangen, dass festgenommene Personen unverzüglich einer richterlichen Instanz vorgeführt werden müssen. So verbrachten im Februar während der Unruhe in Mitrovica 49 Männer, die KFOR-Soldaten festgenommen hatten, mehrere Tage ohne richterliche Überprüfung in Haft. Von denen wurden 14 fünf Tage festgehalten. Einige Häftlinge waren auf Befehl COM KFOR oder des Sondergesandten des UN-Generalsekretärs wochenlang inhaftiert. Da nach internationalen Standards und dem anzuwendenden Rechtsvorschriften eine Inhaftierung richterlich angeordnet werden muss, handelte es sich in den vorgenannten Fällen um willkürliche und ungesetzliche Inhaftierungen."

Zusammenfassend möchte ich feststellen, dass KFOR den militärischen Auftrag, Gewährleistung eines sicheren Umfeldes und Durchsetzung eines Waffenverbotes, sowie den zivilen Auftrag, Aufrechterhaltung der Sicherheit und Ordnung, mit unterschiedlichen polizeilichen und militärischen Mitteln unter Beachtung menschenrechtlicher Mindeststandards durchgeführt hat.

VI Haftgründe zur Durchsetzung des militärischen Auftrages

1 Curfew (Sperrstunde)

Zur Bekämpfung von Plünderung und Brandstiftung serbischen Eigentums ist von 22.00 bis 6.00 Uhr ein Ausgangsverbot und eine Sperrstunde verordnet worden. Verletzungen von Curfew wurden durch Ingewahrsamnahme beendet. Subjektiv wurde die Inhaftierung zwar als eine Art Bestrafung empfunden. Die Maßnahme diente aber in erster Linie der Beendigung eines ordnungswidrigen Zustandes. Sofern begründeter Verdacht der Plünderei oder Brandstiftung bestand, blieb der Verdächtige in Haft.

2 Checkpoints

Kommandeur MNB South ordnete temporäre Straßen-Checkpoints an. Checkpoints dienten insbesondere der Durchsetzung des Waffenverbots. Waffenfunde endeten immer mit Festnahme und Ingewahrsamnahme. Aus Anlass der Befreiung von den Serben feierten die Albaner am Tag nach dem Einrücken von KFOR in Prizren am 14. Juni 1999 auf den Straßen der Altstadt. Um die Kontrolle über die Feierlichkeiten zu behalten, richtete der Kommandeur MNB South einen Checkpoint vor der „Fuchsbrücke" ein. Ein Fahrzeug mit zwei angetrunkenen Serben drang in den Checkpoint ein und die Insassen beschossen deutsche KFOR-Soldaten. Als das Feuer nach mehreren Warnschüssen nicht eingestellt wurde und ein Feldwebel getroffen wurde, schossen die deutschen Soldaten zurück, wobei einer der Angreifer leider sofort starb, der andere wurde so schwer getroffen, dass er im Fahrzeug verblutete, bevor er medizinisch versorgt werden konnte. Die Handlung war aus Notwehr gerechtfertigt.

3 Platzverweise/Platzverbote/Hassreden

Wo es zweckmäßig war, konnte der Kommandeur MNB South Platzverweise und Platzverbote anordnen. Im Rahmen einer Demonstration gegen UNMIK Prizren im August 1999 ordnete der Kommandeur MNB South zum Schutz des UNMIK-Verwaltungsgebäudes ein Platzverbot an. Auf wiederholte Verletzungen reagierte KFOR mit Festnahmen und Inhaftierungen. Bis auf zwei UCK-Angehörige wurden alle übrigen nach Beendigung der Demonstration am Tag, der dem Tag der Festnahme folgte, wieder freigelassen. Die beiden UCK-Leute blieben wegen Hassreden in Haft.

4 Sperrbezirke, Schutzbereiche und Transportbegleitung

Serben, die mangels Verwandter keine Gelegenheit hatten, nach Serbien umzusiedeln, wurden in „Schutzbereichen" zusammengezogen. In Orhaovac wurde ein Stadtteil „Sperrbezirk" für Albaner, in Prizren im ehemaligen Bischofssitz ein „Schutzbereich" für Serben eingerichtet. Das Schicksal der im Kosovo verbliebenen Serben hätte eigentlich mehr internationale Beachtung verdient gehabt. Es handelte sich meist um Personen aus der Krajina, die Jahre auf der Flucht gewesen waren, im Kosovo angesiedelt wurden und nun wieder vertrieben wurden. Für die „Schutzbereiche" galt Zutrittsverbot für Albaner. Auf Zuwiderhandlungen wurde mit Festnahme und Haft reagiert. Die in Enklaven in ihrer Bewegungsfreiheit eingeschränkten Serben konnten den „Schutzbereich" nur in geschlossenen Fahrzeugen unter Schutz von KFOR-Eskorten verlassen. Häufig blockierten Straßenblockaden die eskortierten Konvois an der Weiterfahrt. Durch Steinwürfe auf die Busse wurden in einem Fall zwei Serben und ein Busfahrer getötet. Die Durchfahrten mussten unter Androhung von Schusswaffengebrauch durchgesetzt werden.

Es ist keine Lösung, Fahrten zu beenden oder Blockaden auszuweichen. Für „Interventionstruppen“ gilt ganz allgemein der Grundsatz, Gewalt nicht zu weichen. Die Truppe muss alles unterlassen, auch andere zu rechtswidrigem Widerstand zu ermuntern. Was Unschlüssigkeit und Nachgiebigkeit bewirken können, haben die Unruhen im Frühjahr 2004 gezeigt.

5 Durchsetzung des Waffenverbotes und Trageverbot von UCK-Uniformen

Hausdurchsuchungen zur Durchsetzung des Waffenbesitzverbotes waren gängige Praxis. Durchsuchungen erfolgten auf Anordnung des Kommandeurs MNB South überraschend und unangemeldet. Bei Auffinden von Waffen wurden die männlichen Anwesenden festgenommen und in Arrest genommen. Kontrollen in „Assembly Areas“, Kasernierungsräumen der UCK, stießen auf viel Unmut der UCK. KFOR hatte keine Ängste, auch UCK-Angehörige festzunehmen, insbesondere bei Verstößen gegen das Verbot, Uniform zu tragen.

6 Maßnahmen zum Eigenschutz von KFOR

Als im Rahmen einer Schutzoperation für eine religiöse Veranstaltung auf einen deutschen KFOR-Soldaten geschossen wurde, durchsuchte KFOR sofort alle Häuser der kleinen Ortschaft auf Verdächtige und Waffen. Der Grundsatz der Verhältnismäßigkeit wurde nicht verletzt. Der Schutz für Leib und Leben von KFOR-Angehörigen wurde als letztlich höherwertiger als der geschützte Wohnbereich angesehen. In Anbetracht der geringen Größe der Ortschaft war die Maßnahme auch sinnvoll.

7 Maßnahmen bei nicht autorisiertem Verhalten

Wie schon erwähnt, hatte die UCK unmittelbar nach Abrücken der Serben eine Parallelverwaltung zur Internationalen Gemeinschaft und den von UNMIK eingesetzten lokalen Selbstverwaltungsorganen etabliert. Diese erteilte Erlaubnisse, Genehmigungen und trieb Steuern und Gebühren bei Straßensperren ein. Sie unterhielt Gefängnisse und agierte entgegen dem „Undertaking“ bewaffnet und in Uniform. Nicht autorisiertes Verhalten dieser Art versuchte KFOR mit Inhaftierungen von verantwortlichen UCK-Angehörigen zu unterbinden, wenngleich letztlich ohne Erfolg.

8 Ingewahrsamnahme mutmaßlicher Kriegsverbrecher

In der Etablierungsphase von KFOR saßen zwei verdächtige Kriegsverbrecher in Prizren in Untersuchungshaft. Der eine war Roma. Er sollte an der Erschießung von Albanern beteiligt gewesen sein. Er bestritt nicht, mit den Serben zusammen gearbeitet zu haben. Das sei das Schicksal der Sinti und Roma, mit den jeweils Herrschenden im Kosovo zusammenarbeiten zu müssen, um überleben zu können. Die Verdachtsmomente reichten aus, um ihn in KFOR- Untersuchungshaft zu halten. Der zweite verdächtige Kriegsverbrecher war der ehemalige Bürgermeister von Orahovac. KFOR war an der

Festnahme nicht beteiligt, sondern war beauftragt, den Serben ohne lokale richterliche Prüfung in Untersuchungshaft zu nehmen.

Diese Fälle waren im Lichte des MTA's („threats to a safe and secure environment" und „force protection") , des Undertaking of Demilitarization (prohibited weapons and uniforms) und nach den KFOR- Direktiven (counter barricades) problematisch, da es insoweit um Freiheitsentziehungen nach kriminellem Unrecht ging. Alle diese Festnahmen und Inhaftierungen erfolgten ohne richterliche Mitwirkung.

Für Verfahren gegen Kriegsverbrecher waren in der Regel lokale Instanzen mit internationalen Richtern zuständig. Internationale Richter wurden erst im Frühjahr 2000 in Prizren eingesetzt. Zeitlich vorher waren Richter im Rahmen der Inhaftierung von Kriegsverbrechern nicht involviert.

VII Ingewahrsamnahme im Rahmen der Aufrechterhaltung von Sicherheit und Ordnung

Zur Aufrechterhaltung von Sicherheit und Ordnung, insbesondere zur Verhinderung oder Verfolgung von Straftaten, wurden Personen von KFOR-Soldaten auf der Grundlage der Sicherheitsratsresolution 1244 („KFOR has the responsibility to ensure public safety and order until the international civil presence can take complete responsibility for this task") aufgespürt, verhaftet und in Untersuchungshaft genommen. Mangels anderer relevanter Akteure konnte niemand außer KFOR über die Ergreifung und das Festhalten mutmaßlicher Straftäter im Kosovo entscheiden. In der vierteljährigen Etablierungsphase von KFOR waren keine Richter oder Gerichte im Zusammenhang mit Festnahmen und Inhaftierungen involviert. In jedem Einzelfall entschied der Kommandeur MNB South unter Mitwirkung des Rechtsberaters, ob ein mutmaßlicher Straftäter in Haft genommen werden sollte und wie lange die Haft aufrechterhalten bleiben sollte. Im Hinblick auf den Grundsatz der Verhältnismäßigkeit war zwischen den Nachteilen einer Freilassung für die öffentliche Sicherheit und Ordnung und den Rechtsnachteilen für den Betroffenen abzuwägen. Das BMVg gab als Abwägungshilfe die Weisung Nr. 8 heraus. In der Weisung wurden beispielhaft Straftatbestände aufgeführt, die eine Ingewahrsamnahme auch ohne richterliche Prüfung rechtfertigen könnten: Mord, Totschlag, Völkermord, Vergewaltigung, Plünderung, schwere Körperverletzung, Verschleppung, Raub mit Waffengewalt oder Todesfolge, schwere Brandstiftung, Bedrohung. Die Weisung Nr. 8 war eine Entscheidungshilfe bei Haftentscheidungen im Rahmen der Aufrechterhaltung von öffentlicher Sicherheit und Ordnung.

Im Rahmen einer Haftentscheidung zur Durchsetzung des militärischen Teils der internationalen Abkommen ging es um andere Tatbestände, die nach meiner Bewertung grundsätzlich unter Beachtung des Verhältnismäßigkeitsprinzips – und unabhängig von der Weisung Nr. 8 – Ingewahrsamnahmen gerechtfertigen konnten. Hierfür hatte ich einen erweiterten Beispielskatalog von Tatbeständen für Festnahme und Haftgrund erstellt: Jede ethnisch motivierte Straftat, feindliche Handlungen oder Drohungen gegen KFOR, Angriffe mit schweren oder gefährlichen Waffen, bewaffneter Raub, Gewalt mit Waffen, Verletzung des Verbots, UCK-Uniformen zu tragen, das Errichten von nicht von KFOR autorisierten Checkpoints insbesondere durch die UCK, Einschüchterung,

Verbreiten von Drohungen, zum Hass auffordernde Reden, Verstöße gegen Curfew, nicht autorisiertes Zerstören von Eigentum. Dies sind typischerweise gegen das sichere Umfeld gerichtete Verhaltensweisen. die eine Gefährdung der Truppe beinhalten oder gegen das Waffentrageverbot oder gegen das Verbot nichtautorisierter Maßnahmen (MTA und Undertaking) verstoßen und im Zusammenhang mit der Aufrechterhaltung der öffentlichen Sicherheit und Ordnung stehen.

VIII Untersuchungshaft wegen Strafrechtsverstößen

Einen Grenzfall zwischen Kriegsverbrechen und lokalem kriminellem Unrecht stellt das folgende Geschehen dar. Am 11.06.1999 wurden zwei Reporter einer deutschen Zeitschrift und deren Fahrer und Übersetzer unweit Suva Reka am Dulje Pass ermordet. Es ist nicht sicher, ob abrückende Serben oder Angehörige der Befreiungsarmee die Täter waren. Ein von den Briten abgefangener Funkspruch spricht für eine Täterschaft von UCK-Angehörigen. Wie viele Verbrechen im Kosovo ist auch dieses Kapitalverbrechen nie aufgeklärt worden. KFOR-Soldaten machten das Fahrzeug der Opfer ausfindig, durchsuchten Haus und Hof von Kosovaren und nahmen einen Verdächtigen in Untersuchungshaft, der etwa dreiWochen später mangels Beweisen entlassen werden musste. Die meisten Untersuchungshäftlinge saßen wegen Plünderei und Brandstiftung in Untersuchungshaft. Die Verdächtigen wurden in aller Regel auf frischer Tat gefasst. Alle wurden in der Regel nach drei bis vier Wochen wieder auf freien Fuß gesetzt. Plünderei und Diebstahl unter einem Wert von 1.000,- DM (also rund 500,-- Euro) wurden als Bagatelle angesehen. Solche Täter wurden innerhalb von 48 Stunden aus der Untersuchungshaft entlassen. Ein Problem für KFOR waren Kinder, die sich als Türöffner bei Einbrüchen betätigten. Kinder galten zwar als nicht straffähig, aber als polizeipflichtig. KFOR hielt die Kinder über Tag fest und ließ sie im Laufe des späten Nachmittags laufen, um ihnen die Heimfahrt zu ermöglichen.

IX Detention Facility MNB SOUTH

Bei der Detention Facility MNB South handelte sich um das alte Gefängnis von Prizren. Vor dem Einrücken von KFOR befanden sich mehr als 600 Gefangene in dem Gefängnis. Als KFOR in Prizren einrückte, war das Gefängnis jedoch bereits geräumt. KFOR fand lediglich einen an einen Stuhl gefesselten älteren toten Kosovaren türkischer Herkunft. Bevor ein Arzt den Toten in Augenschein nehmen konnte, nahmen Verwandte den Toten mit und ließen ihn nach der moslemischen Tradition sofort beerdigen. Das Gefängnis war ein altes heruntergekommenes Gebäude, das die MNB South als Detention Facility nutzte. Kommandeur MNB South gab einen Befehl zur Führung des Gefängnisses bzw. der Detention Facility heraus. Der Befehl wurde situationsbedingt nach und nach erweitert. Darin wurden unter anderem geregelt: Aufnahmeverfahren (Hafttauglichkeitsprüfung, Anlegen einer Ermittlungsakte), Entlassungsverfahren, Sonderregeln für die Haft von Frauen, Besuchsregelungen, Anwendung von Gewalt zur Verhinderung von Flucht, Notfallregelung bei Störungen oder Brand, medizinische Versorgung Erkrankter und Hafttauglichkeits-/ Entlassungsuntersuchung. Keine KFOR Maßnahme verstieß gegen menschenrechtliche Mindeststandards. Angehörige des Roten

Kreuzes gingen im Gefängnis Prizren ein und aus und hätten auf derartige Umstände sofort aufmerksam gemacht. Sie hatten freien Zugang zu den Gefangenen. Zu keinem Zeitpunkt ist uns gegenüber der Vorwurf von Menschenrechtsverletzungen erhoben worden.

X Habeas-Corpus-Akte

Hat das deutsche Kontingent während der Etablierungsphase internationale Menschenrechtsstandards ignoriert, die verlangen, dass festgenommene Personen unverzüglich einer richterlichen Instanz vorgeführt werden müssen?

Es ist zwar richtig, dass UNMIK Ende Juli 1999 die ersten Richter für das Bezirksgericht Prizren bestellte, die im September 1999 ihre Arbeit aufnahmen. Damit gab es aber noch kein funktionierendes Justizwesen in Prizren. Die Richter waren nicht alle unparteiisch. Ihre Urteile und Beschlüsse waren häufig von politischen Erwägungen beeinflusst. So weigerten sich alle Richter am Bezirksgericht Prizren, das geltende serbische Strafrecht anzuwenden. Probleme mit der Rechtsgrundlage waren nicht der einzige Grund für einseitige Parteinahme von Richtern. Immer wieder wurden Richter eingeschüchtert, bedroht oder sogar tätlich angegriffen. Der Leiter des Bezirksgerichts Prizren trat aus diesen Gründen schon nach kurzer Amtsdauer zurück und schied dann ganz aus der Richterschaft aus. Die ersten 35 Urteile der Richter am Gericht Prizren waren nach Auffassung von „amnesty international“ wegen eindeutiger ethnischer Parteinahme nicht haltbar. Erst mit Ernennung internationaler Richter am Bezirksgericht in Prizren im Frühjahr 2000 begann ein funktionierende Justiz. Mit der Bestellung der internationalen Richter kam die Habeas-Corpus-Akte für Inhaftierte zum Tragen.

Die Haftinsassen im Bereich MNB South waren im Übrigen nicht völlig ohne Rechtsschutzmöglichkeiten. Untersuchungshäftlinge wegen des Verdachts von Verstößen gegen lokales Strafrecht konnten für ihre Interessenwahrnehmung einen lokalen Rechtsanwalt beauftragen. Es gab zwar in den ersten fünf Wochen nach Einrücken von KFOR in das Kosovo keine Justiz, wohl aber eine funktionierende Rechtsanwaltschaft. Albanische Rechtsanwälte waren von den Serben in der Ausübung ihrer Tätigkeit nicht behelligt worden. Sie waren beruflich nicht beeinträchtigt und traten zu Zeiten der Serben insbesondere als Strafverteidiger von Albanern auf. Ich habe sofort den Kontakt zu Rechtsanwälten aufgenommen, um mir Rat in lokalen Rechtsfragen zu holen. Die Weitergeltung serbischen Rechts war zwar noch nicht von UNMIK verordnet worden, mir war aber von Anfang an klar, dass das Recht, das bisher die gesellschaftlichen Verhältnisse geregelt hatte, der Rechtssicherheit wegen weiter gelten musste, so wie es UNMIK im Dezember 1999 dann auch verfügte.

XI Schluss

Das deutsche Kontingent hat sorgfältig und professionell alle schweren Kriminalfälle ausermittelt und aktenmäßig festgehalten. Mit der Übergabe der Verantwortung des Gefängnisses Prizren an die zivile VN-Präsenz wurden auch die Ermittlungsunterlagen an UNMIK übergeben.

Das Spannungsverhältnis zwischen drittstaatsgerichteten menschenrechtlichen „Schutzpflichten" von Staaten, die an Friedenseinsätzen unter VN-Mandat teilnehmen, und dem Gebot der Nichteinmischung in die inneren Angelegenheiten von Aufnahmestaaten

Norbert B. Wagner

I Einleitung

Kein Geringerer als Di Fabio hat in der Vergangenheit ausgeführt, es sei eine durchaus „intrikate Zweifelsfrage ... inwieweit die Grundrechtsbindung den grenzüberschreitenden Vertretern der jeweils eigenen Staatsgewalt zu folgen imstande" sei.[1] Was im Bereich der Grundrechte des deutschen Grundgesetzes schon zweifelhaft ist, ist es möglicherweise auch im Bereich des völkerrechtlichen Menschenrechtsschutzes,[2] insbesondere im Felde des Schutzes auf der Grundlage der Europäischen Menschenrechtskonvention,[3] wenn wir bedenken, dass es schon in der „Bankovic-Entscheidung" heißt, die EMRK sei nicht dafür gedacht, weltweit Anwendung zu finden, auch nicht in Bezug auf das Verhalten von Vertragsstaaten.[4]

Dieser Problematik möchte ich mich von einer anderen als der bekannten Richtung[5] kommend zuwenden.

Ausgehend davon, dass sich die deutschen Streitkräfte mittlerweile seit vielen Jahren im Ausland befinden, auch in Gebieten, die gewöhnlich nicht unter die Konvention fallen, um – gestützt auf Resolutionen des Sicherheitsrates der Vereinten Nationen und in Übereinstimmung mit dem deutschen Verfassungsrecht – der Sicherung des Weltfriedens zu dienen, soll danach gefragt werden, welchen drittstaatsgerichteten völkerrechtlichen „Schutzpflichten" die Bundeswehr aus der Sicht betroffener Individuen unterliegen kann bzw. unterliegt.

---

1 Di Fabio, Der Verfassungsstaat in der Weltgesellschaft, Tübingen 2001, S. 67.

2 Vgl. zu den Problemkreisen: Lorenz, Der territoriale Anwendungsbereich der Grund- und Menschenrechte - Zugleich ein Beitrag zum Individualschutz in bewaffneten Konflikten, Berlin 2005 (zugl. Diss. HU Berlin).

3 (Europäische) Konvention zum Schutze der Menschenrechte und Grundfreiheiten (EMRK) vom 04.11.1950 in der Fassung des Protokolls Nr. 11 vom 11.05.1994 (BGBl. 1995 II 578).

4 Bankovic-Entscheidung des Europäischen Gerichtshofs für Menschenrechte vom 12.12.2001 (verfügbar unter: www.coe.int; auch abgedruckt: EuGRZ 2002, 133 ff.), § 80 (*„Zusammengefasst gilt, dass es sich bei der Konvention um eine multilaterale Übereinkunft handelt, die vorbehaltlich ihres Artikels 56 in einem grundsätzlich regionalen Rahmen greift und zwar in dem Rechtsraum der Vertragsstaaten... Die Konvention ist demnach nicht dafür gedacht, um weltweit Anwendung zu finden, auch nicht in Bezug auf das Verhalten von Vertragsstaaten. Demzufolge hat der Gerichtshof bisher ein Interesse daran bekundet, beim Schutz der Menschenrechte Lücken oder Hohlräume zu vermeiden und die Hoheitsgewalt einer Vertragspartei nur in den Fällen zu begründen, in denen das jeweilige Gebiet - aber hier nur in Bezug auf die gegebenen Umstände - gewöhnlich unter die Konvention fallen würde")*. Vgl. auch §§ 109, 111 des Gutachtens des IGH vom 9. Juli 2004 (verfügbar unter: http://www.icj-cij.org), insbes.: *„The Court would observe that, while the jurisdiction of States is primarily territorial, it may sometimes be exercised outside the national territory.*" Zum Territorialitätsprinzip: Wagner, NZWehrr 2007, 1 ff.; a.A. Lorenz, a.a.O., S. 71 ff. (74 ff.);

5 Siehe: Wagner, NZWehrr 2007, 1 ff.

Hierbei möchte ich vorab klarstellen, dass ich mich nicht mit dem „ius ad bellum“ befassen und das „Ob" des einen oder des anderen vergangenen Einsatzes diskutieren werde, insbesondere möchte ich nicht den vor allem durch den Kosovo-Einsatz belasteten Streit um die „Humanitäre Intervention" erneut anfachen. Mich interessiert vielmehr das „Wie" VN-mandatierter Friedenseinsätze.

Wenn sich ein Entsendestaat in einem Auslandseinsatzgebiet für Menschenrechte „stark macht", so kann der Entsendestaat in erhebliche Konflikte mit der örtlichen Staatsgewalt und der ansässigen Bevölkerung geraten, die dergleichen wie Menschenrechte – in unserem Verständnis – in ihrer Rechtsordnung so nicht kennen[6] oder nicht umsetzen oder nicht einmal billigen. Wenn das dem Einsatz zugrunde liegende VN-Mandat – wie so oft – zu diesen Gegenständen schweigt, dann stellt sich die Frage, wie sich das betreffende Verhalten des Entsendestaates zu dem Nichteinmischungsgebot aus Art. 2 Nr. 7 VN-Charta[7] verhält. Für uns ist das die Frage danach, ob und ggf. welche menschenrechtlichen „Schutzpflichten“ einen Entsendestaat treffen können, der unter Kapitel VII-Mandat in einem Aufnahmestaat tätig wird, der Vertragsstaat derselben, anderer oder keiner Menschenrechtspakte ist.

Die primäre Verantwortung zur Durchsetzung menschenrechtlicher Verpflichtungen obliegt den Vertragsstaaten im Rahmen ihrer nationalen Rechtsordnungen. Die Vertragsstaaten müssen alle erforderlichen Maßnahmen ergreifen, um beispielsweise den Rechten des VN-Zivilpakts innerstaatliche Wirksamkeit zu verleihen und den Opfern von Verletzungen dieser Rechte wirksamen Rechtsschutz zu gewähren.[8]

Neben die abwehrende Funktion der Paktrechte tritt eine positive, welche die Vertragsstaaten zu positiven Leistungen verpflichtet, um den Paktrechten durch spezifische Gewährleistungsmaßnahmen Wirksamkeit zu verleihen, wozu neben anderem auch erforderliche Gesetzgebung gehören kann.[9] Positive Gewährleistungsmaßnahmen sind in menschenrechtlichen Verträgen nicht selten.[10] So deutet in der Terminologie des VN-Zivilpakts etwa vor allem die Verpflichtung, die Ausübung eines Rechtes „gesetzlich zu schützen“, auf das Erfordernis positiver (ggf. auch strafrechtlicher) Gewährleistungsmaßnahmen zum Schutz gegen Eingriffe Dritter hin, bspw. hinsichtlich des Rechts auf Leben.[11] Das in Art. 6 VN-Zivilpakt geschützte Recht auf Leben soll einer Auffassung nach nicht nur zur Unterlassung willkürlicher Tötungen durch staatliche Sicherheitsorgane, sondern auch zu weitreichenden Maßnahmen zur Herabsetzung der Kindersterblichkeit und Vermeidung kriegerischer Auseinandersetzungen verpflichten.[12] Wie Art. 6

6 Wobei an dieser Stelle nicht der terminologischen Frage nachgegangen werden soll, ob es in solchen Fällen und außerhalb des Bereichs von *ius cogens* überhaupt richtig ist, von „Menschenrechten“ zu sprechen.

7 Charta der Vereinten Nationen vom 26.06.1945 i.d.F. vom 20.12.1971 (BGBl. 1973 II 431, 1974 II 770, 1980 II 1252).

8 Siehe: Nowak, UNO-Pakt über bürgerliche und politische Rechte, CCPR-Kommentar, Kehl a.Rh. 1989, S. XX.

9 Vgl. Nowak, a.a.O., Art. 2 Rn. 19, Art. 3 Rn. 11.

10 Zur „Extraterritorialität der Grundrechte“ vgl.: Lorenz, a.a.O., S. 127 ff.

11 Art. 6 Internationaler Pakt über bürgerliche und politische Rechte vom 19.12.1966, sog. „VN-Zivilpakt“ (BGBl. 1973 II 1553). Siehe Nowak, a.a.O., Art. 2 Rn. 20, Art. 6 Rn. 4, zu Eingriffen Privater.

12 So: Nowak, a.a.O., S. XVI, XVII, Art. 6 Rn. 5.

VN-Zivilpakt schützen auch Art. 17, 23, 24 und 26 VN-Zivilpakt nicht nur gegen willkürliche Eingriffe des Staates, sondern gewährleisten Anspruch auf (ggf. straf-)gesetzlichen Schutz gegen Eingriffe Privater.[13] Das Sklavereiverbot verpflichtet die Staaten nur in Ausnahmefällen zu Unterlassungen, in der Regel jedoch zu positiven Gewährleistungsmaßnahmen, insbesondere zu gesetzlichen und ggf. strafbewehrten Verboten.[14] So müssen die Vertragsparteien sicherstellen, dass ein Sklave, der an Bord eines Schiffes oder sonst auf dem Territorium eines Vertragsstaates Zuflucht sucht, rechtlich frei ist und den nötigen Schutz erhält.[15]

Alle positiven Gewährleistungspflichten sind jedoch in dem Sinne „relativ", dass dem nationalen Gesetzgeber ein „relativ weiter" Gestaltungsspielraum verbleibt.[16] Bei positiven völkerrechtlichen Gewährleistungspflichten hat der Staat einen Gestaltungsspielraum bei der eigenen Gestaltungskraft unterliegenden Sachverhalten. Fremde Jurisdiktion gehört regelmäßig nicht zu diesem Gestaltungsspielraum, zu den eigener Gestaltungskraft unterliegenden Sachverhalten. Dem Wortlaut menschenrechtlicher Vertragspflichten ist überdies regelmäßig gemeinsam, dass ein Staat nicht ausdrücklich zu einem Verhalten anderen Staaten gegenüber in die Pflicht genommen wird. Alles andere liefe auf eine Staatenkollision, also auf die potentiell friedensstörende Kollision staatlicher Interessen und Rechte hinaus. Dem Wortlaut sowohl des VN-Zivilpakts wie der EMRK kann indes kaum entnommen werden, eine derartige Staatenkollision sei wesentliches Anliegen dieser Verträge, die für sich in Anspruch nähmen, derartige Kollisionslagen befriedigend regeln zu können. Vielmehr ist im Bereich entsprechender rechtlicher Kollisionen, sofern sie überhaupt existieren, möglicherweise einer souveränitätsschonenden Auslegung der Vorzug zu geben.

Der Wortlaut von Vertragspflichten ist regelmäßig nicht darauf auszudehnen, dass ein Staat den anderen daran zu hindern habe, etwas zu tun, was dem einen Staat verboten wäre. Denn völkerrechtliche Verträge, auch solche mit menschenrechtlichen Inhalten, lassen sich nicht ausschließlich zweckorientiert – und über die Grenzen ihres Wortlautes hinaus – interpretieren. Ein Menschenrechtspakt ist wie jeder völkerrechtliche Vertrag nach Treu und Glauben in Übereinstimmung mit dem gewöhnlichen, seinen Bestimmungen in ihrem Zusammenhang zukommenden Wortsinn und im Lichte seines Zieles und Zweckes auszulegen.[17]

Wir müssen von positiven Gewährleistungspflichten im Bereich eigener Jurisdiktion also positive Gewährleistungspflichten unterscheiden, die fremde Jurisdiktionssphären betreffen. Gestatten Sie mir, den Gegenstand zunächst in die realen Lebensverhältnisse einzubetten, vor allem in der islamischen Welt.

13 Nowak, a.a.O., Art. 17 Rn. 6.
14 Nowak, a.a.O., Art. 8 Rn. 6, 11.
15 Nowak, a.a.O., Art. 8 Rn. 11.
16 Vgl. Nowak, a.a.O., Art. 2 Rn. 19, Art. 6 Rn. 4, Art. 17 Rn. 21, Art. 23 Rn. 2, Art. 26 Rn. 28.
17 Art. 31 Abs. 1 Wiener Übereinkommen über das Recht der Verträge (WÜV) vom 23.05.1969 (BGBl. 1985 II 927, 1987 II 757).

II Menschenrechte in der islamischen Welt

Außerhalb Europas bewegen wir uns auf bisweilen völlig unterschiedlich geregelten Bahnen. Ein der Europäischen Menschenrechtskonvention vergleichbares Instrument kennt die islamische Welt nicht.

Wie schon die „Allgemeine Islamische Menschenrechtserklärung“ von 1981 des Islamrats in Europa,[18] einer nicht-staatlichen islamischen Organisation, ist die Kairoer Menschenrechtserklärung von 1990 nicht als verbindliches völkerrechtliches Dokument konzipiert worden. Die Kairoer Menschenrechtserklärung – innerhalb der Organisation der Islamischen Konferenz[19] ausgearbeitet und als Grundsatzpapier „islamischer Menschenrechte“ verstanden – ist möglicherweise eher ein der Allgemeingültigkeit der Prinzipien, die 1948 in der Allgemeinen Erklärung der Menschenrechte[20] niedergelegt wurden, zuwiderlaufendes Dokument. So erläutert uns *Bielefeldt*, die Kairoer Erklärung sei ein politisches Dokument, das die inhaltliche Kontinuität mit den Menschenrechtsstandards der VN bewusst preisgebe.[21] Diese Menschenrechtserklärung hat in der Tat eine gegenüber klassischen Menschenrechtspakten abweichende Bedeutung, da sie bereits nach ihrem Wortlaut gegenüber der Scharia zurücktreten will.[22] Selbst das Recht auf Leben steht mit den Worten „*... es ist verboten, einem anderen das Leben zu nehmen, außer wenn die Scharia es verlangt*“ ausdrücklich unter Scharia-Vorbehalt.[23] Aber auch im Übrigen ist ihr Inhalt Ausdruck einer nicht unkämpferischen Grundeinstellung. Art. 5 postuliert die Eheschließungsfreiheit, verbietet aber das in der islamischen Welt bekannte Ehehindernis der Religionsverschiedenheit nicht,[24] und Art. 10 kennt keine wirkliche Religionsfreiheit, sondern den Vorrang des Islams.[25]

Die Arabische Liga – eine vergleichsweise lockere Union vor allem, aber nicht nur[26] arabischer Staaten und Autonomiegebiete von Mauretanien bis Oman, von Ägypten bis zu den Komoren – hat sich ebenfalls mit Menschenrechtsfragen befasst. Die Arabische Liga basiert mehr auf kultureller Identität als politischer Zielsetzung, was sich auch daran zeigt, dass sie keinen „klassischen“ geographischen Raum umfasst, sondern sich

---

18 Verfügbar: http://www.dirittopubblicomc.org/materiali/ied/Human%20Rights.pdf.

19 Die Organisation der Islamischen Konferenz repräsentiert derzeit 57 Staaten, in denen der Islam Staatsreligion oder zumindest Religion eines großen Bevölkerungsanteils ist; sie nimmt für sich in Anspruch, die islamische Welt zu repräsentieren.

20 Allgemeine Erklärung der Menschenrechte der VN vom 10.12.1948 (Resolution 217 A [III] der Generalversammlung), verfügbar unter: www.un.org/Depts/german. Saudi-Arabien akzeptierte diese Menschenrechtserklärung übrigens nicht.

21 Bielefeldt, Menschenrechte in der islamischen Diskussion, S. 5 (http://www.bundestag.de/ausschuesse/archiv15/a16/oeff_anh/031022_Islam/bielefeld1.pdf).

22 In der Kairoer Erklärung ist dieses in Art. 24 wie folgt festgelegt: „Alle Rechte und Freiheiten, die in dieser Erklärung genannt wurden, unterstehen der islamischen Scharia.“ Und Art. 25 ergänzt dies mit den Worten: „Die islamische Scharia ist die einzige zuständige Quelle für die Auslegung oder Erklärung jedes einzelnen Artikel dieser Erklärung.“

23 Art. 2 Buchst. a).

24 „The family is the foundation of society, and marriage is the basis of its formation. Men and women have the right to marriage, and no restrictions stemming from race, colour or nationality shall prevent them from enjoying this right.“ (Art. 5 Buchst. a).

25 „Islam is the religion of unspoiled nature. It is prohibited to exercise any form of compulsion on man or to exploit his poverty or ignorance in order to convert him to another religion or to atheism.“

26 Die Mitglieder Somalia und Komoren gehören ethnisch und sprachlich nicht zum arabischen Raum.

vornehmlich auf den Zusammenhalt der Staaten der arabischen Kultur und Sprache gründet, die kein übereinstimmendes Menschenrechtsbild vorweisen können. Die durchaus schätzenswerte Arabische Charta der Menschenrechte vom 15. September 1994[27] wurde zwar durch die Arabische Liga angenommen,[28] ist aber – mangels genügender Ratifikationen – bisher nicht in Kraft getreten.[29] Eine überarbeitete Fassung, bei deren Entwurf das VN-Hochkommissariat für Menschenrechte beratend zur Seite stand, wurde 2004 von der Arabischen Liga verabschiedet.[30] Auch sie hat sich bisher in der islamischen Welt nicht durchgesetzt. Sie wird dies aller Voraussicht nach auch nicht, wenngleich sie wegen zu geringer Standards in der westlichen Welt auf Kritik gestoßen ist, beispielsweise bei *amnesty international.*[31]

Eine große Anzahl von islamisch geprägten Staaten hat indes den VN-Zivilpakt gezeichnet und auch ratifiziert. So haben Afghanistan,[32] Ägypten,[33] Iran,[34] Irak,[35] Jemen[36], Malediven,[37] Somalia[38] und Syrien[39] den VN-Zivilpakt mit den darin enthaltenen Menschenrechten anerkannt. Die Menschenrechtssituation in diesen Staaten genügt unseren menschenrechtspolitischen Vorstellungen jedoch in keiner Weise. Ich möchte das anhand einiger – fast willkürlich herausgegriffener – Beispiele veranschaulichen.

1 Religionsfreiheit

Die Religionsfreiheit ist ein in internationalen Konventionen verankertes Menschenrecht. Sie ist zwar nicht in Art. 1 der VN-Charta verankert,[40] und Art. 18 der Allgemeinen Erklärung der Menschenrechte vom 10. Dezember 1948 hat keinen verbindlichen völkerrechtlichen Charakter. Immerhin garantieren aber doch Art. 9 der EMRK sowie Art. 18 des VN-Zivilpakts die Religionsfreiheit als eigenständiges Menschenrecht.

27 ILM 1982, 59; EuGRZ 1986, 677; auch verfügbar: http://www.un.org/Depts/german/menschenrechte/arab.pdf.

28 Resolution 5437 des Rates der Arabischen Liga.

29 Sie enthält ein Diskriminierungsverbot, u.a. das Geschlecht und die Religion betreffend (Art. 2 i.V.m. Art. 35) und gewährleistet jedem die Religionsfreiheit (Art. 26), ferner den Anhängern einer jeden Religion das Recht, ihre religiösen Bräuche auszuüben und ihre Überzeugungen durch Gottesdienst, Ausübung und Unterricht zu bekunden, sofern dadurch die Rechte anderer nicht verletzt werden. Die Ausübung der Religions-, Gedanken- und Meinungsfreiheit darf nur den gesetzlich vorgesehenen Einschränkungen unterworfen werden (Art. 27 i.V.m. Art. 37).

30 Verfügbar: http://www.humanrights.ch/home/upload/pdf/061015_Projet-Charte-arabe.pdf.

31 Siehe: http://www2.amnesty.de/internet/deall.nsf/0/4495b89c63f60e18c125700b00579794?OpenDocument („... *Andere der darin enthaltenen Bestimmungen liefen hingegen internationalen Menschenrechtsnormen zuwider. Beispielsweise erlaubten sie die Verhängung und Vollstreckung von Todesurteilen gegenüber minderjährigen Straftätern in Staaten mit entsprechenden Todesstrafengesetzen. Außerdem sahen sie vor, dass in Notstandssituationen das Recht auf Leben außer Kraft gesetzt werden kann. Die Charta enthält zwar ein Verbot der Folter, aber keines der grausamen, unmenschlichen oder erniedrigenden Behandlung.*“).

32 Inkrafttreten: 24.04.1983.

33 Inkrafttreten: 14.04.1982.

34 Inkrafttreten: 23.03.1976.

35 Inkrafttreten: 23.03.1976.

36 Inkrafttreten: 09.05.1987.

37 Inkrafttreten: 19.12.2006.

38 Inkrafttreten: 24.04.1990.

39 Inkrafttreten: 23.03.1976.

40 Falsch: Antrag Fraktion der CDU/CSU und der Fraktion der SPD vom 29.11.2006, BTDrs. 16/3608.

Sowohl die Allgemeine Erklärung der Menschenrechte als auch der VN-Zivilpakt enthalten das, was wir „negative Religionsfreiheit" nennen, und explizit das Recht, die Religion zu wechseln. Obwohl die (islamischen) Vertragsstaaten des VN-Zivilpakts formell die Freiheit der Religion garantieren, wird sie vielfach nicht oder nur unzureichend geschützt. Fast alle von ihnen finden sich auf den vorderen Plätzen des Weltverfolgungsindexes von „Open Doors" für 2007.[41]

In Saudi-Arabien, im Jemen und im Iran beispielsweise steht auf Apostasie[42] die Todesstrafe. Für weltweites Aufsehen sorgte im März der Fall des zum Christentum konvertierten Afghanen Abdul Rahman. Dieser war vor einem Kabuler Gericht wegen Apostasie angeklagt worden, weswegen ihm auch dort die Todesstrafe drohte. Die Todesstrafe kann in solchen Fällen durch Enthauptung mit dem Schwert vollstreckt werden; auch die Kreuzigung stellt eine Möglichkeit dar. Wie wir heute wissen, wurde der Fall politisch und keineswegs juristisch bewältigt, nachdem US-amerikanische und deutsche Politiker eine Änderung der afghanischen Gesetze gefordert hatten.[43] Nachdem der zuständige Richter am 26. März 2006 verlautbart hatte, der Fall sei *„aufgrund einiger Fehler und Unzulänglichkeiten sowohl technischer als auch rechtlicher Natur an die Staatsanwaltschaft zurückgewiesen"* worden, wurde am Abend des 29. März 2006 gemeldet, Abdul Rahman sei in Italien eingetroffen, wo ihm Asyl gewährt wurde. Die afghanischen Gesetze wurden bis heute nicht geändert.

Zwar enthält der VN-Zivilpakt keine Bestimmung über Vorbehalte. Nach Art. 19 lit. c WÜV sind Vorbehalte aber mangels anderslautender Bestimmung unzulässig, sofern sie mit „Ziel und Zweck" des Vertrages unvereinbar sind. Zu beinahe allen materiell-rechtlichen und formalrechtlichen Bestimmungen des VN-Zivilpakts sind von einer großen Zahl von Staaten Vorbehalte und interpretative Erklärungen abgegeben worden[44]. Afghanistan jedoch ist dem VN-Zivilpakt ohne Vorbehalt gegen die Garantie der Religionsfreiheit beigetreten. Damit hat sich Afghanistan auch völkerrechtlich zur Einhaltung der Glaubensfreiheit verpflichtet.

Dass es zu einer Anklage gegen Rahman kommen konnte, zeigt wie sehr die Religionsfreiheit in Afghanistan im Staatsrecht und in der Praxis noch unter dem Vorbehalt der Scharia steht.[45] In Art. 2 der afghanischen Verfassung[46] wird der Islam als Staatsreligion festgeschrieben und immerhin den Anhängern anderer Religionen, also den Nicht-Moslems, gestattet, ihrem Glauben zu folgen und „im Rahmen der gesetzlichen Bestimmungen" ihre religiösen Zeremonien auszuüben. Moslems besitzen danach nicht

41 Der Weltverfolgungsindex (Liste mit 50 von über 100 Ländern, in denen Christen am schlimmsten aufgrund ihres Glaubens verfolgt oder benachteiligt werden.) wird jährlich vom Missions- und Hilfswerk „Open Doors" (http://www.opendoors-de.org) ermittelt und veröffentlicht, für 2007: Saudi-Arabien (Platz 2), Iran (Platz 3), Somalia (Platz 4), Malediven (Platz 5), Jemen (Platz 6), Afghanistan (Platz 10), Ägypten (Platz 18), Irak (Platz 21), Syrien (Platz 45).

42 Abfall vom islamischen Glauben. Speziell hierzu: Schirrmacher, Der Abfall vom Islam – Schariabestimmungen und Praxis, http://www.islaminstitut.de/uploads/media/Abfall.pdf.

43 http://www.dw-world.de/dw/article/0,2144,1940873,00.html.

44 Siehe: Nowak, a.a.O., S. XXIII, XXIV. Die Vorbehalte/Interpretationserklärungen sind zugänglich über: http://www.unhchr.ch/tbs/doc.nsf/Statusfrset?OpenFrameSet.

45 Siehe: Antrag Fraktion der CDU/CSU und der Fraktion der SPD vom 29.11.2006, BTDrs. 16/3608.

46 http://www.mpil.de/shared/data/pdf/verf_dt.pdf.

das zur Religionsfreiheit gehörende Recht zur Apostasie[47]. Nach Art. 3 der afghanischen Verfassung darf überdies „*kein Gesetz dem Glauben und den Bestimmungen der heiligen Religion des Islam widersprechen*".

Aber was ist „islamisches Strafrecht", was ist die „Scharia", auf der all das beruht, das sich allenfalls politisch aufhalten lässt? Ein überall gleiches und einheitliches Strafrecht islamischer Staaten existiert nicht. Mit „islamischem Strafrecht" wird das auf der Basis der Scharia bestehende Strafrecht bezeichnet. Mit dem Begriff Scharia bezeichnet man in der islamischen (Vorstellungs-)Welt die von Gott selbst geschaffene und daher unabänderliche Ordnung, die alle Lebensbereiche regelt und auch das Strafrecht umfasst.[48] Infolge seiner Abstammung ist dieses Recht nicht als Gesetzestext kodifiziert, sondern wird aus verschiedenen „Rechtsquellen" hergeleitet, dem Koran, der Sunna und den Interpretationen der Rechtsgelehrten. Der Text des Korans wird als durch den Erzengel Gabriel wörtlich an den Propheten Mohammed übermitteltes Wort Allahs angesehen, das unveränderbar, unkodifizierbar und unreformierbar sei. Mit der Abstammung dieser Ordnung verbindet sich also ihr Problem: Der Primat des göttlichen Rechts über das menschliche Recht. Das Abschaffen des Strafrechts der Scharia ist in streng islamischen Ländern so gut wie unmöglich, da dies die Abschaffung göttlichen, mithin unfehlbaren und unabänderlichen Rechts bedeutete. Die in Apostasie-Fällen einschlägige hadd-Strafe ist in der Scharia die einzige Strafe, die auf einen Verstoß gegen *ius divinum* antworten will. Wenn der Täter eine Straftat dieser Kategorie begeht, übertritt er eine göttlich gesetzte „Grenze".[49] Für die Delikte der hadd-Gruppe ist dem Koran oder der Überlieferung ein konkretes und als unabänderbar angesehenes Strafmaß zu entnehmen,[50] bisweilen die Todesstrafe. Die Trennung von „Kirche und Staat", bezogen auf den Islam also die Trennung von Staat und Religion, ist nach der reinen islamischen Lehre nicht möglich, da der islamische Staat die Religion als staatsbildendes Prinzip zu betrachten hat. Im Unterschied zu streng islamischen Staaten gibt es mittlerweile aber auch islamisch geprägte Länder mit Kodifikationen von hadd-Delikten, die dabei auf Strafen wie die Steinigung verzichten. Andere muslimisch geprägte Länder lehnen ein Strafgesetzbuch auf der Basis der Scharia ab, etwa Ägypten und die laizistische Türkei.

Was aber hätte Deutschland rechtlich tun können, hätte Abdul Rahman bei dem deutschen ISAF-Kontingent um Schutz nachgesucht?

---

47 Es ist unrichtig, wenn es bisweilen heißt, der Koran (Sure 2:257) garantiere die Religionsfreiheit, denn dort wird nur die Zwangsbekehrung zum Islam verboten.

48 Wenngleich das Recht der Scharia dem Grunde nach ausschließlich ein Recht der Muslime sein soll, soll das Strafrecht grundsätzlich auch für Nicht-Muslime gelten, die sich in einem muslimischen Staat aufhalten.

49 hadd = Grenze.

50 Weitere Einzelheiten sind umstritten. Nach den meisten Rechtsschulen wird der Abfall vom Islam mit der Hinrichtung bestraft. Bei Rebellion oder Aufruhr ist umstritten, ob es sich um ein hadd-Delikte handelt. In vielen islamischen Ländern werden Homosexuelle verfolgt und sogar öffentlich gesteinigt. Vergewaltigung ordnen einige Gelehrte der hadd-Gruppe mit der Folge der Todesstrafe zu.

2 Genitalverstümmmelung

Ein weiteres Beispiel betrifft Genitalverstümmelungen. Es wird angenommen, dass weltweit über 130 Millionen Mädchen und Frauen an ihren Genitalien verstümmelt wurden. Das Verbot der Genitalverstümmelung kann einerseits aus den allgemeinen Menschenrechtsverträgen, insbesondere aus dem VN-Zivilpakt und der EMRK abgeleitet werden, andererseits gibt es spezielle Vereinbarungen, welche die Ächtung und Bekämpfung der Genitalverstümmelung zum Gegenstand haben.[51]

Genitalverstümmelungen fügen den Mädchen und Frauen irreparable physische und psychische Schäden zu. Bei der Infibulation, der radikalsten Form, liegt die Todesrate bei rund 30 Prozent. Durch Migration und Flucht leben heute immer mehr Frauen in Europa, die in ihren Herkunftsländern beschnitten wurden.[52] Genaue Daten, wie viele von Genitalverstümmelung betroffene Mädchen und Frauen in Deutschland leben, gibt es nicht.[53]

Weibliche Genitalverstümmelungen werden hauptsächlich in afrikanischen Ländern, insbesondere in den Nilanrainerstaaten, am Horn von Afrika und in Westafrika, praktiziert. Das Vorhandensein ausdrücklicher nationaler Regelungen über das Verbot oder die Strafbarkeit von Genitalverstümmelungen[54] hat dabei nur begrenzte Aussagekraft hinsichtlich der gelebten Realität im Land. Es gibt überdies nach wie vor eine große Zahl von Staaten, in denen Genitalverstümmelung traditionell vorkommt, die sie aber nicht ausdrücklich unter Strafe stellen.[55] Außerhalb Afrikas werden Genitalverstümmelungen nur innerhalb von wenigen Staaten traditionell praktiziert,[56] die allesamt über keine dies bekämpfende Gesetzgebung verfügen. Dafür werden zunehmend in – allenfalls durch Immigration betroffenen – westlichen Staaten[57] ausdrückliche Normen über die Strafbarkeit von Genitalverstümmelungen erlassen.[58]

Die rechtliche Ungleichbehandlung der Geschlechter gründet sich in der islamischen Welt auf mehrere Koran-Stellen, die Beschneidung von Mädchen kennt der Koran jedoch nicht, wenngleich sie von einigen islamischen Rechtsschulen für „ehrenhaft" gehalten oder als „religiöse Pflicht" angesehen wird. Die Beschneidung von Mädchen stammt aus vorislamischer Zeit und ist möglicherweise in afrikanischen Kulturen beheimatet, hat also wohl eher autochthone als religiöse Wurzeln, wenngleich „der Islam" sie nicht kulturell bekämpfte, insbesondere nicht effektiv gegen die Behauptung der religiösen Begründung vorging.

Ein Eintreten gegen Genitalverstümmelung oder Zwangsverheiratung und für Frauenrechte allgemein könnte – ohne dass es hellseherischer Fähigkeiten bedürfte – Kon-

---

51 Siehe Antwort der Bundesregierung, BTDrs. 16/1391, S. 6.

52 Siehe: Antrag der Fraktion BÜNDNIS 90/DIE GRÜNEN vom 22. 11. 2006, BTDrs. 16/3542.

53 Bundesregierung, BT-Drs. 16/1391, S. 2.

54 Genitalverstümmelung ist ausdrücklich verboten in: Ägypten, Äthiopien, Benin, Burkina Faso, Côte d'Ivoire, Dschibuti, Ghana, Guinea-Conakry, Kenia, Niger, Senegal, Sudan, Tansania, Togo, Tschad und Zentralafrikanische Republik.

55 Algerien, Eritrea, Gambia, Guinea- Bissau, Kamerun, Liberia, Malawi, Mali, Mauretanien, Nigeria (Bundesebene), Sierra Leone, Simbabwe, Somalia und Uganda.

56 Indien, Indonesien, Irak, Iran, Jemen, Malaysia, Oman, Saudi-Arabien und Singapur.

57 Australien, Kanada, Neuseeland und USA.

58 Siehe zu Vorstehendem Antwort der Bundesregierung, BT-Drs. 16/1391, S. 4 ff.

flikte mit der örtlichen Staatsgewalt und der ansässigen Bevölkerung auslösen, insbesondere bei der Aufnahme von solchen Handlungen bedrohter Frauen in den Schutzraum eines Kontingents.

3 Steinigung

Aber auch die Frage nach der Weigerung von Kontingenten, Überstellungen Straftatverdächtigter bei drohender Todesstrafe vorzunehmen, etwa durch Steinigung,[59] ist beispielhaft zu nennen. Das islamische Recht, die Scharia, sieht bei bestimmten Straftaten[60] bekanntlich zwingend die Steinigung vor. Bei der Steinigung handelt es sich um eine grausame, unmenschliche und erniedrigende[61] Strafe, die nach unserer Überzeugung die Folterdefinition der Antifolterkonvention der Vereinten Nationen[62] erfüllt. Diese Strafe steht auch im Widerspruch zum VN-Zivilpakt, der das Verbot von Folter und unmenschlicher Behandlung festschreibt.[63]

Aus Sudan und Nigeria werden immer wieder Amputationen, aber auch öffentliche Hinrichtungen und Kreuzigungen berichtet. Im Iran und Nigeria finden immer wieder Steinigungen statt, überwiegend Steinigungen von Frauen. Das Steinigungsurteil gegen die Nigerianerin Amina Lawal am 22. März 2002 wurde nur auf Grund eines Aufschreis der Weltöffentlichkeit nicht vollstreckt. Am 25. September 2003 sprach ein Scharia-Berufungsgericht die Frau letztlich aus außenpolitischen Gründen frei, die in Bakori im nordnigerianischen Bundesstaat Katsina verurteilt worden war, weil sie als geschiedene Frau ein Kind geboren hatte, was todeswürdiger „Ehebruch" hatte sein sollen.[64]

Wessen Schicksal die Medien weniger interessiert, dessen Urteilsvollstreckung ist wahrscheinlicher. Auch in einem Staat, dessen internationale Reputation ohnehin ruiniert ist, ist die Vollstreckung von Steinigungsurteilen wahrscheinlicher als in anderen Staaten. Was wäre Deutschland rechtlich zu tun imstande, suchte ein hiervon Bedrohter bei einem deutschen Kontingent um Schutz nach? Auch hier könnten je nach Verhalten erhebliche Probleme mit der örtlichen Staatsgewalt und der ansässigen Bevölkerung auftreten.

4 Todesstrafenproblematik im Allgemeinen

Als letztes Beispiel möchte ich die allgemeine Todesstrafenproblematik erwähnen. Käme die Herausgabe oder Überstellung Straftatverdächtiger durch deutsche Soldaten bspw. an afghanische Behörden in Betracht, wenn den Verdächtigen die Todesstrafe drohte? Man könnte an eine im Kontingent beschäftigte Ortskraft denken, die zum Christentum konvertiert ist oder die Ehe – mit wem auch immer – gebrochen haben soll, was als todeswürdiges Verbrechen gilt, und deren Überstellung von den Ortsbehörden

---

59 Steinigungen werden aus Nigeria, Sudan und Iran berichtet.

60 Z.B.: Ehebruch.

61 Vgl. hierzu den Zeugenbericht einer mit vorangehenden Vergewaltigungen kombinierten Steinigung eines 17-jährigen Mädchens im Iran (http://www.igfm.de/?id=477).

62 Art. 1 Übereinkommen gegen Folter und andere grausame, unmenschliche oder erniedrigende Behandlung oder Strafe vom 10.12.1984 (BGBl. 1990 II 246) i.d.F. der Resolution der Konferenz von New York vom 08.09.1992 (BGBl. 1996 II 282).

63 Art. 7. Siehe auch: Art. 5 der Allgemeinen Erklärung der Menschenrechte.

64 Siehe: http:/www2.amnesty.de/internet/deall.nsf/0/fb4304c627990952c1256db0002bcb68?Open Document.

verlangt wird. Art. 6 VN-Zivilpakt verbietet für sich genommen die Todesstrafe für schwerste Verbrechen nicht,[65] auch nicht die EMRK. Schon in Art. 1 des Protokolls Nr. 6 zur EMRK[66] heißt es allerdings: *„Die Todesstrafe ist abgeschafft. Niemand darf zu dieser Strafe verurteilt oder hingerichtet werden."*

In der Völkergemeinschaft werden intensive Bemühungen zu einer vollständigen Abschaffung der Todesstrafe unternommen. Mehrere neuere völkerrechtliche Verträge zielen auf ein völliges Verbot der Todesstrafe auch in Zeiten des internationalen bewaffneten Konflikts ab.[67] Die Vertragsparteien dieser Abkommen haben die Todesstrafe abzuschaffen und dürfen niemanden hinrichten, der ihrer Hoheitsgewalt untersteht. An das Verbot von Hinrichtungen sind sie grundsätzlich auch im Kriegsfalle gebunden, insbesondere bei der Ausübung von Besatzungsgewalt[68]. Die Vertragsstaaten des Protokolls Nr. 13 vom 3. Mai 2002, zu denen Deutschland zählt, haben die Todesstrafe einschränkungslos abgeschafft. Unter keinen Umständen darf jemand von ihren Gerichten zu dieser Strafe verurteilt oder hingerichtet werden[69].

Ich bin der Überzeugung, dass das Prinzip der begrenzen Ermächtigung, also die inhaltliche Begrenztheit des völkerrechtlichen Aufenthaltstitels der deutschen Streitkräfte ihnen im Grundsatz jede davon gelöste Einmischung in die inneren Angelegenheiten des Aufenthaltsstaates, insbesondere dessen Angelegenheiten der Strafrechtspflege, untersagt. So übt Deutschland in Afghanistan keine tatsächliche Kontrolle aus[70], und es hat sie nicht auszuüben, wie es auch keinen völkerrechtlichen Titel zur Einmischung in die inneren Angelegenheiten der afghanischen Strafrechtspflege besitzt. Die Mandatsgrenzen sind die äußersten Grenzen etwaiger Schutz- oder Gewährleistungspflichten. Völkerrecht stünde daher meiner Überzeugung nach Überstellungen Straftatverdächtiger in Afghanistan an afghanische Behörden nicht entgegen.[71]

Einer anderen und mit dem Protokoll Nr. 6 zur EMRK begründeten Auffassung stünde der Wortlaut der deutschen Erklärung vom 5. Juli 1989 zum territorialen

---

65 So: Nowak, a.a.O., Art. 2 Rn. 17, Art. 6 Rn. 18 ff.

66 Protokoll Nr. 6 zur Konvention zum Schutze der Menschenrechte und Grundfreiheiten, über die Abschaffung der Todesstrafe in der Fassung des Protokolls Nr. 11 (BGBl. 1988 II 662, 1989 II 814).

67 Zweites Fakultativprotokoll zum Internationalen Pakt über bürgerliche und politische Rechte zur Abschaffung der Todesstrafe vom 15.12.1989 (BGBl. 1992 II 390); Protokoll Nr. 13 vom 03.05.2002 zur Konvention zum Schutz der Menschenrechte und Grundfreiheiten über die vollständige Abschaffung der Todesstrafe (BGBl. 2004 II 983). Deutschland hat bisher keine Erklärung nach Art. 4 des Protokolls Nr. 13 abgegeben; siehe: http://conventions.coe.int/Treaty/Commun/ListeDeclarations.asp?NT=187&CM=8&DF=7/19/2007&CL=GER&VL=1

68 Zum Anwendungsbereich des Humanitären Völkerrechts: Wagner, Bundeswehrverwaltung 2007, 121 ff.

69 Das Zweite Fakultativprotokoll vom 15.12.1989 lässt hingegen zu, dass ein Staat bei Ratifikation oder Beitritt einen Vorbehalt abgibt, der die Anwendung der Todesstrafe in Kriegszeiten aufgrund einer Verurteilung wegen eines in Kriegszeiten begangenen besonders schweren Verbrechens militärischer Art vorsieht.

70 Vgl. Krieger, ZaöRV 2002, 669 [677]).

71 Nicht überzeugend: amnesty international, Afghanistan Detainees transferred to torture: ISAF complicity?(http://www.amnesty.org/en/alfresco_asset/8f7a4c33-a2d6-11dc-8d74-6f45f39984e5/asa110112007en.pdf).

Anwendungsbereich des Protokolls entgegen,[72] was man nicht im Sinne „einer über den Wortlaut hinausgehendem teleologischen Auslegung der EMRK und ihrer Zusatzprotokolle im Geiste eines effektiven Menschenrechtsschutzes“ leichtfüßig für unbeachtlich erklären kann. Man kann nicht überzeugend den territorialen Anwendungsbereich todesstrafenbegrenzender oder todesstrafenverbietender Verträge unmodifiziert ins Ausland erstrecken oder die zum Folterverbot entwickelte Argumentation der Europäischen Menschenrechtskommission übernehmen, die Art. 3 EMRK eine (negatorische) staatliche Gewährleistungspflicht entnommen hatte, der zufolge eine Ausweisung/ Auslieferung zu unterlassen sei, wenn dadurch Folter/unmenschliche Behandlung durch einen Drittstaat ermöglicht werde.[73] Die wesentlichen Unterschiede bestehen darin, dass hier auf dem Gebiet eines fremden und an sich souveränen Staates gehandelt würde und dass Todesurteile völkerrechtlich nicht verboten sind, es sei denn es gäbe entgegenstehendes Völkervertragsrecht.[74] Das Todesstrafenverbot zählt – im Gegensatz zum Folterverbot – nicht zum *ius cogens*.

Mit dem Grundgesetz wird sich schwerlich überzeugend argumentieren lassen, zumal das Grundgesetz wohl kaum zur Gänze im Ausland gilt. Art. 102 und Art. 2 GG dürften den Fall von Überstellungen im Ausland an die Ortsbehörden nicht erfassen. Art. 102 GG ist zwar selbst kein Grundrecht, bildet aber eine Schranke für die gemäß Art. 2 Abs. 2 Satz 3 GG möglichen Beschränkungen des Rechts auf Leben. Ob Art. 102 GG schlechthin eine Auslieferung wegen einer Straftat verbiete, die in dem ersuchenden Staat mit der Todesstrafe bedroht ist, was das Bundesverfassungsgericht 1964 verneint hatte,[75] wurde von dem Gericht in einer späteren Entscheidung 1982 lediglich offen gelassen.[76] Es gibt also nur eine relevante Aussage des Bundesverfassungsgerichts, die lautet: Art. 102 GG verbietet im Geltungsbereich des Grundgesetzes nicht schlechthin eine Auslieferung wegen einer Straftat, wenn die Todesstrafe droht. Dies beruht auf der völkerrechtsfreundlichen Grundhaltung des Grundgesetzes, die vor allem Achtung vor fremden Rechtsordnungen und Rechtsanschauungen bedeutet, und das doch wohl besonders bei Auslandssachverhalten.

Das Grundgesetz verbietet nicht einmal fremden Staaten die Verhängung oder Vollstreckung der Todesstrafe in Deutschland. Der Umstand, dass in Deutschland keine Todesurteile der Militärstrafgerichte der in Deutschland stationierten verbündeten Streitkräfte verhängt oder vollstreckt werden, ist allenfalls Folge des Völkerrechts, insbeson-

72 Die Erklärung lautet: „In connection with the deposit of the instrument of ratification to Protocol No. 6 of 28 April 1983 to the Convention for the Protection of Human Rights and Fundamental Freedoms concerning the Abolition of the Death Penalty I have the honour to declare on behalf of the Government of the Federal Republic of Germany that, in its view, the obligations deriving from Protocol No. 6 are confined to the abolition of the death penalty within the Protocol's area of application in the respective State and that national non-criminal legislation is not affected. The Federal Republic of Germany has already met its obligations under the Protocol by means of Article 102 of the Basic Law.“ (verfügbar unter: http://conventions.coe.int).

73 Nowak, a.a.O., Art. 7 Rn. 21.

74 Die gegen die Todesstrafe gerichtete Resolution der VN-Generalversammlung vom 18.12.2007 (verfügbar unter: www.un.org; hierzu: http://www.dw-world.de/dw/article/0,2144,3011497,00.html) ist keine Völkerrechtsquelle.

75 BVerfGE 18, 112 ff.

76 BVerfGE 60, 348 (354).

dere des NATO-Truppenstatuts und des Zusatzabkommens hierzu, nicht des deutschen Verfassungsrechts. Wer etwas anderes vertritt, der müsste konsequenterweise auch annehmen, dass insbesondere Art. VII Abs. 7 Buchst. a) NTS[77] und Art. 18A NTS-ZA[78] beziehungsweise die entsprechenden deutschen Zustimmungsgesetze gegen deutsches Verfassungsrecht verstießen und dass Deutschland verfassungsrechtlich verpflichtet sei, den Aufenthaltsvertrag,[79] das NTS und das NTS-ZA zu kündigen, und die stationierten US-Truppen nötigenfalls zum Verlassen der Republik veranlassen müsste, nachdem das Militärstrafrecht der USA durchaus noch mit der Todesstrafe aufwartet. Man mag fragen: Wo ist der Anfang und wo ist das Ende einer sinnvollen Argumentation in der Todesstrafenproblematik?

Auch sonstige deutsche Rechtsnormen stünden meiner Überzeugung nach einer Überstellung Straftatverdächtiger in Afghanistan an afghanische Behörden nicht entgegen, zumal das Internationale Rechtshilfegesetz[80] in solchen Fällen weder territorial anwendbar[81] noch inhaltlich einschlägig ist.

5 Die islamische Welt in westlicher Sicht

So viel zu der Welt, in der wir leben und in der wir unsere Soldaten im Rahmen und nach den Regeln von Systemen gegenseitiger kollektiver Sicherheit einsetzen. Scharia-Strafen sind Wirklichkeit, nicht blanke Theorie. Bei dieser Lage, und ich habe wie erwähnt nur wenige Bereiche fast willkürlich herausgegriffen, fragt es sich, ob wir immer eine die Realität erfassende Sichtweise haben (wollen), wenn wir aus Europa auf die Welt schauen. Aus tatsächlicher Sicht ist es auch heute noch mehr Wunsch als Wirklichkeit, wenn man meint, die in den beiden VN-Menschenrechtspakten von 1966 garantierten wirtschaftlichen, sozialen, kulturellen, bürgerlichen und politischen Rechte stellten den *„gegenwärtig geltenden menschenrechtlichen Mindeststandard auf universeller Ebene dar“*.[82] Wir können die Welt nicht kurzfristig unserem Menschenrechtsbild

77 Art. VII Abs. 7 Buchst. a) NATO-Truppenstatut vom 19.06.1951 (BGBl. 1961 II 1190) lautet: „Todesurteile werden durch die Behörden des Entsendestaates nicht im Aufnahmestaat vollstreckt, wenn das Recht des Aufnahmestaates in entsprechenden Fällen diese Strafe nicht vorsieht.“

78 Art. 18A Zusatzabkommen zu dem Abkommen zwischen den Parteien des Nordatlantikvertrags über die Rechtsstellung ihrer Truppen hinsichtlich der in der Bundesrepublik Deutschland stationierten ausländischen Truppen vom 03.08.1959 (BGBl. 1961 II 1183, 1218) in der durch die Änderungsabkommen vom 21.10.1971 (BGBl. 1973 II 1022) und vom 18.03.1993 (BGBl. 1994 II 2594) geänderten Fassung lautet:

„(1) Die Behörden eines Entsendestaates unterrichten die zuständigen deutschen Behörden unverzüglich, falls sie beschließen, in Ausübung ihrer Gerichtsbarkeit nach Artikel *VII* des NATO-Truppenstatuts Strafverfolgungsmaßnahmen durchzuführen, die zur Verhängung der Todesstrafe führen können.

(2) Unter Berücksichtigung der Bestimmungen des deutschen Rechts vollstrecken die Behörden eines Entsendestaates in der Bundesrepublik keine Todesstrafe und führen keine Strafverfolgungsmaßnahmen durch, die zur Verhängung einer solchen Strafe in der Bundesrepublik führen können.“

79 Vertrag über den Aufenthalt ausländischer Streitkräfte in der Bundesrepublik Deutschland vom 23.10.1954 (BGBl. 1955 II 253).

80 Gesetz über die internationale Rechtshilfe in Strafsachen i.d.F. der Bekanntm. vom 27.06.1994 (BGBl. 1994 I 1537), zuletzt geändert durch Gesetz vom 17.12.2006 (BGBl. 2006 I 3175).

81 Allgemein zur Auslandsgeltung deutscher Normen in Einsatzsituationen: Wagner, Unterrichtsblätter für die Bundeswehrverwaltung (UBWV) 2007, 241 ff.; ders., UBWV 2007, 441 ff.

82 So aber: Nowak, a.a.O., S. XVI.

entsprechend ändern, schon gar nicht mit Streitkräften. Unterliegen wir mit diesen aber drittstaatsgerichteten völkerrechtlichen „Schutzpflichten“?

III Drittstaatsgerichtete völkerrechtliche „Schutzpflichten“

Drittstaatsgerichtete völkerrechtliche „Schutzpflichten“ setzen zunächst voraus, dass das Verhalten der militärischen Verbände nicht einer Internationalen Organisation wie den Vereinten Nationen, sondern den truppenstellenden Nationen zuzurechnen wäre. Denn in dem Falle, dass eine Zurechnung an die Entsendestaaten ausscheidet, weil eine Organleihe an eine Internationale Organisation vorliegt, ist damit letztlich auch die Frage nach der Nichtanwendbarkeit der Menschenrechtspakte beantwortet. Das auf eine Internationale Organisation als Rechtsperson anwendbare Recht bestimmt die Rechte und Pflichten ihrer Organe, auch von im Wege der völkerrechtlichen Organleihe zur Verfügung gestellter Truppen. Weder VN[83] noch NATO[84] sind indes Vertragsparteien internationaler Menschenrechtspakte.

In seiner „Saramati-Entscheidung“ vom 31. Mai 2007 hat der Europäische Gerichtshof für Menschenrechte angenommen, das streitgegenständliche und VN-mandatierte Verhalten von KFOR-Truppen sei prinzipiell („in principle“) den VN zuzurechnen gewesen. Die VN seien aber eine von ihren Mitgliedstaaten zu unterscheidende Rechtsperson, die keine Vertragspartei der EMRK sei. Dass bei einer anderen Beurteilung der Zurechnungsfrage das Ergebnis in diesem Fall wegen Art. 103 i.V.m. Art. 25 VN-Charta nicht anders hätte ausfallen können, hat der Gerichtshof gesehen und angedeutet. Ich teile die Ansicht des Gerichtshofs im Ergebnis, wenngleich nicht in jeder Einzelheit der Begründung.

Meine persönliche Überzeugung, dass weder dem VN-Zivilpakt noch der EMRK ein über das jeweilige Mutterland grundsätzlich hinausgehendes territoriales Anwendungsverständnis zugrunde liegt, habe ich anderen Orts bereits mitgeteilt[85] und daran erinnert, dass sich anderenfalls Auslandsfriedenseinsatzkontingente bei strikter Beachtung der internationalen Einsatzgrundlagen, insbesondere der Resolutionen des VN-Sicherheitsrates, in gewissen Situationen wie „detentions“ gar nicht rechtstreu verhalten könnten, wenn ihr Verhalten die Schutzbereiche der Normen der erwähnten Abkommen berührte, sofern diese nicht nach Art. 103 in Verbindung mit Art. 25 VN-Charta zurücktreten müssten. In Lichte der erwähnten Bestimmungen der VN-Charta ist auch die Bindung zu verstehen, die Deutschland eingegangen ist, als die Bundesregierung am 5. Januar 2005 gegenüber dem alten Menschenrechtsausschuss der Vereinten Nationen eine Erklärung abgab, der zufolge Deutschland sicherstellt, dass die Streitkräfte im Auslandseinsatz, insbesondere im Auslandsfriedenseinsatz Personen, die ihrer „jurisdiction“

---

83 In der „Saramati-Entscheidung“ werden „detentions“ den VN zugerechnet.

84 Das VG Köln beschloss am 07.05.1999 zum Kosovo-Einsatz, die befürchtete Bombardierung werde nicht von der Antragsgegnerin, sondern von der NATO, einem eigenständigen Völkerrechtssubjekt, durchgeführt werden (verfügbar unter: http://www.justiz.nrw.de/ses/nrwesearch.php.).

85 Wagner, NZWehrr 2007, 1 ff. Interessant ist der Hinweis bei Lorenz, a.a.O., S. 85, angesichts der ausdrücklichen Position der USA scheine das (überwiegende) Verständnis des Art. 2 VN-Zivilpakts, das sich auch bei Tomuschat, EuGRZ 2001, 545, finde, die historische Wahrheit „nicht gänzlich korrekt widerzuspiegeln“ (C. Tomuschat war Erstgutachter der Diss. von Lorenz).

unterstehen, die im VN-Zivilpakt anerkannten Rechte gewähren, wenngleich Deutschlands internationale Aufgaben und Verpflichtungen, insbesondere jene nach der VN-Charta unberührt bleiben.[86]

Wer aber zur gegenteiligen Überzeugung gelangt und annimmt, VN-Zivilpakt oder/ und EMRK können grundsätzlich extraterritorial zur Anwendung gebracht werden, der müsste bei VN-mandatierten Einsätzen im Rahmen und nach den Regeln von Systemen gegenseitiger und kollektiver Sicherheit nicht nur über Art. 103 in Verbindung mit Art. 25 VN-Charta hinwegkommen, sondern zunächst „Herrschaftsgewalt" bzw. „jurisdiction" nicht der Vereinten Nationen, nicht der Nordatlantikvertragsorganisation oder der Europäischen Union oder anderer Internationaler Organisationen darlegen können, sondern deutsche „Herrschaftsgewalt". Ausübung von „jurisdiction" liegt indes nicht bereits dann vor, wenn das fragliche Verhalten einem Staat nach den Grundsätzen der Staatenverantwortlichkeit zuzurechnen ist. Aber diese Zurechenbarkeit ist doch unerlässliche Voraussetzung dafür, „jurisdiction" annehmen zu können. Der Gegenstand der Betrachtung muss „Herrschaftsgewalt" oder doch deren Ausfluss sein, was bei unseren Einsätzen bewaffneter Streitkräfte nur selten der Fall sein dürfte. Aber auch dann, wenn nationale „jurisdiction" anzunehmen wäre, müssten wohl die Mandatsgrenzen als die äußersten Grenzen etwaiger „Schutz-" oder Gewährleistungspflichten angesehen werden.

Wenn die „Saramati-Entscheidung" nicht nur im Ergebnis richtig wäre, sondern auch hinsichtlich der Beurteilung der Zurechnungsfrage, so bliebe hier völkerrechtlich jedoch nicht mehr viel zu diskutieren. „Schutzpflichten" der geschilderten Art kämen in unseren VN-mandatierten Einsätzen nicht in Betracht, jedenfalls nicht als Rechtspflichten.

Wenn man jedoch von einer Zurechenbarkeit des Verhaltens der Auslandsfriedenseinsatzkontingente an die Entsendestaaten ausgeht und die Menschenrechtspakte für extraterritorial anwendbar hält, dann scheint Art. 34 WÜV[87] einen gewichtigen Einwand gegen „Schutzpflichten" darstellen zu können. Völkerrechtliche Verträge begründen für unbeteiligte dritte Staaten ohne deren Zustimmung weder Rechte noch Pflichten[88]. Wer exterritoriale Pflichten aus der EMRK herauslesen will, der muss sich also mit dem Einwand auseinandersetzen, die EMRK sei in diesem Fall ein gemäß Art. 34

86 Die Erklärung lautet wörtlich: "Pursuant to Article 2, paragraph 1, Germany ensures the rights recognized in the Covenant to all individuals within its territory and subject to its jurisdiction. Wherever its police or armed forces are deployed abroad, in particular when participating in peace missions, Germany ensures to all persons that they will be granted the rights recognized in the Covenant, insofar as they are subject to its jurisdiction. Germany's international duties and obligations, in particular those assumed in fulfilment of obligations stemming from the Charter of the United Nations, remain unaffected. The training it gives its security forces for international missions includes tailor-made instruction in the provisions of the Covenant." (verfügbar unter: http://www.unhchr.ch/tbs/doc.nsf/(Symbol)/CCPR.CO.80.DEU.Add.1.En?Opendocument).

87 Ein Drittstaat wird durch eine Vertragsbestimmung verpflichtet, wenn die Vertragsparteien beabsichtigen, durch die Vertragsbestimmung eine Verpflichtung zu begründen, und der Drittstaat diese Verpflichtung ausdrücklich in Schriftform annimmt (Art. 35 WÜV).

88 Pacta tertiis nec nocent nec prosunt.

WÜV unzulässiger Vertrag zu Lasten Dritter.[89] Gleiches gilt für andere Verträge wie den VN-Zivilpakt.

Die belastende Wirkung ist nicht zu bestreiten. Internationale Menschenrechtspakte sind zwar zunächst entweder Verträge zugunsten dritter Individuen oder Verträge mit Schutzwirkung zugunsten solcher Dritter. Zugleich könnten die erwähnten „Schutzpflichten" aber dritte Völkerrechtssubjekte belasten, wenn ihnen hierdurch Pflichten auferlegt würden. Mit der Annahme der „Schutzpflichten" untrennbar verbunden ist die Annahme von Duldungspflichten. Die Pflicht des Aufenthaltsstaates zur Duldung der Erfüllung von „Schutzpflichten" ist Voraussetzung dafür, diese Pflichten effektiv sein und nicht zum *nudum ius* verkümmern zu lassen. Wer exterritoriale „Schutzpflichten" aus der EMRK oder dem VN-Zivilpakt herauslesen will, der interpretiert also beide Verträge als unzulässige Verträge zu Lasten der Aufnahmestaaten.

Der Europäische Gerichtshof für Menschenrechte betonte schon in einer Entscheidung von 1978 unter Berufung auf Art. 34 WÜV, dass Art. 1 EMRK nicht so interpretiert werden könne, er verpflichte die Vertragsstaaten zur Sicherstellung, dass Nichtvertragsstaaten, die innerhalb ihrer Jurisdiktion handeln, die in der EMRK niedergelegten Rechte und Freiheiten respektieren.[90] Insbesondere kann aus der EMRK nicht abgeleitet werden, sie verpflichte im Wege von „Schutzpflichten" die Vertragsstaaten dazu, Nichtvertragsstaaten, die innerhalb ihrer Jurisdiktion handeln, von der Wahrnehmung ihrer Souveränitätsrechte – ggf. mit Gewalt – abzuhalten, um das in der EMRK oder in anderen Verträgen niedergelegte Menschenrechtsniveau im Gebiet von Nichtvertragsstaaten einzuführen. Die Staaten der sog. westlichen Welt sind durch das Völkerrecht nicht ermächtigt, außerhalb ihres jeweiligen VN-Mandates in die durch Art. 2 Nr. 7 VN-Charta geschützten inneren Angelegenheiten eines Aufnahmestaates einzugreifen.

Etwas anderes wäre hinsichtlich des Art. 34 WÜV indes anzunehmen, reduzierte man die entsprechende „Pflicht" inhaltlich darauf, es sei kein bestimmter Erfolg, sondern nur eine – mehr oder minder politisch zu betrachtende – „Bemühenslast" geschuldet. Wäre nur eine solche Bemühenslast geschuldet, griffe der Einwand des unzulässigen Vertrages zu Lasten Dritter wohl nicht durch.[91]

Wäre indes mehr als eine „Bemühenslast" geschuldet und käme man also über den Einwand des unzulässigen Vertrags zu Lasten Dritter hinweg zur Feststellung eines grundsätzlich in Betracht kommenden Bestehens menschenrechtlicher Bindungen, stellte sich die Frage, um welche es sich handelt, wenn der Aufenthaltsstaat Vertragsstaat derselben, anderer oder keiner Menschenrechtspakte ist. Es mag möglicherweise rechtspolitische Gründe geben, die für eine kumulative Bindung von Entsendestaaten an die vom Aufenthaltsstaat und an die von den Entsendestaaten ratifizierten Verträge

89 Vgl. die Übersicht zu Entscheidungen der EMRK (zum Anspruch auf Auslandsschutz und Art. 34 WÜV) bei Lorenz, a.a.O., S. 14, 104.

90 Entscheidung vom 02.05.1978 (BERTRAND RUSSELL PEACE FOUNDATION Ltd. v. THE UNITED KINGDOM), verfügbar unter: http://www.coe.int/T/D/Menschenrechtsgerichtshof/.

91 So auch: Lorenz, a.a.O., S. 104 (zum Anspruch auf Auslandsschutz).

sprechen.[92] Sie sind aber im Ergebnis nicht durchgreifend und stünden einer universellen Verbreitung der Menschenrechtspakte letztlich entgegen, nicht nur weil sie zur Konfusion beitrügen: Je mehr Entsendestaaten, desto mehr mögliche Rechtslagen im selben Staatsgebiet. Es kommt also sehr viel mehr auf den einzelnen Fall und den einzelnen Vertrag an, ob und ggf. welche menschenrechtlichen Verpflichtungen in welchem Einsatzszenario zur Anwendung kommen.

Aufgrund des Konsensprinzips im Völkerrecht erscheint es an sich naheliegend, auf die eigenen menschenrechtlichen Verpflichtungen des Entsendestaates abzustellen. Darf oder muss ein Entsendestaat aufgrund seiner eigenen menschenrechtlichen Bindungen rechtliche Veränderungen im Aufnahmestaat durchführen? Das wäre im Lichte des Art. 2 Nr. 7 VN-Charta wohl kaum zu bejahen. Selbst im internationalen bewaffneten Konflikt gilt das Gebot[93], die vorgefundene Rechtsordnung im besetzten Gebiet möglichst unverändert zu lassen. Das kann bei der Friedenssicherung dienenden und auf Kapitel VII VN-Charta beruhenden Einsätzen *ad minus* kaum anders sein.

Das hieße, allenfalls auf die menschenrechtlichen Verpflichtungen des Aufnahmestaates abzustellen, die in unseren Fällen nur selten weiterhelfen könnten. Aber auch dann wäre die Begrenztheit der Ermächtigung im Lichte des Art. 2 Nr. 7 VN-Charta zu berücksichtigen, denn VN-Mandate geben den Entsendestaaten keine blankettartigen Ermächtigungen zur Umsetzung des den Aufnahmestaat bindenden Völkerrechts.

Wesentlich muss sein, dass der Vertragsschluss eine souveräne Entscheidung – einer möglicherweise faktisch verdrängten Regierung – eines anderen Staates ist. Die Entsendestaaten üben bei Friedenseinsätzen grundsätzlich keine Hoheitsgewalt der Aufnahmestaaten aus, sondern hiervon unabhängige Hoheitsbefugnisse, die sich aus Resolutionen des Sicherheitsrates der Vereinten Nationen nach Kapitel VII der Charta der Vereinten Nationen ergeben, weshalb eine Bindung an die von Aufnahmestaaten abgeschlossenen Verträge nicht in Betracht kommen dürfte.[94] Und dies gilt unabhängig davon, ob deren Hoheitsgewalt wie bei einer Besetzung ruht oder nicht.

Ein anderes Ergebnis wird man allerdings dann zu erwägen haben, wenn im Wege einer durch Resolution nach Kapitel VII VN-Charta[95] gebilligten völkerrechtlichen „Treuhandlösung" oder „Mandatslösung" die Entsendestaaten im Einzelfall fremde Souveränitätsrechte im eigenen Namen oder in fremdem Namen wahrnehmen. In Fällen

92 Vgl. Lorenz, a.a.O., S. 95. Kaum überzeugend nimmt Froissart, Legal and Other Factors in Nation-Building in Post War Situations: Example Iraq, in: Krisensicherung und Humanitärer Schutz - Crisis Management and Humanitarian Protection, FS für Fleck, Berlin 2004, S. 110 f. und Fn. 20, ohne jede Begründung eine kumulative Bindung der Koalitionsstreitkräfte im Irak an von den jeweiligen Entsendestaaten und vom Irak ratifizierte Verträge an.

93 Vgl. Art. 43 Haager Landkriegsordnung, Anlage zum Abkommen vom 18.10.1907, betreffend die Gesetze und Gebräuche des Landkrieges (RGBl. 1910, S. 107), der lautet: „*Nachdem die gesetzmäßige Gewalt tatsächlich in die Hände des Besetzenden übergegangen ist, hat dieser alle von ihm abhängigen Vorkehrungen zu treffen, um nach Möglichkeit die öffentliche Ordnung und das öffentliche Leben wiederherzustellen und aufrechtzuerhalten, und zwar, soweit kein zwingendes Hindernis besteht, unter Beachtung der Landesgesetze.*" Vgl. auch Art. 64 Abs. 1 des IV. Genfer Abkommens vom 12.08.1949 (BGBl. 1954 II 917).

94 Vgl. zum Folgeproblem der Gegenansicht, das durch die nachträgliche Ratifikation von Verträgen mit bindender Wirkung für eine Besatzungsmacht ausgelöst wird: Lorenz, a.a.O., S. 97.

95 Charta der Vereinten Nationen vom 26.06.1945 i.d.F. vom 20.12.1971 (BGBl. 1973 II 431; 1974 II 770; 1980 II 1252).

„internationaler Verwaltung“ kann man möglicherweise zur Zurechnung der Handlungen an den Aufenthaltsstaat kommen, weshalb eine Bindung an Menschenrechtsverträge der Entsendestaaten nicht in Betracht kommt, sondern eine Bindung an Menschenrechtsverträge der Aufnahmestaaten. Doch dies wird vorrangig von der rechtlichen Einzelfallkonstruktion der „internationalen Verwaltung“[96] abhängig sein.

Ich bin somit der Überzeugung, dass über aus Menschenrechtspakten abgeleitete „Bemühenslasten“ diskutiert werden kann, die insbesondere außenpolitische Bemühungen der Entsendestaaten zur Erreichung des jeweiligen menschenrechtlichen Schutzzieles umfassen können. Im Falle der Überstellung Straftatverdächtiger an Behörden eines Aufenthaltsstaates etwa, in dem ihnen die Todesstrafe droht, könnte solchen „Bemühenslasten“ beispielsweise dadurch genügt werden, dass es unternommen wird, den Aufnahmestaat auf diplomatischem Wege dazu zu bewegen, auf die Verhängung[97] oder zumindest auf die Vollstreckung dieser Strafe zu verzichten. *De lege lata* vermag ich jedoch grundsätzlich keine aus Menschenrechtsverträgen abgeleitete Ermächtigung zum Eingriff in die völkerrechtlich geschützten inneren Angelegenheiten eines Aufnahmestaates anzuerkennen.

96 Siehe zum Komplex: Jacobs, Mandat und Treuhand im Völkerrecht, Göttingen 2004 (zugl. Diss. Göttingen).

97 Für Afghanistan etwa dürfte eine völkerrechtliche Verpflichtung zum Verzicht auf die Verhängung der Todesstrafe wegen Art. 3 seiner Verfassung in vielen Fällen ausgeschlossen sein.

Das *ius ad bellum* zwischen Menschenrechten und Souveränität

Die Bush-Doktrin, neo-konservative Sicherheitspolitik und das Dilemma zwischen Sicherheit und Gerechtigkeit

Heiko Meiertöns

Völkerrecht befindet sich stets in dem Spannungsfeld zweier miteinander konkurrierender Ordnungsprinzipien für internationale Beziehungen, nämlich Recht und Macht.[1] Das ist in den vergangenen Jahren besonders deutlich geworden und die machtpolitische Dominanz der USA seit 1991 ist ein politisches Faktum, das auch in der Völkerrechtswissenschaft zunehmende Beachtung gefunden hat und noch am Beginn der Erforschung steht.[2] In Anlehnung an Wilhelm Grewes Einteilung der Völkerrechtsgeschichte in eine spanische, eine französische, eine englische Epoche und eine Epoche amerikanisch-sowjetischer Rivalität,[3] ist wiederholt von einem amerikanischen Zeitalter des Völkerrechts die Rede.[4] Das zeigt einerseits den Unterschied dieses Zustandes der Völkerrechtsentwicklung zu der Zeit vor 1991, andererseits aber auch, dass es, wenn man den Vergleichszeitraum nur weit genug wählt, eben kein präzedenzloser Zustand ist, dass ein Staat eine dominante Rolle bei der Völkerrechtsentwicklung spielt.[5]

In Fragen des *ius ad bellum* waren die USA bisher eigentlich stets ein Staat, der sich für eine Befolgung des Völkerrechts und Selbstbeschränkung ausgesprochen hat.[6] Zu einem Zeitpunkt, als die USA der einzige über Kernwaffen verfügende Staat der Erde waren, haben sie zugleich eine institutionalisierte Beschränkung dieser Macht nachhaltig gefördert, indem sie die Gründung der Vereinten Nationen vorantrieben.[7]

1 H. Morgenthau, Die internationale Rechtspflege, ihr Wesen und ihre Grenzen (Leipzig: Universitätsverlag Robert Noske, 1929), zugl. Diss.Jur. Leipzig, 1929, S. 98-104; L. Henkin, How Nations Behave - Law and Foreign Policy (New York: Frederick A. Praeger, 1968), S. 84-94; Nico Krisch, Weak as constraint, strong as tool: The Place of International Law in U.S. Foreign Policy, in: D.M. Malone und Y.F. Khong (Hrsg.) Unilateralism and U.S. Foreign Policy, (Boulder: Lynne Rienner, 2003), S. 41-42.

2 M. Byers/G. Nolte (Hrsg.), United States Hegemony and the Foundations of International Law (Cambridge: Cambridge University Press, 2003); D. Vagts, Hegemonic International Law, AJIL, Bd. 95, 2001, S.843-848.

3 W. Grewe, Epochen der Völkerrechtsgeschichte (Baden-Baden: Nomos Verlagsgesellschaft, 2. Auflage, 1988).

4 S.V.Scott, The impact on international law of US noncompliance, in: M. Byers/ G. Nolte (Hrsg.), United States Hegemony and the Foundations of International Law, S. 450-451; dies., Is there room for international law in realpolitik?: accounting for the US 'attitude' towards international law, Review of International Studies, Bd. 30, 2004, S. 87-88.

5 H. Mosler, Die Großmachtstellung im Völkerrecht, Schriften der Süddeutschen Juristenzeitung, Heft 8, 1949, S. 38-45.

6 L. Henkin, The Use of Force: Law and U.S. Policy in: Right v. Might - International Law and the Use of Force, Louis Henkin u.a. (Hrsg.) (New York: Council on Foreign Relations Press, 2. Aufl. 1991), S.37-69; R. Kagan, Paradise & Power- America and Europe in the New World Order (London: Atlantic Books, 2003), S. 9-11.

7 J. Ikenberry, Institutions, Strategic Restraint, and the Persistance of American Postwar Order, International Security, Bd. 23 Nr. 3, 1998/99, S. 43-78.

Gelegentlich haben sie aber auch Rechtsänderungen das Wort geredet oder Rechtsänderungen durch ihre Interventionspraxis Vorschub geleistet.[8]

Ein Charakteristikum der U.S.-amerikanischen Außenpolitik, schon seit ihren Anfangsjahren, ist die Erklärung von so genannten Doktrinen. Eine Doktrin ist die rechtssatzähnliche Einkleidung einer politischen Verhaltenmaxime, die auch allgemeine Geltung, zum Teil nicht nur für die USA, sondern auch für andere Staaten beansprucht.[9] Während die U.S.-amerikanische Innenpolitik von Konzepten durchzogen ist, die eher als undogmatisch oder als ideologischer Eklektizismus angesehen werden – man denke nur an Franklin Delano Roosevelts New Deal – ist die amerikanische Außen- und Sicherheitspolitik von solchen Prinzipienerklärungen durchzogen.[10] Zu den bekannteren Prinzipienerklärungen dieser Art gehören sicherlich die Monroe-Doktrin von 1823 und die Truman-Doktrin von 1947. Weniger bekannt, aber für den Völkerrechtler eigentlich sogar noch interessanter, sind z. B. die Stimson-Doktrin und die Reagan-Doktrin. Bei der völkerrechtlichen, dogmatischen Einordnung der in diesen Doktrinen enthaltenen Kriterien für Gewaltanwendung hat man es mit zwei zentralen Problemständen zu tun. Zum einen sind die dargelegten Kriterien für Gewaltanwendung vage – zum Teil bewusst vage gehalten – und je nach gewählter Prämisse unterschiedlichen Interpretationen zugänglich.[11]

Zum anderen ist das *ius ad bellum* zum jeweiligen Zeitpunkt unterschiedlichen Interpretationen zugänglich, unter welchen Voraussetzungen Gewaltanwendung zulässig ist.[12] Man hat es also gleich mit zwei dynamischen, ständiger Veränderung unterworfenen Gegenständen zu tun. Eine Aussage über die Völkerrechtskonformität oder Völkerrechtswidrigkeit einer Doktrin kann darum immer nur eine Momentaufnahme sein.

Legt man bei dieser Betrachtung eine positivistische Völkerrechtsauffassung zu Grunde, so kommt man zu dem Schluss, dass die – nicht nur in der Völkerrechtswissenschaft, sondern auch in der breiten Öffentlichkeit – viel beachtete Bush-Doktrin[13] völkerrechtswidrige Grundsätze für Gewaltanwendung darlegt.[14] Die Bush-Doktrin, die in der National Security Strategy 2002 ziemlich genau ein Jahr nach dem 11. September

---

8 M. Kohen, The use of force by the United States after the end of the Cold War, and its impacts on international law, in: M. Byers/ G. Nolte (Hrsg.), United States Hegemony and the Foundations of International Law, S. 197-231.

9 H. Meiertöns, Die Doktrinen U.S.-amerikanischer Sicherheitspolitik, Völkerrechtliche Bewertung und ihre Einfluss auf das Völkerrecht (Baden-Baden: Nomos, 2006), S. 247-248 m.w.N..

10 C. Crabb, The Doctrines of American Foreign Policy (Baton Rouge: Louisiana State University Press, 1982), S. 1-2.

11 Die Wissenschaft der Strategischen Studien bezeichnet ein solches Verhalten im Zusammenhang mit der Androhung von Gewaltanwendung als "strategic ambiguity". Dazu: K. Payne/ C. Dale Walton, Deterrence in the Post-Cold War World, in: J. Baylis (Hrsg.), Strategy in the Contemporary World (Oxford: Oxford University Press, 2002), S. 164.

12 Allgemein zur Entwicklung: I. Brownlie, International Law and the Use of Force by States (Oxford: Clarendon Press, 1963), S. 19 ff.; A. Arend/ R. Beck, International Law and the Use of Force-Beyond the UN-Charter paradigm (London und New York: Longmann, 1993), S.15-25.

13 Z.B. W. Lafeber, The Bush Doctrine, Dipl. Hist., Bd. 26, 2002, S. 543-558; F. Heisbourg, A Work in Progress: The Bush Doctrine and Its Consequences, The Washington Quarterly, Bd. 26 Nr. 2, 2003, S. 75-88; G. Nolte, Weg in eine andere Rechtsordnung, in: D. Lutz/ Hans J. Gießmann (Hrsg.), Die Stärke des Rechts gegen das Recht des Stärkeren (Baden-Baden: Nomos, 2003), S. 187-196.

14 H. Meiertöns, Die Doktrinen U.S.-amerikanischer Sicherheitspolitik , S. 229-231 m.w.N..

2001 formuliert worden ist,[15] beinhaltet das Konzept der präventiven Selbstverteidigung.[16] Auch wenn der Begriff "präventiver Selbstver-teidigung" an sich schillernd ist und oft vermengt wird mit nahe liegenden oder ähnlichen Konzeptionen wie "antizipierter Selbstverteidigung" oder "beginnender Selbstverteidigung" ("anticipated self-defense", "incipient self-defense") liegt darin der vollständige Verzicht auf eine zeitnahe Verwirklichung einer Bedrohung, um Gewalt anwenden zu dürfen.[17]

Hierbei ist wiederum von Bedeutung, dass die USA eine solche Rechtfertigung von Gewaltanwendung bis dahin nie befürwortet haben. Die Bush-Doktrin vollzieht eine Abkehr von der bis dahin vertretenen U.S.-amerikanischen Rechtsauffassung in zwei Schritten: Erstens wird der "bewaffnete Angriff" als zwingend notwendige Voraussetzung für die Ausübung von Selbstverteidigung aufgegeben. Zweitens wird das Recht auf antizipierte Selbstverteidigung dahingehend erweitert, dass es nicht mehr erforderlich ist, dass eine zeitnahe Verwirklichung einer Bedrohung erforderlich ist.[18]

Unabhängig von der Auslegung des Selbstverteidigungsrechts, der man sich anschließt, ob gewohnheitsrechtlich hergeleitet[19] oder allein auf der UN-Charta basierend,[20] bleiben die Grundsätze der Bush-Doktrin für Gewaltanwendung völkerrechtswidrig, weil auf das Kriterium der Gegenwärtigkeit, der nahe bevorstehenden Verwirklichung einer Bedrohung, verzichtet wird.

Daneben werden – was oft vergessen wird – eine ganze Reihe von Aussagen wiederholt, die sich so oder so ähnlich schon in den vorangegangenen Nationalen Sicherheitsstrategien finden. Zum Teil wird wortwörtlich die National Security Strategy der Regierung Clinton von 1994 übernommen.[21]

Dieser massive Bruch ist auch umso hervorstechender, weil die übrigen, während der Zeit des Kalten Krieges erklärten Doktrinen mit dem geltenden Völkerrecht in Einklang zu bringen waren. Diese Doktrinen sind geprägt von dem Bestreben, zwar drohend zu wirken, Einsatzbereitschaft zu signalisieren und Grenzen aufzuzeigen, zugleich aber eben keine erweiternde Auslegung des *ius ad bellum* zuzulassen.[22]

Seit 1904, dem sogenannten Roosevelt-Korollar zur Monroe-Doktrin, einer Ergänzung oder Fortentwicklung der Monroe-Doktrin, in der Präsident Theodore Roosevelt ein generelles Interventionsrecht für die USA in Lateinamerika proklamierte, stand keine Doktrin in solch einem offenen Widerspruch zum geltenden Völkerrecht. Hinzu kommt, dass der Roosevelt-Korollar zur Monroe-Doktrin auch der erste und einzige

15 Abgedruckt bei: L. Korb, A New National Security Strategy (New York: Council on Foreign Relations, 2003), S. 99-139.

16 J. Gaddis, Analysis of "The National Security Strategy of the United States of America", September 2002, Foreign Policy, November/December 2002, S. 50-57.

17 Näher zur Unterscheidung: H. Meiertöns, Die Doktrinen U.S.-amerikanischer Sicherheitspolitik, S. 190-192.

18 H. Meiertöns, Die Doktrinen U.S.-amerikanischer Sicherheitspolitik , S. 187-231, Insb. S. 229-231.

19 D. Bowett, Self-Defense in International Law (New York: Frederick A. Praeger, 1958), S.187.

20 H. Kelsen, The Law of the United Nations (London: Stevens & Sons, 1950), S. 797-798; H. Wehberg, Krieg und Eroberung im Wandel des Völkerrechts (Frankfurt und Berlin: Metzner, 1953), S. 82-85.

21 W. Clinton, National Security Strategy of the United States: 1994-1995 (London u. Washington: Brassey´s, 1995).

22 H. Meiertöns, Die Doktrinen U.S.-amerikanischer Sicherheitspolitik, S. 112-179.

Fall vor der Bush-Doktrin ist, in dem die USA eine völkerrechtswidrige Doktrin erklärt haben.[23]

Die Völkerrechtswidrigkeit des Roosevelt-Korollars, auch zum damaligen Zeitpunkt mit einem deutlich geringer ausgeprägtem Gewaltverbot, noch vor der Völkerbundssatzung, vor dem Briand-Kellogg-Pakt und lange vor der UN-Charta,[24] ist schon 1913 in der Habilitationsschrift des ehemaligen Göttinger Ordinarius Herbert Kraus „*Die Monroe Doktrin und ihre Beziehungen zur Amerikanischen Diplomatie und zum Völkerrecht*" zeitnah überzeugend dargelegt worden.[25] Kraus, der mit Helmuth James von Moltke die Gegnerschaft zum Nationalsozialismus teilte und sich daher von 1937 bis 1945 vorübergehend zwangsweise im Ruhestand befand,[26] hat dabei auch die Rückwirkungen des Roosevelt-Korollars auf das *ius ad bellum* untersucht. [27]

Wie schon vor 100 Jahren der Roosevelt-Korollar zur Monroe-Doktrin fordert auch die Bush-Doktrin bestimmte - bisher als feststehend angesehene - Begrifflichkeiten des *ius ad bellum* heraus. Dazu zählen Schüsselbegriffe wie der „bewaffnete Angriff", die „unmittelbar bevorstehende Bedrohung" (der "imminent threat") nach der Webster- oder Carolineformel.

Auch wenn man kein Anhänger der so genannten kritischen Völkerrechtslehre ist, wie sie zum Beispiel von Martii Koskenniemi vertreten wird und die sich zum Ziel gesetzt hat, Normen sprachlich zu "dekonstruieren"[28], lohnt es sich der Frage nachzugehen, inwieweit man selbst, auch wenn man sich dieser Herausforderungen von Begriffen bewusst ist, unbewusst eine bestimmte Terminologie übernimmt. ("*Tempora mutantur, et nos mutamur in illis.*" – Die Zeiten ändern sich, und wir ändern uns mit ihnen.[29])

23 H. Meiertöns, Die Doktrinen U.S.-amerikanischer Sicherheitspolitik, S. 235-238.

24 Vgl. zur Entwicklung des Gewaltverbots: I. Brownlie, International Law and the Use of Force by States (Oxford: Clarendon Press, 1963), S. 19 ff.; B. Roscher, Der Briand-Kellogg Pakt von 1928, Der "Verzicht auf den Krieg als Mittel nationaler Politik" im völkerrechtlichen Denken der Zwischenkriegszeit, (Baden-Baden: Nomos, 2004), Besprechung davon: H. Meiertöns, AVR 2006, S. 514-516.

25 H. Kraus, Die Monroe Doktrin und ihre Beziehungen zur Amerikanischen Diplomatie und zum Völkerrecht (Berlin: Guttentag, 1913).

26 Lebenslauf von Herbert Kraus in: RdC, Bd. 50 IV, 1934, S. 315 ; Näher zur Person Herbert Kraus: D. Rauschning, Herbert Kraus (1884-1965), in: D. Rauschning/D. V. Nerée (Hrsg.): Die Albertus-Universität zu Königsberg und ihre Professoren, Berlin: Duncker & Humblot, 1994, S. 371-381; J. Martinez/F. Prill: Geschichte der Völkerrechtsforschung und -lehre and der Georg-August-Universität Göttingen in: C. Calliess/G. Nolte/P. Stoll (Hrsg.) Von der Diplomatie zum kodifizierten Recht- 75 Jahre Institut für Völkerrecht der Universität Göttingen (1930-2005) (Köln u.a.: Carl Heymanns Verlag, 2006).

27 H. Kraus, Die Monroe Doktrin und ihre Beziehungen zur Amerikanischen Diplomatie und zum Völkerrecht , S. 355 ff..

28 M. Koskenniemi, From apology to utopia, the structure of international legal argument (Helsinki: Lakimiesliiton,1989), S. 458-501; A. Carty, Critical International Law: Recent Trends in the Theory of International Law, EJIL, Bd. 2, 1991, S. 66-96, zur Kritik dieses Ansatzes: M. Byers, Response: Taking the Law out of International Law: A Critique of the "Iterative Perspective", HarvILJ, Bd. 38 Nr. 1, 1997, S. 201-205.

29 Dieses Zitat ungeklärter Herkunft wird Kaiser Lothar I. (795–855) zugeschrieben, vgl. R. Nolden (Hrsg.) Lothar I., Kaiser und Mönch in Prüm – Zum 1150. Jahr seines Todes. (Prüm: Geschichtsverein Prümer Land, 2005); wiederholt zitiert, u.a. bei J. Lynn/A. Jay, The Complete "Yes Primeminister", (London: BBC-Books, 1989) von der Figur des Permanent Secretary Sir Humphrey Appleby, S. 468.

Insbesondere die inflationäre Verwendung des Begriffs „Krieg“ ist mehrfach in der völkerrechtlichen Literatur beklagt worden.[30] Der Begriff "War on Terror"/"Krieg gegen den Terror" der schon fast in den allgemeinen Sprachgebrauch übergegangen ist, kennzeichnet daher eine juristische wie auch rhetorische Schieflage. Denn "Terror" ist für sich genommen zunächst lediglich eine Strategie, die nicht unabhängig von ihrer politischen Zielsetzung bekämpft werden kann.[31] Ebenso wenig, wie man gegen "Flächenbombardements" oder "Panzerattacken" als solche Krieg führen kann, kann man das gegen "Terror" als solchen; gegen "Militanten Islamismus"[32] vielleicht, auch wenn das problematisch genug erscheint, gegen "Terror" als solchen jedenfalls nicht. "War on Terror" – das ist eigentlich eine a-strategische,[33] zumindest aber eine Anti-Clausewitzsche Bezeichnung.[34] Das ist nur eines der augenfälligsten Beispiele für eine schleichende Verwässerung von Begrifflichkeiten.

Neben diesen Herausforderungen für begriffliche Klarheit des *ius ad bellum* ist es aber natürlich legitim, die Frage zu stellen, ob das geltende Völkerrecht zur Regelung heutiger bewaffneter Konflikte noch angemessen ist.[35] Was das angeht, ist der Fall, der eine weit größere Herausforderung für das *ius ad bellum* darstellt als die Bush-Doktrin, wenn auch unter politisch gänzlich anderen Vorzeichen, nach wie vor der Kosovo-Konflikt 1999.[36] Denn es muss für einen Völkerrechtler ein zutiefst unbefriedigendes Ergebnis sein, wenn er zu dem Ergebnis kommt, diese Intervention ist legitim, faktisch möglich, vor allen Dingen ethisch-moralisch richtig und geboten, aber leider völkerrechtswidrig.[37] Daraus wird zum Teil gefolgert, dass es notwendig sei, Völkerrecht stärker an Individuen und deren Rechten auszurichten als an der Souveränität und Staaten.[38] Einiges spricht in der Tat dafür; die Einrichtung des Internationalen Strafgerichtshofs ist ein Beispiel dafür und das entspricht wohl auch einer generellen Tendenz des Völkerrechtsentwicklung.[39] Daraus aber weitergehend zu folgern, dass eine Völkerrechtsordnung, die vornehmlich auf Einzelrechten, Menschenrechten anstatt auf staatlicher Souveränität basiert, ein Fortschritt gegenüber dem momentanen Zustand sei, erscheint – auf das *ius ad bellum* bezogen – als eine schlichtweg gefährliche Schlussfolgerung.

30 F. Mégret, „War“ ? Legal Semantics and the Move to Violence, EJIL, Bd. 13, 2002, S. 361-399; A. Cassese, Terrorism is also Disrupting Some Crucial Categories of International Law, EJIL, Bd. 12, 2001, S. 993-1001.

31 J. Kiras, Terrorism and Irregular Warfare, in: J. Baylies/J. Wirtz/E. Cohen/C. Gray (Hrsg.), Strategy in the Contemporary World - An Introduction to Strategic Studies, S. 209 ff.

32 J. Wyllie, Militant Islam , Jane´s Intelligence Review, Bd. 7, 1995, S. 217-218.

33 C. Gray, What is War ? A Strategic Studies View, University of Cambridge, Lecture 24.02.2004, Oxford-Leverhulme Programme on the Changing Characters of War, http://ccw.politics.ox.ac.uk/events/archives/ht04_gray_a.pdf (27.09.07)

34 C. v. Clausewitz, Vom Kriege (Augsburg: Weltbildverlag, 1998), S. 34; M. Howard, Clausewitz- A Very Short Introduction (Oxford: Oxford University Press, 2002), S. 36-37.

35 M. Reisman, Assessing Claims to Revise the Laws of War, AJIL, Bd. 97, 2003, S. 82-90.

36 B. Simma, NATO, the UN and the Use of force: legal aspects, EJIL, Bd. 10, 1999, S. 1-22.

37 P. Hilpold, Humanitarian Intervention: Is There a Need for a Legal Reappraisal?", EJIL Bd. 12, 2001, S. 437-467 (Dieser Text wurde im Jahr 2001 mit dem Helmuth-James-von-Moltke-Preis der Deutschen Gesellschaft für Wehrrecht und Humanitäres Völkerrecht ausgezeichnet).

38 S. Chesterman, Just War or Just Peace? Humanitarian Intervention and International Law (Oxford: Oxford University Press, 2001).

39 P. Kirsch, The Role of the International Criminal Court in Enforcing International Crininal Law, AUILR, Bd. 22, 2007, S. 539-548.

Dabei stellt sich die Frage, ob Individuen letztlich eine allein an ihren Rechten ausgerichtete Rechtsordnung befürworten würden, denn eine solche Logik übersieht den Wert bestehender Prozeduren und Institutionen.[40] Dem Wohlergehen von Individuen ist insgesamt wohl besser gedient, wenn man die Schaffung einer auf diesem Gedankengang basierenden solchen "humanitären Intervention" ablehnt, denn eine humanitäre Intervention ist vor allen Dingen eine einseitige, unilaterale Intervention, über die Staaten aufgrund ihrer eigenen moralischen Prinzipien entscheiden, und gerade darin liegt ihre Gefahr.[41] Gleiches gilt für die "pro-demokratische" Intervention[42] und Anklänge an ein solches Rechtfertigungsmodell, quasi als pro-demokratische Intervention zu Gunsten der irakischen Bevölkerung, finden sich insbesondere in U.S.-amerikanischen Aussagen zur Intervention im Irak 2003,[43] der häufig als Anwendungsfall der Bush-Doktrin angesehen wird.[44]

Dass einem Problemstand wie dem Kosovo-Konflikt zurzeit mit dem geltenden Recht nicht genügt werden kann, zeigt jedoch auch, dass Verbesserungsbedarf bei bestehenden Normen vorliegt, für den diese auch Raum lassen.[45] Nur hat so ein Defizit schon aufgrund der Materie des *ius ad bellum* zwangsläufig ungleich dramatischere Folgen als im innerstaatlichen Recht. "Hard cases make bad law", wie es des U.S.-Supreme Court 1904 – zufällig exakt in dem Jahr der Erklärung des Roosevelt-Korollars zur Monroe-Doktrin – formuliert hat.[46] In dem Dilemma zwischen Sicherheit und materieller Gerechtigkeit gibt die UN-Charta aber nun einmal der Sicherheit den Vorrang.[47]

Wohin eine solche Argumentation, in der ein einseitiges Recht zur Gewaltanwendung direkt aus einem subjektiven moralischen Argument – der Überzeugung von der Überlegenheit des eigenen politischen Systems - hergeleitet wird, bei einer Überspitzung führt, zeigt die Bush-Doktrin. In diesem anti-formalistischen Ansatz wird bestehenden Regelungen keinen Eigenwert zugestanden und bestehende Institutionen wie das geltende *ius ad bellum* sind bestenfalls ein sekundärer Wert; Werte ("values") – gar amerikanische Werte – werden anders definiert und moralisch aufgeladen.[48] Hierin liegt exakt der Punkt, an dem dieser als "neo-konservativ" bezeichnete Ansatz mit einer Außenpolitik im Sinne eines politischen Realismus, wie sie die USA über mehr als

40 N. Krisch, Legality, Morality and the Dilemma of Humanitarian Intervention after Kosovo, EJIL, Bd. 13, 2002, S. 323-336.

41 H. Bull, Intervention and World Politics (Oxford: Clarendon Press, 1984), S. 193.

42 M. Byers/S. Chestermann, "You the People": pro-Democratic Intervention in International Law, in: G. Fox/ B. Roth (Hrsg.), Democratic Governance and International Law (Cambridge: Cambridge University Press, 2000), S. 259-292.

43 T. Cushman, A matter of principle: humanitarian arguments for war in Iraq (Berkley: University of California Press, 2005); R. Kaufmann, In defense of the Bush Doctine (Lexington, Kentucky: University Press of Kentucky, 2007).

44 Z.B. R. Jervis, Understanding the Bush Doctrine, Political Science Quarterly, Bd. 118, Nr. 3, 2003, S. 365-388.

45 M. Koskenniemi, What is International Law for? in: M. Evans (Hrsg.) International Law (Oxford, Oxford University Press, 2. Aufl. 2006).

46 U.S.-Supreme Court, Northern Securities Co. v. United States, 193 U.S., (400-401), (1904).

47 F. Berber, Lehrbuch des Völkerrechts (München und Berlin: C.H. Beck, 1960), Bd. 2, S. 43.

48 Z.B.: C. Krauthammer, 'The unipolar moment revisited', The National Interest, Nr. 70, Winter 2002-2003, S.6.

50 Jahre hinweg betrieben haben, bricht. Diese Denkschule ist auch von emigrierten, aus der deutschsprachigen Völkerrechtstradition kommenden Juristen, wie z. B. Hans Morgenthau ganz wesentlich mit geprägt worden.[49] Nach Morgenthau haben sich politische Entscheidungsträger, wenn sie das Überleben eines Staates in einem anarchischen internationalen Umfeld (ohne Zentralgewalt und Gewaltmonopol) zu sichern haben, nach anderen moralischen Kriterien zu richten als im Verhalten zwischen Individuen.[50]

Im Zuge des als "neo-konservativ" bezeichneten Ansatzes der Bush-Doktrin werden als amerikanische "Werte" ("values") umschriebene moralische Überlegungen zu Individualrechten in den Bereich der Sicherheitspolitik einbezogen.[51] Fragt man nach dem diesem Ansatz zu Grunde liegenden Politik- und Rechtsverständnis dann liegt darin nicht weniger als eine Abkehr von einem pessimistischen oder zumindest skeptischen Menschenbild zu einer kulturoptimistischen Grundhaltung.[52] Genau hier beißt sich diese Auffassung – neben ihrem Antiformalismus – mit der Grundentscheidung der UN-Charta, weil diese Auffassung eben nicht internationale Sicherheit, sondern Gerechtigkeit in den Vordergrund stellt.

Mehrfach ist vorgetragen worden, der so genannte „neo-konservative Moment“ der U.S.-amerikanischen Außenpolitik sei vorbei.[53] Dafür spricht vieles und das Ausscheiden bestimmter sehr polarisierender Personen aus öffentlichen Ämtern[54] ist hierbei nur eines der augenfälligsten Anzeichen dieser Entwicklung.

Die Intervention im Irak 2003 als praktische Umsetzung der Bush-Doktrin anzusehen, trifft aber juristisch nicht zu, denn die Rechtfertigung, wie sie seitens der USA vorgebracht wurde, bewegt sich entlang viel traditionellerer Rechtfertigungsmodelle als das der Bush-Doktrin. Sie ist zwar nicht überzeugend und basiert auf einer artistischen und nicht mehr vertretbaren Kombination der Sicherheitsratsresolutionen 678, 687 und 1441,[55] sie ist aber eben keine Argumentation im Sinne einer präventiven Selbstverteidigung der Bush-Doktrin.[56]

Diese Tatsache deutet darauf hin, dass U.S.-amerikanische Völkerrechtler sehr wohl die "potentiell systemsprengende Kraft"[57] dieses Ansatzes erkannt haben. Insofern markiert der dritte Golfkrieg 2003 (nach 1987 und 1991) zugleich einen Höhepunkt

---

49 H. Morgenthau, Die internationale Rechtspflege, ihr Wesen und ihre Grenzen, (Leipzig: Universitätsverlag Robert Noske, 1929) Zugl. Diss.Jur., Leipzig, 1929; ders., Politics among nations: the struggle for power and peace (New York: Knopf, 1973), dazu: M. Koskenniemi, Carl Schmitt, Hans Morgenthau, and the Image of Law in International Relations, in: M. Byers (Hrsg.), The Role of Law in International Politics (Oxford: Oxford University Press, 2000), S. 17-34; Daneben ist zu nennen Henry Kissinger, H. Kissinger, Diplomacy (New York u.a.: Simon & Schuster, 1994).

50 H. Morgenthau, Politics among nations: the struggle for power and peace (New York: Knopf, 1973).

51 C. Krauthammer, The unipolar moment revisited, The National Interest, Nr. 70, Winter 2002-2003, S.6.

52 J. Nye, U.S. Power and Strategy After Iraq, Foreign Affairs, Bd. 82 Nr. 4, Juli/August 2003, S. 60-73.

53 J. Ikenberry, The End of the Neo-Conservative Moment, Survival, Bd. 46 Nr. 1, 2004.

54 Vgl. Bush lässt Rumsfeld fallen, Süddeutsche Zeitung, 8. November 2006; Trubel um Weltbank – Wolfowitz: Medien sind Schuld an meinem Rücktritt, Süddeutsche Zeitung, 28. Mai 2007.

55 Dazu: C. Tomuschat, Iraq - Demise of International Law, Die Friedens-Warte, Bd. 78, 2003, S. 141-160.

56 J. Stromseth, Law and Force after Iraq: A Transitional Moment, AJIL, Bd. 97, 2004, S. 636.

57 G. Nolte, Die USA und das Völkerrecht, Friedens-Warte, Bd. 78, 2003, S. 132.

U.S.-amerikanischen Unilateralismus wie auch eine Abkehr vom U.S.-amerikanischen Unilateralismus.

Einen Höhepunkt insofern, als sich die USA über das Gewaltverbot des Art. 2 Abs. 4 UN-Charta hinweggesetzt haben und es flagrant verletzt haben.[58]

Eine Abkehr insofern, als die USA bewußt davon abgesehen haben, eine vorher aufgezeigte, völlig außerhalb des bestehenden Systems stehende Rechtfertigung wie in der Bush-Doktrin vorzubringen. Die vorgebrachte Rechtfertigung liegt zumindest nicht vollends außerhalb des UN-Systems. Sie wurde seitens der USA als einseitige Erzwingung eines kollektiven Willens verstanden, wie er in den Resolutionen des Sicherheitsrates zum Ausdruck kommt, auf den daher letztlich der normative Rahmen für die Intervention zurückgeführt wurde.[59] Eine ähnliche Tendenz lässt sich wohl auch im Bereich des *ius in bello* beobachten.[60]

Helmuth James von Moltke, der Völkerrecht unter anderem bei Hans Kelsen und Alfred Verdross, in Wien gehört hat, wäre im März dieses Jahres 100 Jahre alt geworden.[61] Gegen überzogene Polemik, ein imperialistischer Staat zu sein, hat er die USA schon 1929 mit den folgenden Worten, die zum Teil Ausdruck eines statischen Politikverständnisses seiner Zeit sind, in Schutz genommen: „Ich glaube fest daran, dass das amerikanische Volk aus humanitären Gründen und als demokratische Nation friedliebend ist; aus praktischen Gründen deswegen, weil es Platz für seine Menschen und eine territoriale Expansion nicht nötig hat, weil alles dafür spricht, dass es gefestigte Verhältnisse hat, die Wohlstand versprechen."[62]

---

58 U. Häußler, Der Irak-Krieg und Völkerrecht, NZWehrr, Bd. 46, S. 221-233 m.w.N.

59 C. Stahn, Enforcement of the Collective Will after Iraq, AJIL 97 (2004), S. 804-823.

60 H. Duffy, The "war on terror" and the framework of international law, - Repr. – (Cambridge: Cambridge University Press, 2007), Kap. 7.; H. Gasser, Humanitäres Völkerrecht - eine Einführung (Baden-Baden: Nomos, 2007).

61 G. Brakelmann, Helmuth James von Moltke , 1907-1945 Eine Biographie (München: C.H. Beck, 2007), S. 38.

62 Zitiert nach: G. van Roon, Helmuth James Graf von Moltke. Völkerrecht im Dienste des Menschen: Dokumente (Berlin: Siedler, 1986), S. 73.

Schlussfolgerungen
Empfehlungen für Parlament, Exekutive und internationale Zusammenarbeit[1]

Dieter Fleck

1. Das Grundgesetz spricht weder vom „Streitkräfteeinsatz nichtkriegerischer Art" noch vom „Streitkräfteeinsatz kriegerischer Art". Ebenso wenig schließen Friedenseinsätze, die vom Sicherheitsrat der Vereinten Nationen mandatiert sind, das mögliche Erfordernis eines Waffeneinsatzes aus.
2. Jedem Soldaten stehen grundsätzlich alle Grundrechte und staatsbürgerlichen Rechte in vollem Umfang zu, soweit diese nicht gesetzlich eingeschränkt sind (Art. 17a GG).
3. Das Grundgesetz geht von der grundsätzlichen verfassungsrechtlichen Zulässigkeit der Führung eines Verteidigungskrieges und auch von bewaffneten Auslandseinsätzen der Bundeswehr jedenfalls im Rahmen eines Systems gegenseitiger kollektiver Sicherheit aus.
4. Die Grundrechtsbindung bleibt für die deutsche Vollzugsgewalt grundsätzlich auch im Ausland verpflichtend, auch wenn sich nicht jedes Grundrecht gleichermaßen zum Transfer auf Auslandssachverhalte eignet. Geltung und Reichweite der Grundrechte bei Sachverhalten mit Auslandsbezug sind im Einzelfall aus dem jeweiligen Grundrecht in Verbindung mit den allgemeinen Regeln des Völkerrechts, die gemäß Art. 25 GG Bestandteil des Bundesrechts sind, zu ermitteln.
5. Erfordernisse der Menschenwürde können von den konkreten Umständen nicht abstrahieren; eine zeitabhängige und situationsbestimmte moralische Entscheidung bleibt erforderlich
6. Die strikte Bindung der Streitkräfte an die verfassungsrechtlich normierten Grundrechte und an das Völkerrecht ist zugleich Bestandteil und Bedingung ihrer Funktionsfähigkeit. Funktionsfähige Streitkräfte sind nur rechtlich gebundene Streitkräfte. Unterschiedliche nationale Auffassungen zum Verständnis der Funktionsfähigkeit sind in der internationalen Zusammenarbeit der Streitkräfte zu berücksichtigen.

---

1 Die folgenden Schlussfolgerungen sind praxisorientiert. Sie dienen nicht dem Ziel, die zum Teil kontroverse Diskussion der Beiträge dieses Bandes im Einzelnen nachzuzeichnen, sondern Empfehlungen zur Planung, Durchführung und Kontrolle künftiger Auslandseinsätze zu entwickeln. Damit wird an ein früheres Projekt der Deutschen Gesellschaft für Wehrrecht und Humanitäres Völkerrecht angeknüpft, dessen Ergebnisse hier ergänzt werden, vgl. D. Fleck (Hrsg.), Rechtsfragen der Terrorismusbekämpfung durch Streitkräfte, 24 Forum Innere Führung (Baden-Baden: Nomos, 2004), 251-258.

7. Bei Auslandseinsätzen der Streitkräfte gilt ein komplexes Rechtsregime, das Regeln des Friedensvölkerrechts, des in bewaffneten Konflikten anwendbaren humanitären Völkerrechts, aber auch der innerstaatlichen Rechtsordnungen des Aufenthaltsstaats und des Entsendestaats umfasst.

8. Grund- und Menschenrechte haben Direktivkraft für das Dürfen und Sollen deutscher Streitkräfte auch im Ausland. Ihre rechtliche Geltung kann unter den konkreten Bedingungen des Auslandseinsatzes zu verneinen sein. Auch kann ihre Anwendung, zumal bei robusten Friedenseinsätzen, auf faktische Grenzen stoßen. Es ist jedoch zu berücksichtigen, dass Rechtsstaatlichkeit und Menschenrechte im Einsatzstaat nicht durchgesetzt werden können, wenn im Rahmen des Einsatzes die Menschenrechte der betroffenen Bevölkerung nicht geachtet werden.

9. Die Einhaltung menschenrechtlicher Verpflichtungen ist bei Auslandseinsätzen unter drei Gesichtspunkten von Bedeutung, die unabhängig voneinander Bedeutung haben und deren Beachtung für den Erfolg des Einsatzes ausschlaggebend sein können:

10. Der Sicherheitsrat kann militärische und zivile Friedenskräfte im Rahmen des internationalen Mandats zum Schutz der Menschenrechte aufrufen.

11. Auch ohne einen derartigen Aufruf sind Streitkräfte und Polizeikräfte der Entsendestaaten verpflichtet, das Recht des Aufenthaltsstaats und damit auch dessen menschenrechtliche Verpflichtungen zu achten, auf deren Einhaltung besonders im Friedensprozess aktiv hingewirkt werden muss.

12. Menschenrechtliche Verpflichtungen der Entsendestaaten gelten für Akte innerhalb ihrer Herrschaftsgewalt auch extraterritorial.

13. Eine Derogation menschenrechtlicher Verpflichtungen ist auch in Krisenlagen gemäß Art. 4 des Internationalen Pakts über bürgerliche und politische Rechte und Art. 15 der Europäischen Menschenrechtskonvention an enge Voraussetzungen gebunden. Sie sollte bei Friedenseinsätzen nicht vorgenommen werden.

14. Für den Umfang menschenrechtlicher Verpflichtungen im Ausland ist die effektive Kontrolle im konkreten Fall ausschlaggebend. Herrschaftsgewalt ist jedenfalls gegenüber denjenigen Personen anzunehmen, denen die persönliche Freiheit durch Festnahme entzogen ist.

15. Die Frage, ob ein Entsendestaat im Einsatzgebiet selbst Herrschaftsgewalt ausübt oder ob die von ihm entsandten Kräfte ausschließlich für eine internationale Organisation und unter deren Kommando tätig werden, ist politisch und rechtlich von erheblicher Bedeutung. Sie sollte im Rahmen des Mandats geregelt werden.

16. Die internationalen Aufgaben und Verpflichtungen von Friedenstruppen, die sich insbesondere aus der Charta der Vereinten Nationen ergeben, bleiben unberührt. Allerdings kann eine Ermächtigung durch den Sicherheitsrat, die Ziele der Mission „mit allen notwendigen Mitteln" zu verwirklichen, jedenfalls ohne nähere Konkretisierung nicht als Dispens von menschenrechtlichen Bindungen angesehen werden.

17. Soweit es bei Auslandseinsätzen zu Situationen kommen kann, in denen die Garantie bestehender menschenrechtlicher Verpflichtungen die Ausführung des Mandates verhindern oder zumindest erheblich erschweren würde, sind Sicherheitsrat und Entsendestaaten dafür verantwortlich, für eindeutige Anweisungen an die beteiligten militärischen und zivilen Kräfte zu sorgen. Auf diese Weise können die Befugnisse, aber auch die Pflichten der eingesetzten Kräfte konkretisiert und für die Betroffenen transparenter gemacht werden.

18. Es wäre wünschenswert, wenn der Sicherheitsrat allgemeine Regeln des Menschenrechtsschutzes bei Friedensmissionen verabschieden würde, die dem jeweiligen Mandat als Anhang beigegeben werden könnten, etwa als *standards of behaviour* oder *code of conduct*, wie sie die Europäische Union für ihre Missionen bereits beschlossen hat.

19. Die räumliche, persönliche und sachliche Geltung menschenrechtlicher Verpflichtungen kann nicht in jedem Falle durch ein internationales Gericht überprüft werden. Dies mag ihre Durchsetzbarkeit einschränken, schließt aber das Bestehen der Verpflichtung nicht aus und ändert auch nichts an der Bedeutung eines menschenrechtskonformen Verhaltens für den Erfolg des Friedensprozesses.

20. Bei Auslandseinsätzen sind klare rechtliche Anweisungen insbesondere für die Anwendung unmittelbaren Zwanges, für Festnahmen, Durchsuchungen und andere Eingriffe in die persönliche Freiheit notwendig. Dabei ist eine Abstimmung mit den beteiligten Staaten in Übereinstimmung mit dem Völkerrecht notwendig.

21. Das Verfahren bei Festnahmen und Ingewahrsamnahmen zur Mandatserfüllung und zum Selbstschutz internationaler militärischer und ziviler Präsenzen sollte im Einvernehmen mit den beteiligten Entsendestaaten und dem Aufenthaltsstaat geregelt werden. Festgenommene sind unverzüglich den zuständigen lokalen Behörden zu überstellen. Dabei ist sicherzustellen, dass Straftäter in rechtsstaatlichen Verfahren verfolgt und sonstige Störer nach Beendigung der Störung wieder auf freien Fuß gesetzt werden. Wenn Behörden und Gerichte des Aufenthaltsstaats für diese Aufgabe nicht zur Verfügung stehen, ist für Abhilfe im internationalen Rahmen zu sorgen, die von Friedenstruppen allein nicht geleistet werden kann.

22. Operationelle Festnahmen und länger andauernde Ingewahrsamnahmen in Einrichtungen der internationalen Präsenz können für den Erfolg des Friedenseinsatzes und zum Schutz der Friedenstruppe erforderlich sein. Dabei ist sicherzustellen, dass die festgehaltenen Personen vor Übergriffen geschützt, unter Beachtung geltender menschenrechtlicher Standards und des Grundsatzes der Verhältnismäßigkeit behandelt und ausreichend versorgt werden. Eine rechtsstaatliche Kontrolle auch solcher Freiheitsentziehungen ist unerlässlich. Hierfür sollte ein internationales Gerichtsverfahren vorgesehen werden, dessen Tätigkeit im Aufenthaltsstaat einer völkerrechtlichen Regelung bedarf. Daneben bleibt die Möglichkeit einer Überprüfung durch Gerichte des handelnden Entsendestaats erforderlich. Eine Ingewahrsamnahme für die meist jahrelange Dauer des Friedenseinsatzes ist durch das internationale Mandat nicht

gedeckt und auch rechtlich nicht vertretbar. Sie ist schädlich für den Erfolg des Einsatzes.

23. Nur in einem internationalen bewaffneten Konflikt dürfen Kriegsgefangene für die Dauer der aktiven Feindseligkeiten in Gewahrsam genommen werden (Art. 118 Abs. 1 des III. Genfer Abkommens). Diese Regeln sind schon in nicht internationalen bewaffneten Konflikten nicht uneingeschränkt anwendbar. Sie gelten erst recht nicht für Einsätze, die einen Friedensprozess sichern und konsolidieren sollen.

24. Ausländische Zivilpersonen im Gebiet einer an einem internationalen bewaffneten Konflikt beteiligten Partei oder einem von ihr besetzten Gebiet dürfen nur in besonderen Fällen und unter Einhaltung rechtsstaatlicher Garantien **interniert** werden, soweit dies zur Wahrung der Sicherheit zwingend erforderlich ist (Art. 41-43, 68 und 78 des IV. Genfer Abkommens). Eine Übertragung dieser Regeln auf Friedenseinsätze, die völkerrechtlich geregelt werden müsste, kann im Interesse des Rechtsschutzes der Betroffenen sinnvoll sein; sie würde aber keinesfalls eine Ingewahrsamnahme für die gesamte Dauer des Friedenseinsatzes rechtfertigen.

25. In Situationen eines bewaffneten Konflikts gilt das humanitäre Völkerrecht als *lex specialis* gegenüber dem in Art. 6 des Internationalen Pakts über bürgerliche und politische Rechte und Art. 2 der Europäischen Menschenrechtskonvention verbürgten Recht auf Leben. Friedenstruppen sind zur Erfüllung ihres Auftrags, Gewalt nicht zu weichen und ein stabiles Umfeld herzustellen, nicht auf polizeiliche Maßnahmen beschränkt.

26. Ein effektiver Rechtsschutz der Betroffenen und deren Entschädigung für erlittenes Unrecht sind aus völkerrechtlichen und rechtsstaatlichen Gründen geboten. Er ist auch für den Erfolg einer Friedensmission wesentlich.

27. Internationale Organisationen, die die Führung robuster Friedensmissionen übernommen haben, würden diesen mit der Schaffung institutionell unabhängiger Spruchkörper, die zugleich über Entschädigungsanträge zu entscheiden hätten, zusätzliche Legitimität verschaffen.

28. Eine Kontrolle durch Gerichte des Entsendestaats bleibt erforderlich.

26. Streitkräfte und Polizeikräfte sind vor einem Einsatz über ihre besonderen völkerrechtlichen Verpflichtungen zu unterrichten.

Autorenverzeichnis

Prof. Dr. *Andreas von Arnauld,* Professur für Öffentliches Recht, insbesondere Völker- und Europarecht, Helmut-Schmidt-Universität/Universität der Bundeswehr, Hamburg

Gert Both, Leitender Regierungsdirektor a. D., Brühl

Dr. *Dieter Fleck,* Ministerialrat a. D., Köln

Ulf Häußler, Oberregierungsrat, Potsdam

Dr. *José Martínez-Soria,* Privatdozent, Institut für Völkerrecht und Europarecht, Georg-August-Universität, Göttingen

Dr. *Heiko Meiertöns,* Assessor, Hamburg

Prof Dr. *Gerhard Robbers,* Professur für öffentliches Recht, Kirchenrecht, Staatsphilosophie und Verfassungsgeschichte, Universität Trier

Dr. *Norbert Berthold Wagner,* Regierungsdirektor, Bundesministerium der Verteidigung

Dr. *Dieter Walz,* Ministerialrat a. D., Swisttal

Dr. *Dieter Weingärtner,* Leiter der Abteilung Recht, Bundesministerium der Verteidigung, Vorsitzender der Deutschen Gesellschaft für Wehrrecht und Humanitäres Völkerrecht

Prof. Dr. *Ulrich Widmaier,* Richter am Bundesverwaltungsgericht, Leipzig

Zeitfracht Medien GmbH
Ferdinand-Jühlke-Straße 7
99095 Erfurt, Deutschland
produktsicherheit@kolibri360.de